وظلم ذوي القربى

الطريق إلى اليونسكو

الطريق إلى اليونسكو

حمد بن عبد العزيز الكواري

دار جامعة حمد بن خليفة للنشر
HAMAD BIN KHALIFA UNIVERSITY PRESS

الطبعة العربية الأولى عام 2019

دار جامعة حمد بن خليفة للنشر
صندوق بريد 5825
الدوحة، دولة قطر

www.hbkupress.com

الترقيم الدولي: 9789927137518

تمت الطباعة في الدوحة-قطر

مكتبة قطر الوطنية بيانات الفهرسة – أثناء – النشر (فان)

الكواري، حمد بن عبد العزيز، مؤلف.

وظلم ذوي القربى : الطريق إلى اليونسكو / حمد بن عبد العزيز الكواري. الطبعة العربية الأولى. – الدوحة : دار جامعة حمد بن خليفة للنشر، 2019.

صفحة ؛ سم

تدمك 978-992-713-751-8

1. الكواري، حمد بن عبد العزيز، مؤلف. 2. اليونسكو -- انتخابات. أ. العنوان.

AS4.U83 K89 2019

001.0601– dc23 201927337923

قائمة المحتويات

وظُلْـمُ ذَوِي القُرْبَـى أَشَـدُّ مَضاضَــةً
عَلَـى المَرْءِ مِـنْ وَقْعِ الحُسَـامِ المُهَنَّــدِ

(معلّقة طرفة بن العبد)

المقدّمة

ورقات للذكرى والاعتبار

هذا كتاب ألّفناه للاستذكار والاعتبار.

أما الاستذكار فموضوعه مختلف المراحل التي قطعتُها في الطريق التي سلكتها باتجاه اليونسكو منذ أن رشّحتني القيادة في بلدي إلى منصب المدير العام الحادي عشر لهذه المنظّمة الدوليّة إلى أن كان ما كان وصرّح المشرفون على الانتخابات بالنتيجة. وهي تجربة سياسيّة وشخصيّة على قدر كبير من الثراء والمفاجآت والتنقّلات والأعمال جمعت بين المتعة والمشقّة ولكنها في الحالات جميعًا كانت حافلة بالتجارب الإنسانيّة الرائعة والآمال الكبيرة. وهذا الجانب الإنسانيّ هو الأساس الذي يبقى بعد أن نفرغ من التفاصيل كلّها.

وأمّا الاعتبار فمداره على التساؤل عمّا وقع بالضبط وعن مكامن الصعوبات التي واجهتني. ففي غمرة الحملة الانتخابيّة والانتخابات نفسها لم تكن لحظات التأمّل على قلّتها والتفكير المعمّق فيما يطرأ من أحداث ومناورات إلّا جزءًا من العمل الدؤوب لمواصلة

المغامرة والانتقال إلى المرحلة الموالية. أما وقد نفضتُ غبار السفر واسترحت من وعثاء الرحلة الطويلة فقد جعلت الكتابة في الموضوع مدخلي إلى استخراج العبر والدروس عسى أن أتبيّن ما كان خافيًا ولو بعض الخفاء من ركام الأحداث المتتابعة والصور التي استقرّت في الذهن.

فعلى القارئ الكريم ألّا ينسى أنّ ترشيحي للمنصب الكبير المذكور لم يكن على وجه الاعتباط ولم يكن بدافع ذاتيّ محض خالٍ من نبيل الغايات وعارٍ من جليل الأهداف. فقد كان التوفيق في هذا التحدّي على مرمى حجر حتّى تنال المجموعة العربيّة في هذا المحفل الدوليّ حقًّا لا منازع لها فيه وهو الإشراف على إحدى المنظّمات الدوليّة الكبرى المعنيّة بتسيير شؤون التربية والعلم والثقافة في المعمورة كلّها. إذ سلّمت جميع الدول بأحقّيّة العرب في أن يضطلعوا بهذه الوظيفة الدوليّة الإنسانيّة وتهيّأت الفرصة كأحسن ما يكون ليتصرّف العرب بحكمة وعقلانيّة ونكران ذات يدلّ على وعي بالمرحلة ومقتضياتها. بيد أنّ الفرصة ضاعت والحكمة أهدرت وغلب منطق الأنانيّة الضيّقة والنرجسيّة المتضخّمة فلم يعد للعقل مكان وسيطر الهوى في عالم لا يعترف بالنزوات والأهواء.

فليكن كتابنا هذا مناسبة للاعتبار من حال العرب اليوم حتّى لا يتكرّر ما حصل فيضيع حقّ ينبغي أن نقول منذ البداية إنّ ذوي القربى هم الذين فرّطوا فيه فاستغلّه غيرهم. فمتى نتّعظ؟

ولما كنت معنيًّا مباشرة بهذا الذي حدث فإنّني توخّيت في الكتاب أسلوب تقديم الوقائع وعرض الأفكار والمواقف بأقصى

قدر ممكن من الموضوعيّة متجنّبًا، على وجه الخصوص، النرجسيّة وتضخّم الذات، فهُمَا ليسا من طبعي. وقد كشفت ما تيسّر لي كشفه من الأسباب والعوامل التي أدّت إلى إهدار فرصة نادرة. وعملت في الآن نفسه على عرض الأحداث والسياقات المتنوّعة الكثيرة بأسلوب سرديّ أحيانًا ينتظم داخله ما بدا للمتابعين متفرّقًا لا منطق يشدّه وبأسلوب تحليليّ يرمي إلى إبراز الخفايا والرهانات المطروحة عسى أن يكون استيعاب الدروس ممّا وقع عميقًا مفيدًا.

ولست أخفي، في الآن نفسه، ما وراء هذا الكتاب من محاولة للفهم المدقّق، من زاوية شخصيّة، لمجريات الأمور بعد أن وفّرت لترشيحي أسباب النجاح كما لم يوفّرها مترشّح آخر دخل السباق إلى جانبي وضدّي. ففصّلت القول في منطلقاتي الفكريّة والثقافيّة والدبلوماسيّة وذكّرت ببرنامجي المتكامل الذي حاز على إعجاب كلّ من اطّلع عليه ورأى فيه فعلًا انطلاقة جديدة، لو طُبّق، لهذه المنظّمة التي تحتاج إلى دم جديد ورؤية أرحب للتوجّه نحو المستقبل والخروج مما ألِفَته من دروب ومسالك في عملها. وشرحتُ كذلك وجه الشرعيّة التي للثقافة العربيّة كي يتولّى أحد أبنائها مسؤوليّة إدارة الشأن الثقافيّ والتربويّ والعلميّ الدوليّ وما سعيت إليه في ربطي الصلة بالجامعات، باعتبارها محاضن لصنع الأفكار المجدّدة والدفع نحو التغيير المنشود، وبمختلف البلدان التي زرتها أثناء حملتي الانتخابيّة على سبيل الإنصات لشواغلها والتعريف بمشروعي الذي عرضته مخلصًا صادقًا على اليونسكو. وكثير من هذه البلدان، كنت أوّل مترشّح لمثل هذا المنصب الدوليّ

يزورها تقديرًا لها وتفاعلًا مع شواغلها. فقد كانت عندي تمثّل وجوهًا من التنوّع الثقافيّ والثراء الحضاريّ وجزءًا من قوس قزح الثقافة البشريّة المتعدّد الألوان والمناخات.

وفسّرتُ في بعض فصول الكتاب المشهد الذي تشكّل أمامي قبيل الانتخابات وأثناءها وما حفل به من أخذ وردّ وتحوّلات ومناورات بعضها مشروع ومتوقّع وبعضها الآخر يؤكّد الحكمة القديمة التي نطق بها الشاعر القديم عن ظلم ذوي القربى ومضاضته.

وعلى هذا فإنّ كتابي الذي بين يدي القارئ الكريم هو رحلة استعدت فيها ذكرياتي كمن يستعيد مشاهد من حياته تترى أمامه على شاشة فكره وهو، في الوقت نفسه، دعوة إلى القارئ لمصاحبتي في رحلة عشتُها مجدّدًا بالكلمات لعلّها تثير فيه ما أثارته في نفسي وأنا أخطّها. فهو كتاب لتقاسم الأفكار والتفكير المشترك في قضايا تهمّه إن لم تكن تثير فضوله. فأنا ممّن يؤمنون بالمشاركة الفكريّة وتمرير الخبرات الإنسانيّة. فبالتراكم المعرفي نبني معًا إنسانيتنا الفرديّة والجماعيّة وبالحوار الهادئ المباشر وغير المباشر يكون البحث عن الحقيقة مطلبًا مشتركًا.

والله وليّ التوفيق.

الفصل الأوّل

بلسم الجراح

لقد كانت رحلتي في اتجاه اليونسكو ممتعة شاقّة مليئة بالتعرّجات والمضايق والمسالك الخطيرة على ما سوف يكتشف القارئ على امتداد فصول الكتاب الذي بين يديه.

وما إن انتهى التصويت آخر يوم للانتخابات في باريس حتى جاءت أوّل ذكرى جميلة بقيت في ذهني يتردّد صداها إلى هذه اللحظات التي أخطّ فيها هذه الكلمات فشدّت أزري وقوّت عزيمتي ومنحتني أملًا متجدّدًا وثقة أكبر في النفس. فقد هاتفني صاحب السموّ الشيخ تميم بن حمد آل ثاني أمير البلاد مباشرة حالما انتهى التصريح بالنتيجة. فهنّأني على النتيجة المشرّفة واعتبرها انتصارًا كبيرًا لقطر. كانت كلماته في الهاتف صادقة حنونة تبعث في النفس المسرّة والدفء فأزاحت في لحظات الشكّ تلك الغشاوة عن عينيّ وشرحت صدري وأزاحت الغمّة وأنسَتني ظلم ذوي القربى ومضاضته.

لكنّ ما خبّأته لي الأقدار لا يقلّ إبهاجًا. إذ عدت إلى الدوحة من باريس بعد أسبوع فتفاجأت بأنّ موضوع ترشيحي لم يكن عند

أهلي وأبناء بلدي مسألة فنّيّة تقنيّة كما توهّمت بل صارت قضيّة وطنيّة تشغل الصغير قبل الكبير. ففهمت أنّ تقدّمي في الجولة الأولى بالخصوص قد مثّل لدى الرأي العام القطريّ حافزًا قويًّا جعلهم يتابعون عبر وسائل الإعلام التقليديّة والجديدة لحظة بلحظة مجريات الانتخابات وبعثت فيهم أملًا كبيرًا في أن يعتلي عربيّ من قطر المنصب الدوليّ الكبير. ولم تزدهم الجولات الأربع التي تصدّرت فيها نتائج الانتخابات إلّا إذكاء للحلم والأمل حتّى صاروا متأكّدين من أنّ قطر تسير نحو تمثيل العرب على رأس اليونسكو. بيد أنّ المنعرج الأخير في التصويت النهائيّ قد أصابهم بصدمة على قدر الأمل الذي علّقوه بمرشّحهم. ولم يكن مأتى هذه الصدمة النتيجة المشرّفة التي حصلت عليها بقدر ما كان مأتاها ما مهّد لها من مناورات وما رافقها من ضغوط وألاعيب وعداء غير مبرّر لقطر ومرشّحها. فمن عادة العرب أن يفسّروا ما يصيبهم من شرور بمؤامرات الغرب الذي يكرههم وأمريكا وإسرائيل فإذا بالحقيقة ساطعة أمامهم: لقد حطّم بعض العرب آمال العرب على صخرة الأنانيّة والنرجسيّة والعناد وعدم قراءة الواقع بعقلانيّة وحكمة.

وهكذا تحرّكت في جلّ أرجاء العالم آلة ضخمة يقودها ذوي القربى من دول الحصار للتأثير السلبي والضغط بكل الوسائل لثني من قرّر التصويت للمرشح العربي عن قراره، ورغم ذلك لم تنجح المنافسة المدعومة منهم إلا بصوت واحد رجّح الكفّة لصالحها.

بيد أنّ هذه الصدمة وحيثيّاتها لم تؤثّر في معنويّات القطريّين إذ اعتبروا أنّها صدمة ممزوجة بشعور بالنخوة والفخر لأداء مرشّح

بلادهم وبلائه البلاء الحسن طيلة الجولات الانتخابيّة. فالأصوات التي تحصّل عليها والمنافسة الشرسة مع مرشّحة دولة عظمى هي بلد المقرّ كانت تثير في أنفسهم ما يدلّ على شيء من الانتصار بدخول عالم الكبار باقتدار وكفاءة وقد كان الانتصار على مرمى حجر يلوح في الأفق القريب لو سارت الأمور بشكل طبيعيّ دون تدخّل دول الحصار على وجه الشماتة والعداء ضيّق الأفق لقطر وهو ما أخسرنا أربعة أصوات عربية، ولم تفز المرشّحة الفرنسية إلّا بفارق صوت واحد رغم استفادتها من 4 أصوات عربية. أوليس من حقّنا أن نتألّم من ظلم ذوي القربى؟

لقد قلت في خطابي يوم 17 أكتوبر في النقاش العامّ مع المرشّحين إنّني لم أترشّح طلبًا لمنصب أو وظيفة فقد اضطلعت بوظائف كثيرة سامية وما زال بإمكاني أن أضطلع بمثلها. ولا شكّ أنّ بعض من كانوا في القاعة ممن حضروا النقاش قد ذهب في وهمهم أنّني كنت أتّبع تكتيكًا انتخابيًّا أقول به إنّني لا أبحث عن الوجاهة فأنا متجرّد منها وفي رصيدي ما يكفي منها بل أحمل مشروعًا. ولكنّ النظر فيما قدمته للناس من وثائق عملت عليها اللّيالي الطوال يكشف أنّني كنت أحمل فعلًا برنامجًا موجّهًا إلى اليونسكو لانطلاقتها الجديدة التي تصوّرتها وموجّهًا بالخصوص إلى بلدان إفريقيا وآسيا وأمريكا اللّاتينيّة التي أظنّ أنّها ما تزال إلى اليوم في حاجة إليه. فهم لم يصوّتوا لي لسواد عينيّ أو لوعود زائفة قدّمتها إليهم بل لاقتناعهم بما طرحت من أفكار وأنا على أتمّ الوعي بأنّ دولة قطر ستكون ورائي داعمة ومساندة بما لها من طاقة

وقدرات حتّى تسهم فيما وطنت عليه النفس من عمل خيّر يرمي إلى إسعاد البشريّة وتحقيق مطالبها. وإذا كان لي أن أعبّر عن أسف حقيقي بعد التصريح بالنتيجة فهو أسفي على هؤلاء الذين وضعوا ثقتهم فيّ وتبنّوا أفكاري فصوّتوا لي مخلصين مؤمنين بأنّني كنت صادقًا معهم.

لقد عدت إلى بلدي حاملًا معي بلسم مكالمة صاحب السموّ الشيخ تميم بن حمد آل ثاني أمير البلاد وفي النفس بعض الانزعاج بسبب هذا الأمر الذي حلمت به وسعيت إلى تحقيقه في أرض الواقع لهذه البلدان الضعيفة التي هي جديرة بحياة أفضل. ولكنّ هذا الانزعاج سرعان ما اختفى في موجة عارمة من الفرح غمرتني من حيث لم أكن أحتسب.

لقد فوجئت بحجم الاستقبال الشعبيّ في قطر بالخصوص علاوة على الترحاب الإعلاميّ والمساندة الرسميّة بطبيعة الحال. فقد استقبلني الناس بعطف ومحبّة واعتزاز لم أر لها نظيرًا. وهو ما بدا واضحًا في صوتي وتأثري وأنا أقدّم تصريحًا في المطار. ومن الصور التي لا تفارق ذاكرتي أبدا وما تزال بشحنتها العاطفيّة تثيرني وتملأ قلبي أملًا في قطر المستقبل ببناتها وأبنائها صورة حفيدتي (مايا تميم) وهي تغمرني بكلّ حبّ بقبلاتها متمسّكة بي معانقة في شريط شاهده مئات الآلاف من حسابي في تويتر. ولا أخفي على القارئ الكريم أنّني أستعيد كلّما تذكرت هذا المشهد مقدار التأثّر والسعادة والراحة النفسيّة التي شحنتني بها حفيدتي في عفويّة وصدق وبراءة.

لقد غبت عن قطر مدّة ثلاثة أشهر أو تزيد فإذا بي أجد الناس يقفون في الشارع والمقهى والمصعد، في كل مكان أزوره، معتزّين بي مقدّمين عبارات الثناء والتقدير والمحبّة معبّرين عن رغبتهم في أخذ صورة معي على عادة أبناء هذا الزمان. لقد كنتُ وما زلتُ أشعر بالحياء إذ هم الذين يستحقّون التقدير منّي.

وقد أمطرني أهلي من أبناء قطر سواء كانوا من وجهاء البلاد أو المواطنين بالدعوات الكريمة المضيافة لتكريمي على نحو لم أعد قادرًا على الاستجابة إليها. وحظيت باستقبال كبار المسؤولين في البلاد فردًا فردًا وقد أغدقوا عليّ مشاعر المحبة والعواطف الصادقة والتقدير للجهد والإنجاز. وأقام وجهاء كبار آخرون من قطر ولائم بهذه المناسبة لدرجة أنني اضطُررتُ للاعتذار في بعض الأحيان لأكتفي بذلك القدر الذي يُمثّل الجميع...

وتجلّت حفاوة القطريين في استفتاء قامت به جريدة الراية عن أكثر شخصيّة شعبيّة في قطر. فوجدت نفسي رفقة الشيخ محمّد بن عبد الرحمن آل ثاني معالي نائب رئيس الوزراء ووزير الخارجيّة القطري نحتلّ مكانة ممتازة في قلوب القطريّين الذين اختارونا وجعلوا منّا الشخصيّتَين الأوليين لسنة 2018. وإلى الآن ما أزال ألتقي الناس فأجد منهم الترحاب والمحبّة والتقدير رغم أنني تجاوزت الموضوع وانشغلت بمسائل أخرى. والغريب أنّ هذا الاهتمام بشخصي المتواضع يأتي من فئات مختلفة بعضها لا أظنّ أنه سمع باليونسكو من قبل مثل كبار السنّ والأطفال والفتيان. فكم منحتني قطر من حنان وعطف لم أكن أحلم بهما من قبل.

لكنّ منبع العطف والتقدير لم يكن إلّا صاحب السموّ الشيخ تميم بن حمد آل ثاني أمير البلاد الذي استقبلني بعد يومين من عودتي. وهو تأخير كشف لي سموّه بنفسه سببه. فقد قلّدني وشاح حمد بن خليفة. وهو أهمّ وسام في الدولة يقدّم لأوّل مرّة في تاريخها وما التأخير في استقبالي إلّا بسبب إعداده وقد قال لي وهو يوشّحني به إنّه يقدّمه باسم أهل قطر جميعًا لكلّ ما قدّمته من خدمات لبلدي وللعرب وللعالم. فهل بعد هذا التكريم تكريم؟ فما أعظمك يا أميري المفدّى وما أسخاك يا بلدي الرائع وما أكرمكم يا أهلي الطيّبين!

وفاجأني سموّ الأمير بعد ذلك بهديّة فنيّة جميلة. فقد كان الفنّان الصينيّ المرموق عالميًّا (آي ويوي) قد رسم لوحة لي ولعائلتي بديعة ولوحة أخرى بتقنية الخطّ العريض. وكنت قد نسيت هذه الصورة العائليّة ذات الحجم الكبير (متران في مترين) وإذا بي أفاجأ بها هديّة من أميري المفدّى بمناسبة تقليدي وشاح قطر بما جعل قيمتها تكبر في عيني دلالة ورمزيّة.

ولمّا كان سخاء صاحب السموّ الشيخ تميم بن حمد آل ثاني أمير البلاد ممّا يصدق عليه تشبيه الشعراء القدامى للمثل الأعلى في الكرم والسخاء بأنّه كالبحر الزاخر، فقد عيّنني وزير دولة بدرجة نائب رئيس وزراء.

لقد كان سموّه يعرف حجم المنافسين سواء فرنسا والصين بقوّتهما أو مصر بخبرتها أو لبنان بمكانتها ولكن ما حقّقه مرشّح قطر يعدّ إنجازًا يبعث على الفخر منذ النتيجة التي ظهرت في

الجولة الأولى. وقد أعلمني أنّه رأى في نتيجة الدورة الأولى من التصويت إشارة ربّانيّة لقطر بأن تخدم نشر التعليم للفقراء وحفظ التراث في كلّ مكان تقديرًا لهذه الدول على مواقفها المبدئيّة وتبنّيها للتصوّر القطريّ. وإذا كان ثمّة من سبب للحسرة على هذه النتيجة فهي أنّها أقصت فرصة عظيمة لخدمة التعليم والتراث في العالم ثمّ علّق مازحًا: «لقد حققت لنا النجاح ووفرت لنا المال الذي كنا سننفقه لو أصبحتَ المدير العام».

الفصل الثاني

بطاقة هوية
على قدر أهل العزم تأتي العزائم

حين اختارتني قيادة بلدي مرشّحها الرسميّ لانتخابات اليونسكو كنت منغمسًا في كتابة فصول أستعيد بها مراحل من حياتي الفكريّة. كنت كالواقف أمام المرآة يتأمّل وجهه وما رسمته عليه الأيّام من علامات وطبعت عليه من تحوّلات. فمن أعاجيب الإنسان أنّه يظلّ هو هو ولكنه يتغيّر خصوصًا بعد أن يبني هويّته ويعي مساره ويختار سبيله في الحياة.

لست أدري لم وقفت أمام مرآتي التي صنعتها من ورق ومداد (كنت أكتب في الغالب في ملفّ رقميّ بهاتفي الجوّال أو على لوح إلكتروني وأسجّل مباشرة في بعض الشبكات الاجتماعيّة بعض ذكرياتي). فلم يكن في نيتي أن أخطّ سيرة ذاتيّة بالمعنى الدقيق للكلمة. لكنّ هذه المرآة ارتسمت عليها شيئًا فشيئًا ملامح من مواقفي وأفكاري ورؤاي عن الثقافة والدبلوماسيّة والفنّ والتعليم والأدب.

كنت أكتب ما انثال من ذاكرتي من أحداث وأفكار أنسّقها وأقرّب بين المتناثر منها حتّى اجتمعت مادّة غزيرة تحتاج إلى انتقاء وتوضيب وتركيب وترتيب. عندها جاء القرار التاريخي في مسيرتي السياسيّة والفكريّة: لقد اخترناك لتكون ممثّلنا وممثّل المجموعة العربيّة في اليونسكو.

جاء القرار من قيادة بلدي في وقت مناسب وفي فترة زمنيّة كافية للإعداد والاستعداد. فجمعت تقييداتي واستجمعت قواي لأعدّ كتابي الذي صدر بعنوان «على قدر أهل العزم». وقد أردت منه أن يكون بطاقة هويّة فكريّة لمن لا يعرفني من أبناء اليونسكو والمعنيّين بمسائل الانتخاب. أردته أيضًا بيانًا للناس أعلن فيه بوضوح وصراحة عن مواقفي من مختلف القضايا المطروحة في هذه المنظّمة العريقة. لذلك أسميته في عنوان فرعيّ «سيرة فكريّة».

ولست أذكر إن سبقني أحد المرشّحين السابقين إلى التعريف بنفسه من خلال كتاب ولكنني أصدقك القول أيها القارئ الكريم إنّ وضع هذا الكتاب كان وليد التقاء الرغبة الفرديّة في تأمّل الذات وجمع بعض ما في جعبة الذكريات الشخصيّة من جهة والقرار الذي صدر في شأن ترشيحي لليونسكو من جهة أخرى. لذلك أعتبره أوّل عمل أقوم به وإن على نحو غير مباشر ضمن حملة انتخابيّة امتدّت على مدار سنتين تقريبًا كانتا حافلتين بالأنشطة والرحلات واللقاءات والحوارات. لقد كانت رحلة ممتعة شيّقة أستعيد الآن بعض تفاصيلها متسائلا من أين أتيت بتلك الطاقة لخوض المغامرة. فأنا أعرف قدرتي على رفع التحدّيات والسير في الطرق الوعرة

ومواجهة الصعاب ولكنّ ما عشته وأنا أقوم بحملتي الانتخابيّة شيء آخر يضمّ هذه الخصال وأكثر. والأرجح عندي أنّني كنت مفردًا في صيغة الجمع. لم أكن أنا حمد الكواري وحدي. كنت أشعر شعورًا عميقًا بأنّني حُمّلت مسؤوليّة وطن بأكمله وأمّة برمّتها يحدوني حلم كبير لخدمة الإنسانيّة من خلال العلوم والتربية والثقافة أي من خلال هذه المسائل التي انشغلت بها طيلة حياتي الفكريّة ومساري المهنيّ. فهي تتويج لمسيرة وانطلاقة جديدة في آن واحد.

وأعرض في هذا الفصل بعض ملامح الوجه الذي ارتسم في مرآة سيرتي الفكريّة على سبيل التذكير برؤيتي الفكريّة ومواقفي وآرائي التي عبّرت عنها قبل الحملة الانتخابيّة لليونسكو وخلالها.

فلم تكن الأفكار الواردة في الكتاب مجرّد أفكار صيغت بمناسبة الترشيح ولكنّها خيوط نسجتها الأيّام وأنا أتولّى عددًا من المسؤوليّات التي كانت الثقافة محورًا لها إن مباشرة وإن بصفة غير مباشرة. فقد وجدت نفسي وأنا شابّ سفيرًا لقطر في بيروت ودمشق وفي أوروبا حيث كانت باريس مقرّ إقامتي ثمّ سفيرًا في واشنطن وسفيرًا مفوّضًا ببلدان عديدة من أمريكا اللّاتينيّة.

وهذه المهامّ الدبلوماسيّة المختلفة في القارات الثلاث (أوروبا وآسيا والأمريكتين) أثراها مروري باليونسكو مندوبًا لقطر ثم مروري بنيويورك ممثّلًا دائمًا لدى الأمم المتحدة.

بيد أنّ هذا البعد الدبلوماسي في مساري المهني وخبرتي في العمل متعدّد الأطراف الذي تعلّمت منه البحث عن لغة مشتركة ورؤية إنسانيّة واسعة انضاف إليه إشرافي على الشأن الثقافي في

بلدي قطر إذ تشرّفت بتحمّل مسؤوليّة وزارة الثقافة والإعلام والتراث والفنون لفترتين (من سنة 1992 إلى 1997 ثم من سنة 2008 إلى سنة 2015).

لذلك اعتبرت ما قدّمته في سيرتي الفكريّة فتحًا لفضاء محاورة مع القارئ ودعوة إليه لتدبّر مستقبل الثقافة في رحاب الفكر الإنساني وهل أرحب من اليونسكو بيتًا للتفكير المشترك في مثل هذه الشؤون؟

الرهان الثقافيّ

ثمّة مفارقة لافتة تعيشها البشريّة اليوم. فعلى قدر التطوّر المذهل في الإنتاج الثقافيّ والفنّي والأدبي وفي العلوم ومنجزات التكنولوجيّات والسيطرة على الطبيعة والتحكّم فيها ما يزال العالم يشهد الحروب ويعاني الناس الفقر والجهل والمرض. وعلى قدر الوعي بالحريّة والتشبّث بالمثل الأعلى الديمقراطي نرى تفشّيًا لأشكال بدائيّة من العنف والتطرّف والكراهية.

والمفارقة الأكبر أنّ ما تشير إليه البوصلة واضح بيّن لا يحتاج إلى مزيد تثبّت. إنّ الحريّة والحياة الكريمة هما نبراس العقلاء والحكماء وأهل الخير في العالم كلّه. فنحن كمن يبحث عن سفينة سيّدنا نوح التي ترمز إلى الحفاظ على بذرة الحياة والعيش المشترك والسلام رغم المخاطر العديدة وألوان المصالح المتناقضة والأنانيّة ونزعات الهيمنة والقهر.

ليس أمامنا إلّا قوس قزح من الثقافات والأجناس والأعراق والديانات يعبّر عن هويّة بشريّة مشتركة متعدّدة في آن واحد.

وليس للإنسانيّة الحديثة إلّا أن تراجع ذاتها جماعيًّا لتتغلّب على آفات الجوع والعطش والجهل والمرض. وعدا هذه الوقفة التأمّليّة المشتركة اللّازمة ستكون البشريّة سائرة نحو حتفها بما راكمته من أسلحة دمار شامل وضعف في التضامن الإنسانيّ. إنّه الطوفان القادم إذا لم يسارع أهل الحكمة والعقل إلى تدارك الأمر.

وأهل الحكمة هؤلاء ليس لهم غير الالتزام بالمسؤوليّة الأخلاقيّة في تطوير بذرة الأمل والحياة الأجمل بصرف النظر عن أهواء السياسة وأنواء المصالح المتضاربة. وليس لهم إلّا الإصرار على التوقّي من المخاطر مذكّرين للناس منذرين لهم بعد أن استطاعت الإنسانيّة أن تجوّد أساليب في تدبير الشأن العامّ وسياسة المدينة والاستثمار في الذكاء. فما يطمح إليه العقلاء من سلم، هو مهاد العيش المشترك الآمن، مسألة ثقافيّة أساسًا تحتكم إلى الإبداع الإنساني وقدرته على التجدّد وإيجاد الحلول وفتح الآفاق الرحبة وإلى التفكير الجماعي الذي تلتقي فيه العقول النيّرة التي تنظر إلى البوصلة، بوصلة السعادة الإنسانيّة مهما بدت مثاليّة طوباويّة.

أفلم تكن اليونسكو في أصل نشأتها وفي معنى وجودها وفي عملها الذي لم ينقطع رغم الصعوبات تعبيرًا مكثّفًا عن هذا الإبداع الإنساني وهذا التفكير الجماعيّ؟

الخصوصيّ والكونيّ

كثيرًا ما نميل نحن البشر إلى طرح المسائل على نحو حدّيّ يلزمنا بالانحياز إلى هذا الطرف أو ذاك. وهو ما يبرز في مسألة بارزة

في الثقافة العربية وفي غيرها أيضا نعبّر عنها بالتقابل بين الخصوصيّة والكونيّة.

والواقع أنّها مسألة كثيرًا ما ترتبط بحركة التحديث في علاقته بالاستعمار والإرث الذي تركه والعمل على إدراج المجتمعات المستعمرة في مدار مقولات كونيّة مهيمنة نشأت في الغرب. وتشهد الدراسات المسمّاة اليوم بدراسات ما بعد الاستعمار على حدّة هذه القضايا بالتساؤل عنها وبيان خلفيّاتها على ما نجد في كتابات إدوارد سعيد وغياتري سبيفاك وغيرهما ممّن ينسب إلى جماعة جامعة كولومبيا الأمريكيّة.

ولم تزد العولمة الكاسحة المسألة إلّا تجذّرًا. فقد جرفت الهيمنة الاقتصاديّة والثقافيّة كما جرف التجديد الصناعي كثيرًا من العادات والتقاليد بشكل صار يهدّد التنوّع الثقافيّ ويكاد ينمّط الثقافات ويقضي على الكثير ممّا به تختصّ.

ومن الطبيعيّ أن تظهر في فترات أزمة الهويّة أشباح الماضي ومخاوف حقيقيّة أو موهومة عن مستقبل الثقافات المحليّة المهدّدة بتدفّق السلع والمنتجات والخيرات الثقافيّة. بل بلغ الأمر حتى لدى الثقافات المهيمنة فيما بينها إلى الخوف ممّا يصطلح عليه بالأمركة ممّا دفع الفرنسيّين مثلًا إلى الحديث عن الاستثناء الثقافيّ علاوة على التأكيد في المستوى الدولي على التنوّع الثقافيّ وحماية الثقافات الخصوصيّة.

وليس هذا التقابل مجرّد تقابل فكريّ بين مفهومين للتفكير في ظواهر ثقافيّة أو اجتماعيّة بل هو تقابل تكاد آثاره الخطيرة تلمس

لمسًا هذه المطالب المرتبطة بالهويّة. فكأنّ البشريّة اليوم تتباعد بقدر ما تتقارب وكلّما تقدّمت في التوافق على جملة من التصوّرات المشتركة انكفأت على نفسها وانطوت على أدقّ خصوصيّاتها. وهو ما أنتج ضروبًا من التطرّف تنفي التسامح وتهدّد السلم. وهو تهديد نراه أيضًا ينتشر باسم القيم الكونيّة والعولمة وفرض أنماط محدّدة في السياسة والثقافة تلغي الخصوصيّات.

وربّما احتجنا في هذا الصدد إلى التمييز بين العولمة والكونيّة. فالكونيّ هو المشترك الإنسانيّ من حيث القيم التي تجمع بين الثقافات. ولكنّ عمليّة التحديث المتسارع تنشر قيمًا غربيّة ولا شكّ تجرف معها بعض المكوّنات الثقافيّة الخصوصيّة بالمعنى الأنثروبولوجي للكلمة. فكم من مهنة أو أدوات مستخدمة في الحياة اليوميّة أو أساليب في الطبخ أو أنماط في اللباس وما إلى ذلك صارت كائنات متخفيّة لا أمل في إحيائها. بيد أنّنا بالمقابل نرى مكوّنات أخرى تستند إلى تقاليد عريقة لم تضمحلّ رغم كلّ شيء. وهي مع ذلك من باب الخصوصيّات الثقافيّة. بل إنّ النظرة الموضوعيّة إلى الأمور تكشف عن قدرة هائلة لدى الخصوصيّات الثقافيّة على استيعاب المنتوج الثقافيّ والصناعي وتكييفه. وعلّة ذلك في تقديرنا أنّ الموادّ الثقافيّة ليست محايدة بل هي تستعصي على التنميط وتقوم في جوهرها على التغاير والاختلاف. فالتقاليد الصلبة ويا للمفارقة مرنة مرونة تمكّنها من التكيّف فتندرج ضمن صيرورة لا تكتمل.

وإذا سلّمنا بهذا فإنّ الطرح الجدّي للعلاقة بين الخصوصيّ والكونيّ هو سبب الإشكال. فمن مميّزات المجموعات البشريّة

نزوعها إلى الاختلاف الذي لا ينفي نزوعها في الآن نفسه إلى البحث عن الجدوى والنجاعة والتفاعل مع الممكنات المختلفة.

وقد لمست أكثر من مرّة كيف تُدرِج هذه الثقافة أو تلك، وأنا أتحدّث عن مشاهداتي في القارات الخمس، المنتجَ الثقافيّ المعولم نفسه وفق احتياجات كلّ ثقافة وعلى نحو خصوصيّ تسمه بميسم خاصّ سواء بجعله يتعايش مع القديم أو بصهره فيه أو إعادة تشكيله وفق منطق قديم وغير ذلك من صور التفاعل بين القديم والجديد والخصوصيّ والكونيّ والمحلّي والعالميّ.

إنّ الثقافات الخصوصيّة متجذّرة أكثر ممّا نتوهّم لأنها لا تنبت كالفطر بل يحتضنها المجتمع والتاريخ والجغرافيا احتضانًا يرسّخها في المكان والزمان وفي المؤسّسات الحاضنة لها. وهذا ما يجعلها لا تزول إلّا بزوال المجتمع. بيد أنّ المجتمعات وثقافاتها تخضع إلى نواميس التطوّر التاريخي فتستمرّ بالتفاعل مع التحوّلات في العقليّات والسلوكات. وهذا عامل إخصاب وتجديد لها لا تفقد به فرادتها لأنّ مكوّناتها الأساسيّة من عقائد ومميّزات في الطعام والفنون واللهو والجدّ والطقوس وما إلى ذلك راسخة بقدر ما هي قابلة للتأقلم والتأثّر المثريَين.

فوجه الفرادة والرسوخ والتجذّر مهما أثّرت عوامل التلاقح الثقافيّ وتحوّلات الواقع يظلّ في تقديرنا فاعلًا في بناء الهويّات الفرديّة والجماعيّة بفضل نمط تبليغ تلك التقاليد. وهو الأساس الخفيّ والسرّ المكين لبقاء الثقافات رغم غوائل الزمن وفواعل التحوّل. وهو الذي يصنع الاختلاف مع الآخر دون أن يدعو إلى

الصدام وهو نفسه ما يسمح باستصفاء هذا الوجه الجديد أو ذاك المنحدر من ثقافة أخرى أو من القيم الكونيّة.

ومن هنا فإنّ الترابط المتين بين اللغة والثقافة والهويّة هو أساس الخصوصيّات الثقافيّة وهو الذي يحميها من الذوبان. فنحن كما هو شائع ندرك العالم باللغة وبها نصنّف الموجودات ونتواصل ونبني انتماءنا المشترك ونصنع إبداعنا الخصوصيّ فتكون غيريّتنا بذلك قدرًا نتحمّله لأنه يصنع في الآن نفسه على نحو عجيب كينونتنا الثقافيّة واختلافنا.

واعتقادي أنّ مثل هذا التصوّر المتوازن هو الذي يحمي الهويّة من الانغلاق اللّاتاريخيّ المشبع أوهامًا ويجعل الكونيّ مثريًا للخصوصيّ لا عبئًا عليه يسحقه ويذهب به.

إنّ هذا التصوّر لعلاقة الخصوصيّ بالكونيّ ليس محاولة للتوفيق بين طرفي قضيّة عسيرة من صميم شواغل الإنسانيّة الحديثة فحسب وإنّما هو أيضًا يستند إلى معاينة لواقع وتجارب ناجحة. وليس أدلّ على ما نقول من المغامرة المعماريّة الناجحة المتمثّلة في سوق واقف في قلب الدوحة. فهذه السوق أنموذج للتفاعل الثقافيّ الذي يحافظ على الروح القطريّة في أدقّ خصائصها ويعيد صياغتها معماريًّا على نحو منعش لها يدرجها ضمن رؤية حديثة حقًّا فلا إفراط يذيب القديم ويمحوه ولا تفريط في الحاجة الأكيدة إلى التجديد انطلاقًا من القديم. وآية ذلك أنّ السوق أعيد بناؤها بالموادّ نفسها التي تميّز المعمار القديم في بيئة قاسية الحرارة مثل الحجارة والجبس والطلاء والخشب المحلّي. وهو علاوة على ذلك وقع

التخطيط له إثر بحوث علميّة وجمع لشهادات الباعة والمشترين والزائرين للسوق القديمة حتّى يحافظ البناء الجديد على ما استقرّ في وجدان الناس وخيالهم والرموز المستقرّة في نفوسهم، لكنّ الزائر لهذه السوق اليوم يرى التناسق الخلّاق بين المحلّي والعالميّ والتماسك بين الأصيل والحديث.

الديمقراطيّة والتنمية الثقافيّة

تثير مسألة التنمية الثقافيّة إشكاليّة عميقة. فلئن كانت الثقافة في أبسط مدلولاتها جملة القيم البانية للكيان الفرديّ الجامعة بين أفراد المجموعة الواحدة فإنّ التنمية تقتضي التخطيط والبرمجة ووضع السياسات لتحقيق الأهداف. فكيف يمكن للذاتي الحميميّ المنغرس في الوجدان أن يكون موضوعًا لعمليّات وإجراءات لا تقاس كمّيًّا بالضرورة. هل يمكننا أن نقيس الروح التي تسري في البدن؟

لسنا في حاجة إلى تفكير مطوّل في مشروعيّة الحديث عن التنمية الثقافيّة ولنا في المؤسّسة المدرسيّة أنموذجًا دالًّا على إمكان مثل هذا المسعى التطويريّ للثقافات. فلا مدرسة ناجحة دون تخطيط وسياسات ترمي إلى تغيير الذهنيّات وتنشئة الأجيال المقبلة على قيم حديثة تتفاعل فيها المكوّنات الأساسيّة للهويّة الثقافيّة والتصوّرات المتجدّدة للإنسان من أجل صنع المواطن الجديد بثقافته الجديدة. فهذا الضرب من ضروب التنمية البشريّة إنّما هو في نهاية المطاف صنع للبشر وصقل للعقول والمواهب يمثّل أساسًا مكينًا لكلّ عمل اقتصاديّ ناجع وهندسة اجتماعيّة جديدة.

وصلة هذا كلّه بالديمقراطيّة واضحة. فما الديمقراطيّة إلّا إتاحة الفرصة للجميع في المشاركة وتوسيعها لتشمل أوسع القطاعات. وإذا استطعنا أن نخلق بالتربية والتعليم ذهنيّات جديدة فإنّنا نكون آليًّا تقريبًا قد أدمجنا أوسع القطاعات ضمن ديناميكيّة ثقافيّة خلّاقة تجعل الثقافة متاحة للجميع والمشاركة في الحياة الثقافيّة والنفاذ إلى المعارف والمعلومات والقيم ممكنًا.

وجماع هذه الروابط بين الثقافة والتنمية والديمقراطيّة هو تمكين كلّ فرد من الوصول إلى الموادّ الثقافيّة بتعميم المسارح والمتاحف والمكتبات وغيرها من المنشآت ليتمتّع الجميع بالخيرات الثقافيّة لإشباع حاجياته من المعاني والرموز والفنون. لذلك فإنّ التنمية الثقافيّة ليست إلّا الأساس الذي ينهض عليه بناء الإنسان ليكون في قلب التنمية الشاملة بأبعادها المختلفة مع إضفاء صبغة إنسانيّة على مجمل مخرجات ألوان التنمية الأخرى اقتصاديًّا واجتماعيًّا مثلًا. فليست الثقافة ترفًا أو ترفيهًا فقط بل هي منح المعنى الإنساني للوجود الفرديّ والاجتماعيّ.

وبهذا تكون التنمية الثقافة تمكينًا للفرد من تفتّح مواهبه وقدراته الإبداعيّة وتمتين اللحمة الاجتماعيّة في بعدها الرمزيّ فتبرز بعض فضائل الديمقراطيّة الثقافيّة. وهي ديمقراطيّة تردم على التدريج الهوّة بين النخب والجمهور والمحلّي والكونيّ بإشاعة الحقّ في الثقافة. ولا نجاح لأيّ مشروع تنمويّ ما لم يبلغ مثل هذا التوازن المفضي في آخر الأمر إلى تأكيد الهويّة الثقافيّة بقيمها وتقاليدها ومعتقداتها وجعلها متفاعلة مع أنساق التجديد والتغيير بردم الهوّة بين الثقافة

العالمية والثقافة الشعبيّة من جهة وبين الثقافة الخصوصيّة والثقافة الكونيّة من جهة أخرى.

إنّني إذ أذكّر بهذه المبادئ الأساسيّة في التنمية الثقافيّة فإنّني أشير من طرف خفيّ إلى إشكاليّة كبرى خلتُ لأمد أنها خاصّة بالثقافة العربيّة إلى أن قرأت محاضرة الفائز بجائزة نوبل للآداب المكسيكيّ أوكتافيو باز.

فمن سمات التاريخ الروحي الحديث والمعاصر للثقافتَين العربيّة والمكسيكيّة التعامل الانفعاليّ مع التقاليد المحلّيّة والتقاليد الأوروبيّة الآخذة في الهيمنة شيئًا فشيئًا. بيد أنّ هذا التوتّر كان ويا للمفارقة حالة وجوديّة تدعو إلى سبر أغوار الذات والوعي بالتاريخ. ولا تخلو مسارات هذا الوعي من بعد مأساويّ، فبدايته الشعور القويّ المؤلم بأنّنا طُردنا من الحاضر بما أنّ مركز الثقل التاريخيّ انتقل إلى باريس ونيويورك ولندن. وسرعان ما ينقلب هذا الشعور المرّ إلى إدانة للذات القاصرة العاجزة المقهورة. ويستحيل هذا الشعور إلى وعي فسلوك. وهو سلوك البحث عن زمن جديد هو زمن الحداثة.

وبقطع النظر عن تساؤل أكتافيو باز العميق عن الحداثة أهي فكرة أم سراب أم لحظة تاريخيّة فإنّ الأساسيّ هو أنّ البحث عن زمن الحداثة مفض إلى عمليّة تحديث مؤلم موجع في أحيان كثيرة.

ما يعنيني من هذا أنّ الذهاب إلى الآخر يفضي جدليًّا إلى اكتشاف الذات وفي حركتَي الذهاب والعودة تتشكّل الجسور بين

التقاليد والحداثة فتبثّ الحداثة الحياة في التقاليد الخصوصيّة وتجيبها التقاليد بالعمق والرصانة. فالحداثة بهذا المعنى نزولًا إلى الأصول والمنابع وإن كانت «شمس التاريخ هي المستقبل» كما قال باز في عبارة لافتة عميقة.

وهذه الشمس هي التي تحدث في النفوس «عشق التغيير» لتطوير المجتمعات وتغيير الأفكار وتبنّي فواعل الحداثة العلميّة والتقنيّة. بيد أنّ هذه الطريق الوعرة، طريق الحداثة وما بعدها، قد خلقت مخاطر جديدة تهدّد الجنس البشريّ كلّه. فما الحربان العالميّتان وتطوّر أسلحة الدمار وتفشّي الاستبداد والتعذيب والمذابح إلّا نماذج من خلخلة الإيمان بالتطوّر والعقلانيّة والحداثة.

لكنّ هذه الظواهر وغيرها كثير ممّا زاد جراح البشريّة غورًا وإيلامًا لا يوازيه إلّا تكاثر الإبداعات المدهشة. فتكون الثقافة مرّة أخرى هي الأقدر على صنع الأمل المشترك في إطار من التعدّديّة الثقافيّة لإنقاذ الإنسان الكونيّ.

التواصل ولا شيء غير التواصل

لئن كانت العولمة ظاهرة اقتصاديّة أساسًا فإنّها تقوم بالقدر نفسه على ثقافة التواصل. وهذا ما نلمسه في تطوّر شبكات الإعلام والتواصل التي رسمت جغرافية جديدة ومهّدت لتاريخ جديد مكسّرة الحواجز موسّعة الحدود. وهذا ما يسهم في نقل الأفكار بسرعة بين الثقافات على نحو يثري التفاعل الثقافيّ بما يحمله من احتمالات الهدم والبناء داخل كلّ ثقافة وبين الثقافات نفسها.

ومن تبعات هذا التحوّل العميق الذي لم تظهر بعد إلّا بعض نتائجه تأكيد الحقّ في حرّيّة تداول المعلومات وتقوية تيّار مناهض للرقابة يزعم امتلاك الحقيقة النهائيّة. بيد أنّنا نشهد بالقدر نفسه تطوّرًا في تقنيات التلاعب بالعقول وتوجيهها ونشر الأكاذيب والإشاعات والأفكار الهدّامة التي تبلغ حدّ الجرائم. ولا مجال هنا للعودة إلى أنواع الرقابة الفجّة لكنّنا في حاجة أكيدة إلى تربية على الإعلام وتداول المعلومة تقوم على المعايير الدوليّة في حريّة التعبير والتفكير وعلى أخلاقيّات الحوار والتعديل الذاتي. ولا سبيل إلى مواجهة الانحرافات والإخلالات إلّا بالحوار العموميّ أفليس الحوار قوام الديمقراطيّة؟

والواقع أنّني شخصيًّا عشت تجربة مهمّة في التدرّب على أصول الحوار ضمن البنية الثقافيّة لمجتمعي القطريّ التقليدي. فقد نشأت في المجلس وهو «أغورا» بالمعنى الإغريقيّ أو «فوروم» بالمعنى الروماني خاصّ بجلّ المجتمعات الخليجيّة. وفيه يتعلّم الفتى قواعد الحوار والتواصل. ومن ميزاته في البيوت الخليجيّة مهما كان حجمها ومكانة صاحبها التقاء الناس فيه دون دعوات رسميّة أو حتّى دون استئذان. ومن وظائفه الكثيرة ما يتراوح بين تبادل عاديّ الأخبار وحلو الأسمار إلى التشاور في قضايا الجماعة واتخاذ القرارات الكبرى. إنّ المجلس هو فضاؤنا العموميّ في الخليج وهو يثبت تأصّل الحوار في ثقافتنا الاجتماعيّة.

وأنا أزعم أنّ هذه المجالس هي أساس الديمقراطيّة في مجتمعاتنا الخليجيّة ذات البنية القبليّة. إذ فيها تكون المشاورات

وبحث التوازنات الدقيقة بين مصالح الأفراد والمجموعات وفضّ ما يطرأ من خلافات.

وحين يتساءل كثيرون اليوم عن سرّ انتشار الميديا الجديدة في مجتمعات الخليج وسهولة استخدامها فيها فإنّني أجد المجلس قد هيّأ لهذا الانتشار بطريقة ما. وبالفعل فإنّ المستوى الاقتصادي المرفّه قد ساهم في توفير الوسائل التكنولوجيّة. لكن بين المجلس والميديا الجديدة توجد روابط أخرى ثقافيّة أعمق وإن تغيّرت السياقات والوسائل.

فسؤال الميديا الجديدة الأكبر يتّصل بموقع المثقّف المتحكّم في المعلومة وموقع السلطة منها ومدى قدرتهما على الاحتفاظ باحتكارهما للمعلومات. فكلّ من المجلس والميديا الجديدة لا يعترفان بالطابع النخبويّ والسلطويّ إلّا في حدود ضيّقة جدًّا. وكلاهما يرفض احتكار أقلّيّة للكلام والحقّ فيه. فلكلّ الحق في أخذ الكلمة والمشاركة في صنع المعنى والمحاجّة وإنتاج الأفكار. ولا فضل لأحد على آخر إلّا في قوّة المحاجّة والقدرة على استمالة المخاطبين.

إنّ ما نشهده اليوم من تغيّر في نموذج التواصل بين النخب والجماهير على أساس عموديّ بسبب الثورة الرقميّة واكتساح الشبكات الاجتماعيّة لم يكن جديدًا تمام الجدّة من حيث أسسه الثقافيّة على الذين تربّوا في المجلس مثلي وعرفوا نوعًا آخر من الحوار يجمع بين النموذج الأفقي الذي يتيح مشاركة الجميع والنموذج العموديّ الذي يُحترم فيه الكبار وأهل الفكر والمعرفة.

وقد ركّزت هنا على الأساس الثقافيّ العميق الجامع بين المجلس بطابعه الشفاهيّ و«الميديا» بطابعها الرقميّ الذي تتداخل فيه الصورة والصوت والكتابة. لكنّ التشابهات لا تنفي الاختلافات ولا تنفي بالخصوص التحدّيات الجديدة التي طرحتها وسائل التواصل الجديدة.

فما يعنيني حقًّا هو استثمار التحوّلات التكنولوجيّة واتساع إمكانات التواصل لتحقيق مزيد من الحرّيّات وتنمية الحقوق المعترف بها دوليًّا وتيسير التواصل بين الناس والثقافات والشعوب وتدعيم مشاركة المواطنين في صنع المعاني والتمتّع بخيرات الثقافة ضمن احترام أخلاقيّات التواصل وهي أخلاقيّات مهدّدة باستمرار لأنّ الإعلام عمومًا خاضع لقوى ضغط واحتكار ورؤوس أموال لا تضع المصلحة العامّة والبعد الإنسانيّ ضمن أجندتها الرئيسية.

ولا يمكننا اليوم بأن نحلم بمجتمعات تواصليّة تدير الاختلافات داخلها بطريقة سلميّة بحثًا عن المشترك الإنسانيّ دون وسائل الاتصال المختلفة. وهو أمر وثيق الصلة ببعض القضايا التي أثرناها فيما سبق حول العلاقات المعقّدة بين المحليّ والكوني والخصوصيّ والعامّ. فلست أرى من سبيل للتمتّع بالحقّ في التعبير والمعلومة والمشاركة في بناء الأفكار وضمان المواطنة الكاملة وتوكيد الانتماء الوطنيّ والكونيّ إلّا بالتواصل والحوار.

واعتقادي أنّ ظهور الإنترنت بكلّ ما صاحبها من فوضى ومخاطر هو فرصة أخرى متاحة أمام البشريّة لإيجاد ديناميّة جديدة في إنتاج المعلومة وتداولها وتوسيع آفاق الفكر والمعرفة ومشاركة

المواطن المغمور وعموم الجمهور في عالم الأفكار. بل إنّ مفهوم السلطة نفسه يشهد بذلك إعادة صياغة لمكوّناته ومداه بتوسيعها وتفتيتها. أفلا يؤذن ذلك بالتحوّل التدريجيّ من نموذج الديمقراطيّة التمثيليّة إلى نموذج الديمقراطيّة التشاركيّة أو ما هو شبيه بها؟ ألا يعني ذلك أنّ البشريّة بصدد إعادة صياغة مفهوم السلطة نفسه وقواعد السياسة بما هي تفكير في الشأن العام داخل المدينة بعيدًا عن المنطق النخبويّ الاحتكاريّ؟

وإن كنت غير غافل عن المخاطر الجديدة المطروحة والتململ السائد من تدخّل من وصفهم أمبرتو إيكو بالحمقى في هذه الوسائل الاتصاليّة فإنّ الحريّة التي تعد بها أوسع في رأيي من الهزّات المنتظرة والمخاوف المشروعة. لكن لا سبيل لنا غير سبيل تتبّع ما يموج في الأعماق من تصوّرات مبتكرة والعمل على أن تكون قاعدة لمزيد التقريب بين الناس والثقافات والشعوب والتقليص من الأفكار المسبقة الجاهزة والعنف والكراهية والعنصريّة. فهذه الظواهر بنات الجهل وتطوّر وسائل الاتصال سيعدّل منها ولا ريب.

القوّة الناعمة

من الأسئلة الجوهريّة التي كانت تؤرّقني دومًا هو كيف يمكننا استخدام المنتجات الثقافيّة للتأثير في العقول والنفوس والتقريب بين الناس؟

فلا شكّ أنّ للثقافة الدور المركزيّ في تهيئة بيئة نفسيّة وذهنيّة لتقبّل الآخر والإصغاء إليه في مقاربة تفهّميّة تواصليّة أصيلة. فالثقافة

تحمل الأفكار والقيم والمعتقدات والعادات والخصوصيّات. وهي تفتن الآخر إذا أحسنّا تقديمها لأنّ المرء بقدر حرصه على التشابه والتماثل يحرص كذلك على التعارف والتعرّف إلى المختلف.

إنّ هذه الفكرة هي أساس الدبلوماسيّة الثقافيّة الحقّة في ظنّي وهي قوّة توصف بالناعمة. ولهذه القوّة وهذه الدبلوماسيّة أسس أربعة كبرى. أوّلها التوجّه إلى الآخر ومخاطبته وثانيها التأثير غير المباشر وثالثها العمل المدنيّ الذي يتوجّه إلى الأفراد لا المؤسّسات الرسميّة ورابعها انتظار النتائج على المدى المتوسط والبعيد.

وجماع هذه المبادئ الكبرى فتح قنوات التواصل مع المجتمعات الأخرى باعتماد أسلوب الإغراء والإقناع وبالتوجّه إلى التعليم خصوصًا أنّ اللغة هي حمّالة الثقافة والقيم. فهذه الأساليب تظلّ أفضل من الأساليب العنيفة القائمة على القسر والإرغام، إنّه غزو للقلوب بالفنّ والأدب والجمال والخيال.

وقد تبدو بعض التعابير المعتمدة في العلاقات بين الدول متخشّبة من قبيل «التفاهم المتبادل» و«التبادل الثقافيّ» وغيرهما. لكنّ الواقع أنّ الدبلوماسيّة الثقافيّة هي سعي دؤوب لبناء العلاقات بين الدول على أساس الثقافة والفنون والعلوم والتربية. ومن حقّ كل شعب أن يقدّم إلى الشعوب الأخرى تاريخه ورموزه ومنظومة قيمه وفنونه فهي نوع من بناء فضاء حواريّ رمزيّ مشترك يثري الذات والآخر في آن واحد.

ولئن كان البعض يرى في مثل هذه المساعي شيئًا من البحث عن الهيمنة الثقافيّة بما أنّ أكثر البلدان نشاطًا في الدبلوماسيّة الثقافيّة هي بلدان

قويّة اقتصاديّة تبحث عن مواقع جديدة في السوق الدوليّة فإنّنا لا نرى هذا البعد فحسب من المسألة. إنّ ما يعنينا أكثر أنّ مثل هذه المساعي أداة من أدوات التقريب بين الثقافات والشعوب وهي ميدان رحب. فليتنافس فيه المتنافسون بدل التنافس على الحروب والدمار والكراهية!

إنّ عماد الدبلوماسيّة عامّة والعمل الدوليّ هو بناء المواقف والتصوّرات والقرارات على المشترك بين مختلف الأطراف حتّى لأكاد أعرّف الدبلوماسيّة بأنّها فنّ البحث عن المشترك مع الآخرين وتقليص مسافات الاختلاف بين الأهداف والمصالح وتوسيع حيّز الالتقاء والائتلاف.

وفي هذا إذا تأمّلنا استعادة لإشكاليّة الخصوصيّ المحليّ والكونيّ الإنسانيّ سعيًا إلى السلم والتفاهم باعتماد الحوار والنقاش والتفاوض أدوات ووسائل للإنسانيّة المتحضّرة. وقد جرّبت هذا فيما يعرف بالدبلوماسيّة متعدّدة الأطراف وهي أعسر أنواع الدبلوماسيّة لأنها تفرض عليك دومًا أن تنظر إلى النصف المملوءة من الكأس وتقوم على حاجة كلّ طرف إلى الآخر كأنّهم في مركب واحد إمّا أن ينجو الجميع وإمّا أن يخفق الجميع. فتنشأ بالضرورة ضمن مسار المفاوضات عقليّة التقارب وتقريب الميول والبحث عن المصلحة المشتركة.

وإذا نظرنا في تاريخ الأمم المتحدة واليونسكو نفسها فسنجد أنّهما منظّمتان تعلنان صراحة أنّ البديل عن الهمجيّة والبربريّة التي عرفتها الحرب الكونيّة الأخيرة إنّما هو التواصل والحوار العقلانيّ ومراعاة المصالح المتضاربة. وما اليونسكو في هذا السياق إلّا

التعبير المركّز على أنّ بوصلة الإنسانيّة في مساعيها هذه إنّما هي المبادئ والمثل والقيم السامية والأخلاقيّات. فتكون اليونسكو بذلك في تصوّري الضمير الأخلاقيّ للإنسانيّة الحديثة أوّلا وقبل كلّ شيء ومن هذا الضمير تنبع مختلف الاختيارات والإنجازات والمشاريع.

وليس من باب الصدفة أن تكون الثقافة والفنون والتعليم موضوعًا في الآن نفسه رابطًا بين القوّة الناعمة التي تعتمدها الدول واليونسكو نفسها. فقد انتهى عهد الحروب أو هذا ما يجب أن يكون وبدأ عصر التفاهم والتقارب الإنسانيّين. وهو عمل طويل النفس لا يقتصر على الحكومات بل هو يفتقر أيّما افتقار إلى الأفراد ومنظّمات المجتمع المدنيّ الأقدر على أن تحوز ثقة الجمهور في المجتمعات الأخرى.

وتقدّم اليونسكو في هذا الباب بدبلوماسيّتها الثقافيّة متعدّدة الأطراف درسًا بليغًا فيما يجب أن تكون عليه الدبلوماسيّة الثقافيّة الثنائيّة من احترام للتنوّع والاختلاف للوصول إلى أقصى درجات التناغم والتفاهم مع الالتزام بقيم الحرّيّة وحقوق الإنسان.

حوار الثقافات والمواطنة الكونيّة

ليس الحوار الثقافيّ بالنسبة إليّ ترفًا وإن بدا مفعمًا بمثاليّة مفرطة. وكم أحبّ ان أشبّهه في علاقته بالثقافات بحالنا نحن الأفراد المنتمين إلى بيئات وثقافات ومجتمعات مختلفة حين نستقلّ الطائرة.

فكل واحد منا إذا دخل مطارًا من مطارات العالم يكتشف أنّ البشر أقرب إلى بعضهم ممّا نتوهّم. فهم سيستقلّون طائرة واحدة. وننسى بحكم العادة والتعوّد أنّ الوضع الذي نكون عليه مثير للدهشة

مليء بالعبر. وفي الطائرات نكشف نحن البشر عن قدرة هائلة على التكيّف وتغيير طقوسنا الخاصّة للتلاؤم مع عالم الطائرة بنواميسه وقواعد الحياة فيه وآدابه. فكلنا ضيوف في هذه الآلة الضخمة وعلينا أن نحترم حقّ المضيّف في تدبير شأننا جميعًا كما أنّ على المضيّف أن يحترم ضيوفه ويوفّر لهم أسباب الراحة. إنّه ميثاق ضمنيّ لقواعد العيش المشترك بين مختلفين في الدين واللون والعرق. بيد أنّ كلّ شيء في الأغلب الأعمّ يسير على أحسن ما يرام.

نعم إنّها رحلة ظرفيّة لساعات قليلة ولكن لا شيء يمنع من القياس عليها إذا أردنا الحديث عن حوار الثقافات. فما يستطيع المرء أن يتكيّف معه لساعات يمكن أن يكون أنموذجًا لتكيّفه معه طيلة حياته. فالأساس هو التوازن الدقيق بين ما ألفناه في مجتمعاتنا وثقافاتنا وبين ما يفرضه السياق المشترك بما يجعل كلّ واحد منا محافظًا على هويته الفرديّة والجماعيّة وملتزمًا في آن واحد راضيًا مرضيًّا بأمنه وأمن غيره عبر المطارات والمدينة.

فالحقيقة البسيطة التي ننساها أنّ حياتنا رحلة وعبور نتعلّم فيها الاستعداد للمغامرة والمخاطرة والصعوبات والمشاكل. ولكي نعي ذلك نحتاج إلى بعض الغربة عن النفس والاستعداد النفسيّ للانضباط إلى قواعد جديدة وسلوكيات مختلفة شبيهة بما يتعلّمه الإنسان في الطائرة وهو يتخلص من سلبيّته ويتدرّب على الاندراج في مجتمع مصغّر جديد متعدّد مختلف.

إنّ مثال الطائرة ما هو إلّا صورة مصغّرة من عالمنا الشاسع المتنوّع. وعلينا كي ننجح في الانتماء إلى الإنسانيّة أن نكون على

استعداد للحفاظ على هوياتنا الفرديّة وثقافاتنا مع احترام الآخر بعاداته ورموزه وتقاليده وتصوّراته. وهذا الاستعداد هو مفتاح التعايش في هذا العالم المعولم.

فرغم الحديث المتكرّر عن تهديد العولمة للهوّيات الثقافيّة وسعيها إلى تنميط الوجود الإنسانيّ

وردّ الفعل الهويّاتي عليها بمزيد الانغلاق والشراسة في الدفاع عن الخصوصيّ فإنّ مثل هذه الأزمات ويا للمفارقة مناسبة وفرصة تتاحان لبني البشر كي يفكّروا بفضل ما أتاحته العولمة نفسها من وسائل الاتصال في مصيرهم المشترك. فللبشريّة من الرصيد القيميّ والأدوات الثقافيّة ما يسمح لها بالتفاوض والتناول الرصين لتلك الأزمات أسبابًا ومآلات وسبل تجاوزها.

وبدون هذا الحوار الثقافيّ والدبلوماسيّة الثقافيّة الجادّة لا يمكن للحديث عن التربية واحترام حقوق الإنسان والحريّات الفرديّة وتنمية التفاهم والصداقة وحفظ السلام وغيرها من المثل العليا أن يكون ناجعًا.

وعلى الرغم من الظاهر من صراعات اليوم في أرجاء مختلفة من العالم فإنّ الرصيد المشترك بين الثقافات أكبر ممّا نتصوّر والإرث المشترك بينها على قدر من الصلابة والقوّة ما يحتاج منا إلى عدم إضاعة البوصلة والإصرار على الاحترام المتبادل ومواصلة التفاوض حتّى في أحلك الفترات والأزمات وأعنفها. فمرجعيّتنا الحقوقيّة الكونيّة هي المهاد الأخلاقيّ والقانوني الذي ينبني عليه الحوار ولغتنا الموحّدة.

إنّ البشريّة تتّجه فيما يبدو لنا وجهات تبدو متناقضة. فمع التمسّك بالخصوصيّات الثقافيّة وأنماط العيش المتمايزة نجد تغيّرات عميقة تمسّ الثقافات المختلفة قيمًا ومثلًا، تقرّب أحيانًا بعضها من بعض وتباعد أحيانًا أخرى بينها. ومع ديناميّة العولمة الجارفة للخصوصيّات وردود الفعل عليها نرى بوضوح تأثيرات متعدّدة للثقافات بعضها في بعض. ولكنّ الأساسيّ هو أنّنا مع ذلك نسير نحو مواطنة عابرة للثقافات أو لنقل مواطنة مشتركة في أسسها الفكريّة والأخلاقيّة أو مواطنة جامعة بين الثقافات وقيمها فلنسمّها المواطنة الكونيّة.

وأساس هذه المواطنة الكونيّة هو الشعور المتنامي بالمسؤوليّة المشتركة والتضامن الإنسانيّ وهما يبرزان بالخصوص، علاوة على الجمعيّات والمنظّمات الدوليّة، زمن الأزمات مهما كان موقعها الجغرافي أو موطنها الثقافيّ سواء أكانت كارثة طبيعيّة أم حربًا من الحروب التي تندلع لهذا السبب أو ذاك.

إنّ جميع الثقافات في حالة تحوّل وتشهد تغييرات كثيرة بحكم انتشار وسائل التواصل والاحتكاك بينها وإمكانيّات التعارف، فصارت كلّ ثقافة مهجّنة بصورة من الصور على نحو غير مسبوق في التاريخ. وهذا التهجين الذي لم تخل منه ثقافة كبرى أو ضيّقة عددًا ومكانًا وأعني به ولا شكّ رصيدها الرمزيّ سيكون له في المستقبل أثر وأيّ أثر. ولكنّه أثر نرجّح أنّه إيجابيّ يتّجه نحو تأكيد هذه المواطنة الكونيّة.

على قدر أهل العزم

لقد بنيت تصوّراتي السابقة ممّا يتّصل بالتربية والحريّة والتراث إلى غيرها من المسائل على مفهومَين محوريّين. أوّلهما هو الإرادة التي تتّصل بجوهر الحريّة. وقوامها الأخلاقيّ عندي هو الشعور العميق بالواجب. فاختيار المرء نابع من إرادته وهو جوهر كرامته الإنسانيّة. لذلك كنت أفهم الإيمان الذي يعمر قلبي ووجداني بأنّه الدافع الأكبر للعمل الصالح الذي يدفع المرء إلى الشعور بعذاب الآخرين وآلامهم. وثانيهما الطموح الذي يمثّل المحرّك للعبور والتجاوز وعدم الرضا بالحاصل والاكتفاء به. فلا اكتمال للكمال وإنّما هو صيرورة لا تتوقّف. ولئن شاعت باسم المكيافيليّة أن يربط الطموح بالتحرّق للسلطة فتمسي جميع الوسائل مبرّرة لتحقيق الأهداف فإنّ الطموح في عقيدتي رغبة في الكمال في شرف وشموخ ونزاهة. إنّه طموح إلى الخير والنماء في سخاء وإيثار لا يعرفان حدودًا.

وبالجمع بين الإرادة والطموح تكون العزيمة هي الشرط لتحقيق ما أطمح إليه. وتترافق العزيمة مع الحزم وترك التردّد والعمل الجادّ وبذل الجهد. فشعاري في الحياة «لو تعلّقت همّة المرء بما وراء العرش لناله» و«على قدر أهل العزم تأتي العزائم وتأتي على قدر الكرام المكارم».

والحق أنّني كثيرًا ما أخلو إلى نفسي متأمّلًا ما أتاحه لي بلدي قطر من فُرص نادرة متتالية لأعيش عمليًّا ما آمنتُ به من القيم والمبادئ السالفة. فالجامعات التي درست فيها والبلدان التي

عملتُ فيها ممثلًا لدولتي في محافل دبلوماسية مختلفة والعواصم التي عشتُ فيها مع أسرتي أيامًا رائقة تجعلني كلّها لا أكتفي بردّها إلى صُدف القدر السعيد فحسب، بل تبدو لي اليوم وأنا أراجع أيامي وأعمالي كأنّما وراءها قوة تدفعني إلى أن أقول: أنا ابن هذا البلد الآمن الطيب بقدر ما أنا ابن هذا العالم المتنوّع، وهو ما حمّلني مسؤولية شبيهة بمسؤولية جبران خليل جبران: «جئتُ لأقول كلمة وسأقولها»، أي عليّ أن أتوجّه إلى العالم خصوصًا أنّ لي خطة واضحة المعالم لخدمة بني البشر على اختلاف مشاربهم. بل كأنّ كتاب «على قدر أهل العزم» لم يُكتب إلّا على سبيل تهيئة الحملة الانتخابية لليونسكو، وهو ما يعني أنّني كنتُ أنفّذ في واقع الأمر على امتداد سنتّين زرتُ فيها جميع البلدان المعنية وعددًا من الجامعات والتقيتُ شخصيات مرموقة من العالم كلّه من مشارب فكرية متنوّعة، خطّةً ارتسمت ملامحها وكثير من تفاصيلها منذ أن رمتني الأقدار في تلك الجامعات والعواصم والبلدان.

لقد سرتُ في طريقي إلى اليونسكو واثق الخطى بحماسة فيّاضة وهمّة عالية متأكّدًا من تجاوب إخوتي في البشرية مع ما كنت أقترحه عليهم من أفكار ورؤى وتصورات وبرامج عمل ميدانيّ.

الفصل الثالث

جواز السفر
برنامجي الانتخابيّ

لم يكن الترشّح إلى منصب الأمين العامّ لليونسكو فكرة طارئة. ففي سنة 2012 وقد حضرت مع سمو الأمير الوالد الشيخ حمد بن خليفة آل ثاني، وكان أمير البلاد آنذاك، المباراة النهائيّة لكأس الأمير في كرة القدم. اختلينا أثناء فترة الاستراحة في غرفة صغيرة نتجاذب أطراف الحديث. عبّر لي وقتها عن سعادته بنجاح الدوحة عاصمة للثقافة العربيّة وأعلمني بأنّ كثيرين كلموه كي أكون رئيسًا لمنظّمة دوليّة. ولمّا سألته: أيّ منظّمة تقصد؟ أجابني والأمر محسوم في ذهنه: «اليونسكو!» وطلب أن أترشّح لدورة سنة 2013.

لم يكن طلب سمو الأمير الوالد الشيخ حمد ليمرّ دون أن يستقرّ في ذهني رغم أنّني أعلمته بأنّ الوقت ضيّق لتوفير أسباب النجاح وقد علم كل من أشتغل معه أنّنا قوم لا نتسرّع إذا تعلّقت همّتنا بما وراء العرش بل نفكّر ونخطّط ثم نتوكّل على الله. وقد بنيت موقفي على أنّ مثل هذا الترشّح وإن كان شرفًا لي ومسؤوليّة فإنّه يتطلّب

استعدادات أكبر وتخطيطًا أدقّ ممّا يتيحه الوقت المتبقّي لإعلان المنافسة على المنصب. لقد انتهت المسألة سياسيًّا ولكنّها ظلّت تختمر في ذهني.

ولا شكّ أنّ سمو الأمير الوالد الشيخ حمد لم يبن موقفه ذاك على نجاح «الدوحة عاصمة للثقافة العربيّة» فحسب. فهو يعرف حقّ المعرفة خبرتي مندوبًا دائمًا في منظّمات دوليّة عديدة لمدّة إحدى عشرة سنة. وكلّفني سموّه سنة 2012 برئاسة مؤتمرَين أحدهما لليونكتاد والثاني للبريد العالميّ وهما مؤتمران غير مخصّصَين للثقافة باعتبارها المجال الذي كنت أتولّاه وقتها في الحكومة. وقد حضر بعض المؤتمرات تسعة آلاف مندوب وستّة وثلاثون رئيس دولة ورئيس وزراء. فنجح المؤتمر وكان سموّ الأمير الوالد الشيخ حمد مسرورًا بهذا النجاح. بيد أنّ الدوحة عاصمة للثقافة العربيّة هو الذي أوحى له بفكرة ترشيحي لليونسكو.

وفي الأثناء أخذت أعمّق أدبيّات اليونسكو وأدقّق بعض ما أبعدتني عنه شواغل الوزارة من القضايا المستحدثة التي فاتتني. فأنا ممّن لا يسمح لنفسه بالحديث في ملفّات لست ملمّا بها الإلمام الكافي ولا ممّن يسمح لنفسه بإبداء رأي شخصيّ قبل النظر والتدبّر.

والحقّ أنّ زياراتي إلى الخارج والتقائي بالقائمين على الثقافة وغير الثقافة من المسؤولين وكذلك استقبالي للكثيرين منهم في الدوحة يسّرا لي أن أدقّق بالحوار معهم بعض المسائل وأستفسر عن بعض ما كان يشغلني من مسائل التربية والتعليم والثقافة والتراث

والعلم. فوجدت أنّ خبرتي النظريّة قد أثرت خبرتي الدبلوماسيّة والتسييريّة.

عندها بدأت خيوط الأفكار تنتسج في ذهني. فكان عليّ أن أنتقل من الملاحظات والتقييمات الجزئيّة والتعليق على بعض المفاهيم والمسائل في الملفّات الرقميّة التي أحتفظ بها أو الوريقات التي أخطّها بهذه المناسبة أو تلك إلى صياغة ما اعتبرته سيرة فكريّة تأمّلت فيها رصيد الأفكار والمواقف والتصوّرات التي تشكّلت في ذهني وعقلي، فكان كتاب «على قدر أهل العزم».

فبقدر ما كان هذا الكتاب معبّرًا عن مواقفي وآرائي في أمّهات المسائل المتّصلة بمجالات عمل اليونسكو بالخصوص فإنَّه مكَّنني بما في السيرة الذاتيّة الفكريّة من نظم للمتفرّق من الأفكار من أن أرسم صورة شخصيّة وأصوغ هويّة فكريّة ستكون ولا شكّ أقرب إلى بطاقة الهويّة التي تقدّمني إلى كلّ من يريد أن يعرف من هو هذا الذي يترشّح لمنصب الأمين العام لليونسكو.

وفي بداية سنة 2015، تحدّثت الشيخة الميّاسة إلى صاحب السموّ الشيخ تميم بن حمد آل ثاني أمير البلاد في أمر الترشيح وكانت موافقته الكريمة إيذانًا ببداية الرحلة نحو باريس مقرّ اليونسكو، أقصد رحلة التخطيط للحملة الانتخابيّة التي انتهت عند التصويت بنتيجة مشرّفة جدًّا تتمثّل في ثمانية وعشرين صوتًا لمرشّح دولة قطر مقابل ثلاثين للمديرة العامّة الفرنسيّة. ولا يخفى على القارئ الحصيف أنها أفضل نتيجة حققها عربيّ مرشّح لهذا المنصب الرفيع على مر التاريخ.

وما كانت هذه النتيجة لتكون على هذا النحو لولا قيام الحملة الانتخابيّة على إستراتيجيّة فعّالة وبرنامج واضح المعالم مقنع شامل، رغم أنّها جاءت في سياق يحلو لي أن أصفه بما وصف به الشاعر طرفة بن العبد غدرَ الأقربين من أبناء العمّ:

وظلـم ذوي القربى أشـدّ مضاضة على
المـرء مـن وقـع الحسـام المهنّـد

انعقد هذا البرنامج على محاور تتّصل بما نراه أساسيًّا بالنسبة إلى انطلاق اليونسكو انطلاقة جديدة. والحقيقة أنني لم أكن أبحث عن وظيفة، فوظائفي الراهنة كانت كافية شافية. فنحن لم نترشّح لأداء مهمّة بيروقراطيّة ودبلوماسيّة فحسب بل لاعتقادنا أنّ المنظّمة تحتاج كي تتجدّد وتواجه التحدّيات الجديدة إلى ضخ دم جديد وإثراء رصيدها المهمّ الرمزيّ والفكريّ.

من ذلك أنّ المحور الأوّل كان دائرًا على تقديم اليونسكو للرأي العام العالمي من جديد من خلال حملة علاقات عامة بما يخلق التعاطف مع المنظمة خدمة لأهدافها السامية النبيلة.

وجعلنا مدار المحور الثاني على ما لدينا من خطة لإصلاح المنظمة. والأساس الذي تنهض عليه خطّتنا أنّها تنبع من الداخل معتمدة على العارفين باليونسكو، هياكل وشواغل ومسائل ومشاكل، حتّى تكون مقترحات الإصلاح واقعية وقابلة للتنفيذ وليست مجرّد وعود مبنيّة على نظريات مسقطة من الخارج.

بيد أنّ دور المدير العام يقتصر على تقديم الأفكار والمقترحات للمناقشة، ويظلّ القرار بأيدي المجلس التنفيذي والمؤتمر العام.

وهذه آلية ديمقراطية ممتازة وفي تطبيقها حماية من الانفراد بالرأي وخدمة أجندات مجموعة دون غيرها بما قد يخلّ بميثاق اليونسكو.

وقد عرضنا ملامح من خطّتنا حول المشاريع الصغيرة وسياسة الباب المفتوح لكل الموظفين والإطارات في اليونسكو، والحوار الدائم مع رؤساء المجموعات الجغرافية والمجلس التنفيذي والمؤتمر العام.

فمن مقترحاتنا الملموسة التي تدعّم مبدأ الحوار والتشاركيّة للبحث عن حلول ناجعة متفق عليها حول المشاكل العالميّة إنشاء دافوس للثقافة والتعليم العالمي وتنظيم لقاء دوري نصف السنوي مع المثقفين الفرنسيين والمثقّفين المقيمين في فرنسا وخارجها للتفاعل معهم والاستماع إليهم في مجالات اليونسكو.

لقد كان وقع برنامجنا الانتخابيّ كبيرًا لدى كل من اطلع عليه. فقد وصلتنا تعليقات من جهات رسميّة ومن أفراد وشخصيّات مرموقة ملمّة بمختلف الملفّات. ولمّا كان الصيت الحسن وجدّيّة الطرح خير وسيلة للدعاية فقد اقتنعت الدول بالبرنامج وعبّرت عن نيّتها التصويت للمرشح القطريّ بل استمات البعض منها في دعم ترشيحه. فعلاوة على ما للمرشّح من خبرة واسعة في الدبلوماسيّة عامّة والدبلوماسيّة متعدّدة الأطراف خصوصا رأى المراقبون والمعنيّون بالتصويت أنّه مشبع بروح اليونسكو متمسّك بمبادئها يعمل فعلًا وفق برنامج متكامل من أجل تطويرها بأسلوب عقلانيّ واقعيّ.

نحو انطلاقة جديدة

ونستعيد هنا بيان الترشّح لمنصب المدير العام لليونسكو كما قدمناه مكتوبًا إلى جميع الأطراف. وقد عنونّاه بما نعتقد أنّه الشعار المركزيّ لحملتنا ولليونسكو في هذه المرحلة التي تمرّ بها المنظّمة الأمميّة.

«أتاح لي تكويني ومسيرتي المهنية أن أكون في أحيان كثيرة على اتصال بالتنوّع الخصيب لثقافات العالم. وقد اجتمعت هذه الثقافات نفسها تحت سقف اليونسكو حيثُ تتعايش التّعبيرات الثقافيّة الأكثر تنوّعًا. زاولتُ تحصيلي الدّراسي في جامعات عربيّة (مصر ولبنان) وغربيّة (فرنسا والولايات المتّحدة الأمريكيّة) وعملتُ سفيرًا في أكثر من بلد في أوروبا والأمريكتَين.

إنّني أعتبر نفسي مواطنًا كونيًّا، وأعتقد أنّ الفكر الائتلافي والتّوافقي القائم على التّفاهم والانسجام هو ما ينبغي أن يحكم جهودنا الرّامية إلى منح انطلاقةٍ جديدةٍ لليونسكو.

إنّها لفرصةٌ ثمينة أن يتولّى دبلوماسي من بلد عربي إدارة هذه المنظّمة للمرّة الأولى في تاريخها لأجل تعزيز التّعاون متعدّد الأطراف والتّذكير بالمصير المشترك للإنسانيّة ومدّ الجسور بين الحضارة العربيّة الإسلاميّة والحضارات الأخرى للعالم. ولسوف يُعزّز ذلك الرسالة الكونية لليونسكو.

لنوفّر الظّروف التي تجعل المُنظّمة تأخذ مداها في المستقبل وتبُثّ نفَسًا جديدًا في الحوار الضّروريّ للأفكار الذي يُعدُّ الهواء النقيّ لليونسكو، ولنضمنْ لَها مزيدًا من الأريحيّة في أدائها اليومي».

«الحروب تتولّد من عقول البشر. ففي عقولهم يجب أنْ تُبنى حصون السّلام[...] إنّ السّلم المبنيّ على مجرّد الاتّفاقات الاقتصاديّة والسياسيّة بين الحكومات لا يقوى على دفع الشّعوب إلى الالتزام به التزامًا جماعيًّا ثابتًا مُخلصًا، [...] ومن ثم كان من المُحتّم أن يقوم هذا السّلم على أساس من التّضامن الفكري والمعنوي بينَ بني البشر».

اليونسكو غدًا

تغيّرَ العالمُ كثيرًا منْذُ تأسيس اليُونسكو قبْلَ سبعينَ عامًا. ولعلّه قد تغيّر بشكل مُتسارع أكثر منذُ مطلع القرن الحادي والعشرين. قلّص هذا التّسارع المُباغت للتّاريخ المسافات وضيّق الكوكب، وأضحت الحاجة إلى التّنوّع الثقافي أمرًا بديهيًّا شأنه شأن الحمايَة المشروعة للهويّات.

إنّ الملايين من الشّبّان والنّساء والمعذّبين في الأرض يفقدون يومًا بعد يوم الأمل بسبب أوضاعهم المزرية في مجالات مختلفة ممّا يفسّر توسّع رقعة التّوتّر والنزاعات الداخليّة والخارجيّة دون انقطاع مخلّفًا أضرارًا مأساويّة في أغلب الأحيان: هجرات جماعيّة، وانغلاقًا على الهويّات، وتناميَ التعصّب والإرهاب، ممّا جعلنا نواجه أزمة قيمٍ تُهدّد العالم بأسره.

وهذا ما يدفعنا إلى التّسلّح بمُثُل اليونسكو وأخلاقها القائمة على المبادئ المشتركة للكرامة الإنسانيّة والعدالة الاجتماعيّة والاحترام المتبادل بين الأمم. وما أشدّ حاجة الإنسانيّة اليوم

إلى هذا النّظام القيَمي وإلى الخبرة المتراكمة طيلة سنوات لهذه المنظّمة. إنّنا نعقد العزم على الإسراع في إعادة إطلاق مبادرات اليونسكو والاستفادة من النّجاحات المحقّقة والبدائل التي يقترحها رجال العلم والمفكّرون والباحثون من شتّى الآفاق.

لنتصوّر جميعنا هذه الانطلاقة الجديدة!

التّعليم أوّلًا! للجميع!

على كوكب الأرض أكثر من سبعة مليارات نسمة؟ ولكن أسئلة اليونسكو اليوم هي: كم أمّيًّا؟ كم شخصًا يتلقّى تعليمًا جيّدًا؟

تُواجهُ اليونسكو مسؤوليّة تاريخيّة. ومن واجبنا توسيع نطاق التزامها لصالح التّعليمِ بشكلٍ مُكثّف، فتلكَ هي الغاية الأولى من وجودنا، اليوم أكثر من أيِّ وقتٍ مضى.

وإنّي لأشعرُ بالاعتزاز بالتّجربة التي تقودها قطر بالشّراكة مع اليونسكو، وقد بدأت تؤتي أُكلَها. فمن بين 58 مليون طفل منقطع عن التّعليم في العالم، سمحت مبادرة قطر واليونسكو «علّم طفلًا» حتّى نهاية سنة 2015 بتمويل تعليم عشرة ملايين من الأطفال من الجنسَينِ في المناطق الأكثر حرمانًا وعزلَة.

ويتحتّم علينا أنْ نُطوّر أيضًا عملنا في سبيلِ تعليم المرأة في العالم بأسره، وألّا نُهمل المناطق التي تتخبّطُ في الجهل وتُمثّل مهْدَ كلّ أشكال التّعصّب وتمنع كلّ تنمية اقتصاديّة.

وما تركيزنا على تعليم النّساء إلّا لدعم مشاركتهنّ في بناء مجتمعات متوازنة تقوم على تنمية شاملة ومستدامة. وسنعمل على

إتاحة فُرص الدّراسة في إفريقيا وآسيا، ومواصلة جهود اليونسكو التي غالبًا ما حازت النّجاح في عدد كبير من بلدان أمريكا الجنوبيّة لمواجهة مُشكلة الانقطاع المدرسي.

وهو ما يدفعنا إلى تطوير الشَّراكات فيما بين الدّول والمؤسّسات وأفضل الجامعات في العالم لتمويل الالتحاق بالمدارس لفائدة ملايين الأطفال من الجنسَين في المناطق المحرومة ولنشر المعرفة الرّاقية في كلّ مكانٍ ممكن.

وسنسخّر كلّ الوسائل التّكنولوجيّة المتاحة لمقاومة هذا الانحسار التّعليمي الذي يتفشّى في المناطق الأكثر فقرًا على وجه البسيطة.

لا يمكننا أن ننشد الحوار دون التّعليم، ودون تعليمٍ راقٍ لا يمكننا بلوغ جودة حياة أفضل لصالح الأجيال القادمة.

العِلم واليونسكو في خدمة البشر!

لهذا الموضوع موقعٌ أثيرٌ في نفسي، ولاَ يسعني إلّا أن أذكّر بأنّ الحضارة العربيّة قد وهبتْ الإنسانيّة علماء من الطّراز الرّفيع في الرّياضيّات والفلك والطبّ.

وإنّه لمن الأهمية الفائقة أن تواصل اليونسكو التّفاعل مع أقطاب المعرفة المعاصرة. فهذا الدّماغ المفكّر الجماعي الّذي نسمّيه اليونسكو يحتاج إلى أهل العلم من الرّجال والنساء ليتمكّن من مواصلة رسالته وليهب الجميع خلاصة التّقدّم الفكريّ والعلميّ الإنسانيّ. وتحتاج المجموعة العلميّة العالميّة بدورها إلى اليونسكو

باعتبارها ضميرهم الجمعيّ والكيان الذي يضفي على بحوثهم المستقلّة بعدها الأخلاقيّ.

سوف نسعى إلى تعزيز المنظّمة بفريق من الخبراء لتشجيع تبادل الخبرات الجامعيّة، ووضع شبكة للباحثين والاتّصالات قادرة على إنتاج التّطبيقات الملموسة والحينيّة في شتّى المجالات (إدارة المياه، البحار، المناخ، إلخ...) التي ستحدّد مصير البشر.

كما سنسعى جاهدينَ من جهة أخرى إلى أن تكونَ المعارفُ العلميّة الأكثر تقدّما في متناول أكبر عددٍ ممكنٍ من البشر، بفضلِ دعم العلم الأكثرَ انفتاحًا وشفافيّةً (المنافذ المفتوحة، المصادر المفتوحة، قاعدة البيانات العلميّة المفتوحة) في كنَفِ احترام حقوق الملكيّة الفكريّة.

وإنّه لمن الحكمة أن نبذل قصارى جهدنا لتوجيه البحث العلميّ نحو الوقاية من الكوارث الطّبيعيّة مثل التّسونامي والزّلازل والتصحّر والتصدّي للآثار الوخيمة للتّصنيع (تغييرات مناخيّة ومشاكل المياه العذبة بالخصوص). وقد حقّقت اليونسكو سبقًا في هذا المجال بفضل برنامج عملها لإقامة نظام إنذار عالمي مبكّر.

وينبغي أن يُسخَّر العلم والتّعليم لخدمة التّنمية المستدامة. فقد تبنّت الدّول الأعضاء في منظّمة الأمم المتّحدة برنامجًا جديدًا للتنمية المستدامة يرتكز على 17 هدفًا ذا أولويّة من شأنها بناء عالم أفضل. ومن الطّبيعي أن تكون اليونسكو شريكة في هذا البرنامج الطموح. وإذا كان هذا البرنامج قد أنار الطريق للكوكب برمّته فمن

الأساسي أن تُسهم اليونسكو بنصيبها المخصوص في هذا المجال وتحقّق رسالتها الثقافيّة بصفة تامّة.

ولا مجال لتهميش البلدان النّامية بل إنّني أعتزم دعم البلدان الإفريقيّة والأمريكيّة الجنوبيّة دونَ أن نُهمل الدّول الجزيريّة، ويمكن أن نُطلق شراكات ترمي إلى تحقيق التقدّم في مجال التّنمية المستدامة والتصدّي للكوارث البيئيّة لأنّ ذلك من مصلحة المجموعة الدّوليّة بأسرها. تتعدّد الدّول الجزيريّة النّامية (باربادوس، الرّأس الأخضر، كوك، فيجي، مارشال، موريس، بالوس، أرخبيل تشاغوس)، وفيما يتعلّق بالاحتباس الحراري تشكّل كلّ دولة منها حالةً مخصوصة في مجال التّنمية المستدامة بسبب وضعها الهشّ الذي يتطلّب شراكة استثنائيّة.

التّراث: كنز ومسؤوليّة

يُعتبرُ التّراث العالمي «العلامة» المميّزة لليونسكو. وبفضل التّراث العالمي كسَبَ عمل اليونسكو صيتًا وتقديرًا.

وتمثّلُ بعض مواقع التّراث العالمي معالمَ مقدّسة لتاريخ العالم. ويسمح تسجيلها في قائمة التُّراث الإنساني لليونسكو من حيثُ المبدأ بأن تحظى بالصون وتُسلّط الأضواء عليها ليعرفها العالم بأسره. وتتجاوز هذه المواقع لا محالة الهويّة الوطنيّة والرّابطة الدّينيّة.

لقد أشار أندريه مالرو في سنة 1960 أنّ إعلان اليونسكو لأجل النّوبة جزء من تاريخ الفكر، ليس لأنّه يتعلّق بإنقاذ معابد النّوبة فقط،

بل لأنّه من خلال هذا الإعلان «طالبت الحضارة العالميّة الأولى بشكل علني بالفنّ العالمي بوصفه تراثَها الذي لا يقبلُ التّجزئة».

أمّا اليوم، فيعرف كلّ امرئ أنّ التّراث العالمي مُعرّضٌ أحيانًا إلى الهدم. لذلك فإنّ حماية المواقع والمعالم الأثريّة والمخطوطات والأعمال الفنية التي تُشكّلُ كنزَ الإنسانيّة ستكون في صميم معركتنا.

ولن تكتفي اليونسكو بالقيام بما في وِسعها لأجل حماية ما ينبغي حمايته فحسب، بل ستتصدّر منظّمتنا الصفّ الأوّل لكلّ الورشات التي تهدف في المستقبل إلى رقْمنة المخطوطات وإعادة تشييد المكتبات والمعالم الأثريّة المهدّمة وإحياء هذه المواقع التي تتحدّثُ باسم ذاكرة جميع البشر.

ويقتضي الأمرُ التزامًا تامًّا بحماية التّنوّع الطبيعي واللّغوي وصون التراث الثقافي الماديّ وغير الماديّ والمغمور.

وتُعدُّ اليونسكو هي الحاضنة المناسبة والمشروعة لسنّ القوانين التي تحمي التّراث الماديّ وغير الماديّ للإنسانيّة وكذلك التراث المغمور بكل أشكاله وتُجرّم كلّ من يعتدي عليه.

حريّة التّعبير والتّدفّق الحرّ للمعلومات

إنّ الانتقال من «ثقافة المعلومات السرية» إلى «ثقافة الشفافيّة المطلقة» ما زال يحتاج إلى نَفَس شاق مديد. وأمامنا جهد كبير لمواصلة تطوير المعايير الدوليّة والتشريعات التي من شأنها توسيع قاعدة المشاركة المدنيّة في الحياة العامّة ومسار صنع القرار وترسيخ

مبادئ الشفافيّة والحوكمة ومكافحة الفساد، فلا تنمية دون ابتكار وتجديد، ولا ابتكار وتجديد دون تدفّق حرّ للمعلومات.

لقد حطّمت الثورة الرّقميّة حقًّا الأسوار البالية وفتحت السبيلَ لبناء حضارة كونيّة مبنية على أُسُس إنسانيّة جديدة. وسعيًا للمشاركة في هذا المضمار ينبغي أن نبذل قصارى جهدنا للدّفاع عن الحريّات، لأنّ الحريّة هي عمادُ الإبداع في شتّى المجالات.

إنّ انتهاكات الحقّ في التعبير وفي المعلومة والاعتداء على الصحفيّين والمبدعين والفنّانين في مناطق النزاع وفي غير مناطق النزاع تظلُّ أمرًا دارجًا. وغالبًا ما أفلتت هذه الانتهاكات والاعتداءات من العقاب.

لذلك ينبغي أن نفكّر في وسائل تطوير الشّراكة مع مؤسّسات تكوين الصحفيّين وتدريبهم ومع وسائل الإعلام المختلفة العموميّة والخاصّة ومع المجتمع المدنيّ المحلّي والدوليّ ومع الخبراء وصُنّاع الرّأي لتدعيم حريّة التعبير والتدفّق الحرّ للمعلومات والأفكار.

المكان المثالي لحوار الحضارات: اليونسكو!

في عالمٍ تسُوده العولمة ويتّصف بالتّرابط، ولكنّه معرّضٌ للتّنميط وللتّهديدات المتنوّعة والدّاهمة، يُصبحُ من الضّروري أن تكون اليونسكو هي مكان الاحتضان الدّائم لحوار الحضارات.

إنّ ابن بطوطة الطّنجي الذي جابَ العالمَ في القرن الرّابع عشر يرى أنّ السّفرَ يتركك دونَ صوتٍ أوّل الأمر قبْل أنْ يُحوّلكَ إلى راوٍ.

هكذا أصبحنا كلُّنا مسافرين، ومع ذلك فَلا تكمُن مُهمّتنا الذّاتيّة في سرْدِ حكايَة العالم، وإنّما في مُحاولةِ إضفاء الاعتدال والوضوح على عمليّة تنظيمه. وسيكون التّآلُفُ بين الحداثة والأصالة والإرادة المشتركة في تَبادل القيم الكونيّة القاعدةَ الصَّلبة لهذا الحوار.

يَحْدُونا هاجسُ إعطاء انطلاقَةٍ جديدةٍ لحوار الأفكارِ الذي جعل من اليونسكو إبّان تأسيسها مركزًا عالميًّا للحوارات وتبادل الآراء.

وسنقوم في داخل المنظّمة بهيكلة هذه الإمكانيّة للحوارات والنّقاشات، فاليونسكو هي المكان الأمثل لإدارة الحوار بمنأى عن الأفكار المُسبقة والمواضعات والتّصلّب السياسي وسوء الفهم.

وسندعو النُّخب المثقّفة في كلّ أنحاء العالم للالتقاء في مقرّ اليُونسكو بباريس مرّتين أو ثلاث مرّات في السّنة للتّباحُث حول موضوعاتٍ تَمسُّ كرامة الذّات الإنسانيّة وتدور في فلكِ مقاربات متعدّدة المشارب الثّقافيّة. سننشئ شراكات مع المراكز الكبرى للمعرفة ووسائل الإعلام العالميّة.

السبيل إلى الإنجاز: الإدارة الرّشيدة وتطوير الموارد

لا يمكن لمؤسسة في حجم اليونسكو أن تقدّم أفضل النّتائج دون إدارة رشيدة وشفافيّة عالية.

ولذلك سيكون مجديًا تكثيف التّنسيق بين مختلف الأقسام الإداريّة وتنفيذ المشاريع بالاعتماد على المقاربة التي تجمع بين مختلف التّخصّصات وفق الآليات الحديثة لإدارة المشاريع، بما يحقّق ترشيد النّفقات والتصرّف الأمثل في الموارد البشريّة والماليّة.

ولسوف ننكبّ مع الإدارات المختصّة في اليونسكو على دراسة بنود الموازنات سعيًا منّا لزيادة الموارد واستقطاب التّمويلات من شتّى المصادر الرّسميّة والمدنيّة.

إنّني على قناعة تامّة من أنّ المئات من المؤسسات في العالم لها أهداف تتوافق بالكامل مع الأهداف النّبيلة لليونسكو في خدمة الإنسانيّة.

ويكتسي التّواصل في هذا المجال أهميّة بالغة.

ويدفعنا أسلوب الحوكمة إلى توسيع دائرة التّفاعل والتّحرّك الميداني، ولذلك فإنّنا سنسعى إلى فتح التّشاور مع المجموعات الجغرافيّة، والقيام بزيارات ميدانيّة دوريّة لمواقع العمل قصد متابعة المشاريع والمبادرات.

سيأتي اليوم الذي يُعلِنُ فيه الجميع: اليونسكو ضرورة لنَا!

لا أَحدَ يُنكر الأهداف النّبيلة لليونسكو، ولكن لنكن واقعيّين: إذا ما طلبنا من هذه المثل أن تلهم أعمالنا فينبغي أن نعرّف بها أوّلا وبشكل عميق في كلّ البلدان ولدى أوسع طيفٍ جماهيريٍّ. إذ إنّ بثّ معلومة متوهّجة حول المقدّرات المتناهية لليونسكو هو مِهاد التّضامن الضّروري لكلّ تعبئة مالية.

ومن الأهميّة القصوى أن تحظى اليونسكو بمعرفة وتقدير الشّباب والشّركات الكبرى والجمعيّات الخيريّة والمدنيّة.

ويمكّننا هذا الوضوح في الرّؤية الذي نبثّه في جميع نشاطاتنا من تحقيق تفاعل مكثّف يسمح باستمالة هذه الكيانات وتحفيز المانحين.

ولذلك سنتصوّرُ عددًا من المشاريع الرّئيسيّة للسّنوات القادمة حول المحاور الأساسيّة للمنظّمة (التّعليم، العلوم، التراث) على أن تُوضع تلك المشاريع منذ البدايةِ بشراكةٍ مع الكيانات الدولية مثل الشركات والجمعيّات الخيريّة والمدنيّة وغيرها من المانحين.

ولن ندّخر جهدًا لنوثّق الصّلة بالولايات المتّحدة الأمريكيّة وندعمَ عودة هذا البلد إلى حضن المنظّمة.

كلّ البلدان بحاجةٍ إلى اليونسكو، ولكنّ اليُونسكو بحاجةٍ أيضًا إلى كلّ البلدان.

ولا يسَعُنا إلّا أنْ نُشيدُ بما أنجزته المديرة العامّة الحاليّة لليونسكو وبما أنجزه كلّ المدراء العامّين السّابقين ونُثمِّنَ مجهودات فرقِهم وكلّ موظّفي اليونسكو الذين بنوا المنظّمة لبِنَةً لبنةً، سنةً تلو الأخرى.

وعلى هذا الأساس ينْبني عَزمُنا لاستهلالِ الانطلاقةِ الجديدةِ.

كيف بُني البرنامج الانتخابي؟

إنّ المعطيات التي قدمناها في هذا البيان ناطقة بذاتها ولا تحتاج إلى تحليل. بيد أنّنا نحبّ أن نبيّن بعض الجوانب التي وردت فيه لنبرز كيف صيغ هذا البرنامج ومن أين جاءت مادّته.

فأوّل ما ينبغي أن نشير إليه هو أنّنا استعدنا بطرق مختلفة تصوّراتنا التي صغناها في كتابنا «على قدر أهل العزم». فهذا البيان يقرأ في صلته المتينة بالكتاب لأنّهما يصدران عن رؤية واحدة ثقافيّة وفكريّة غدت ثابتة عندنا لأنها خلاصة تفكير وتأمّل وتفاعل مع أهل الذكر والفكر وليست وليدة لحظة سياسيّة هي لحظة وضع برنامج انتخابيّ.

وهذا في تقديرنا تذكير مهمّ لأن المرء لا يقرّر استنادًا إلى الهوى أو بدافع ظرفيّ أن يترشّح لمنصب في قيمة منصب المدير العام لليونسكو. فهو في ظنّنا تتويج لمسار فكريّ وعمليّ وليس أمرًا يحمله سيل الأحداث والصدف.

ومن هذه الأفكار التي انطلقنا منها وهي من مبادئنا الأساسيّة فكرة المواطنة العالميّة مثلًا باعتبارها وليدة هذا التنوّع الثقافيّ. فهو مفهوم نظريّ من ناحية، مهمّ على ما يطرحه من إشكالات ولكنّه كذلك نتيجة تجربة شخصيّة ومعايشة فرديّة ذكرت جوانب منها في بياني الانتخابي وحللتها في أكثر من موضع في كتابي. فأنا ممّن يعتقد قولًا وعملًا بأنّ الحوار الثقافيّ والدبلوماسيّة الثقافيّة من جوهر رسالة اليونسكو نفسها وليست مجرّد شعار يلقى. فأمام المشكلات التي تعترض البشريّة اليوم لا مناص للعقلاء من الحوار مبدأ ومن البحث في المشترك الثقافيّ والإنساني منطلقا للتوصّل إلى الحلول الممكنة.

ولعلّ الإضافة التي تضمّنها هذا البيان هي الوصول بهذه المنطلقات إلى مداها الأقصى. ومداها في سياق كتابته هو أنّ الإنسانيّة بعد التحوّلات العميقة التي شهدها العالم منذ إنشاء اليونسكو قبل سبعين عامًا صارت تحتاج إلى بعث الأمل استنادًا إلى شبكة القيم الأساسيّة التي نشأت من رحمها ونعني قيم الكرامة والعدالة والاحترام المتبادل.

لذلك لم نتردّد في التصريح بأنّ ما تحتاج إليه اليونسكو اليوم أمام أزمة القيم هو أن تعوّل على العلماء والمفكّرين والباحثين

ونقاشاتهم المثرية لإحياء منظومة القيم ومتابعة المستجدّات في عالم رقميّ لا نعرف إلى أين سيوصلنا ولكننا نعرف أنّه قد غيّر اليوم من وجود الإنسانيّة وهويّاتها وأدرجها ضمن ديناميكيّة جديدة مفتوحة على كلّ الاحتمالات. فالعالم في أزمة على معنى أنه يعيش منعرجًا وتعتمل فيه تيارات متصارعة غير بيّنة دائمًا ولا سبيل إلى إدراك الجديد الذي لم يولد بعد إلّا بالتفكّر والتدبّر والمناقشة الخلّاقة بين أهل العقول المبدعة. فنحن كنا نؤمن وما نزال بأنّ اليونسكو عقل مفكّر جماعيّ يقدّم خلاصة الذكاء البشري والتقدّم العلمي إلى الجميع من أجل سعادة الجميع وتمتعهم بثمار الفكر الحيّ.

وليس من باب الصدفة أن تتردّد في أرجاء البيان الحاجة الملحّة إلى التعويل على المنجزات التكنولوجيّة لتيسير المواجهة العمليّة للكثير من الصعوبات التي تشهدها الإنسانيّة اليوم. فقد رأينا أن نوظّف هذه التكنولوجيا وممكناتها الكثيرة في نشر التعليم مثلًا في المناطق التي تعرف صعوبات أو أزمات أو تفشّيًا للجهل. واعتبرنا التكنولوجيا الحديثة من الوسائل المتاحة إذا أحسنّا استغلالها لحماية جزء كبير من التراث العالميّ المهدّد وذلك بإحداث حركة كبرى لرقمنة هذا التراث. ودعونا كذلك إلى نشر المعارف والعلوم عبر ما يتّصل بالتكنولوجيّات الحديثة من قواعد بيانات مفتوحة مثلًا وإمكانيّات هائلة في خزن المعلومات وحفظها ونشرها وإتاحتها للعموم. فالهدف في اليونسكو واحد وإن تعدّدت الوسائل ومن أنجعها الوسائل التكنولوجيّة الحديثة وخيرات الثورة الرقميّة.

ولم يكن تصوّرنا عن تسيير المنظّمة وحوكمتها منفصلًا عمّا نعتقده ونتبناه من رؤى سياسيّة اجتماعيّة عامّة. فجوهر الحريّات عندنا وعلى رأسها حرّية التعبير وتداول المعلومات هو المشاركة في الحياة العامّة وتقاسم الأفكار من أجل الصالح العامّ والمساهمة في صنع القرار في سياق الشفافيّة ومكافحة الفساد. وحتّى الحلول الماليّة لتنمية موارد اليونسكو لم تخرج عن هذا التصوّر العامّ الذي استلهمنا فيه خبرتنا العمليّة وإشرافنا على أكثر من مؤسّسة ثقافيّة ودبلوماسيّة. فالقاعدة التي نؤمن بها هي أنّ وضع الأهداف أهمّ من وسائل تحقيقها لأنّ الوسائل يوفّرها الإقناع بالجدوى كلّما كانت الأهداف مقنعة.

بهذا إذن نؤكّد أنّ برنامجنا الانتخابيّ، بقطع النظر عن صياغته التقنية المخصوصة، كان وليد الرؤية نفسها التي قادتنا إلى الترشّح لمنصب المدير العام بقدر ما كان وليد تصوّر انبنى بالتراكم والخبرة والتأمّل والتفكير المتأنّي على مرّ العقود.

الفصل الرابع

دورة الثقافة العربية
إسهامات العرب في الحضارة الإنسانية

تكفي المرء قراءة خاطفة في قائمة الشخصيات التي ترأست منظمة الأمم المتحدة للتربية والثقافة والعلوم (اليونسكو) حتّى يتبين أنّ جلّ ثقافات العالم كانت ممثلة من خلال المدراء العامين: إفريقيا وآسيا والأمريكتين. أمّا أوروبا فكان لها نصيب الأسد. ولا يعسر على المرء أنّ يرى تولّي كل المجموعات الجغرافية الإدارة العامة لليونسكو مع استثناء واحد هو المجموعة العربية!

ولسائل أن يتساءل: ما الذي جنته الثقافة العربية حتى يُطمس حقّ من حقوقها الدولية على هذه الشاكلة، دورةً تلو الأخرى منذ تأسيس اليونسكو سنة 1945 حتى يومنا هذا؟!

تشير الدراسات الموثقة أن الثقافة العربية أسهمت أيما إسهام في إثراء الرصيد البشري في مختلف العلوم والمعارف. لكنها تشير كذلك إلى أنّ الاستهتار بالحقوق الفكرية للآخرين ممارسة ضاربة في القدم. ونودّ بهذا الفصل أن نبرز بعض الجوانب التي تُضفي

على أحقية أحد أبناء الثقافة العربية في أن يتولى الشأن التربوي والثقافي والعلمي على نطاق دولي.

وليست المسألة في تقديري مجرد اعتراف بهذه الثقافة العربية أو بأحد أبنائها، بل هي أعلق بتوجهات اليونسكو نفسها في قيامها على التنوع الثقافي وصهر مختلف الثقافات في بوتقة واحدة عبر اختيار ذوي الكفاءات من هذه الثقافة أو تلك ومن تتوفر فيهم الشروط القيادية للانطلاق باليونسكو انطلاقة جديدة نحو آفاق أرحب.

ومن الطريف أن نشير إلى أنّ الثقافة العربية التي نتحدث عنها قد ارتبطت في أزهى عصورها برسالة كونية مثّلها الإسلام ورسوله العربي، فانتشرت لغة العرب في أجزاء واسعة من العالم فنطقت بها شعوب وأمم متعددة الأعراق جمعتها رسالة الإسلام تلك وأغنتها هذه الشعوب والأمم بما كان لها من خصوصيات وقدرات إبداعية في شتى المجالات؛ عمارة وموسيقى وعلومًا وأدبًا. وهذا كله يجعل من التاريخ الثقافي العربي طيفًا واسعًا من الخصائص الرمزية والفكرية، وإن اجتمعت ضمن رؤية شاملة للكون والإنسان والوجود. وجوهر هذه الرؤية المشتركة هو التضامن والإخاء والمحبة والسلام والتعارف بين البشر.

وعلاوة على هذه المعطيات التاريخية فإنه علينا أن نستحضر دائمًا مكانة اللغة العربية اليوم باعتبارها الحامل الأساسي لهذه الثقافة. فإذا كان من المعلوم أنّ العربية من اللغات الست المعتمدة في منظمة الأمم المتحدة فإن الدراسات حول خارطة اللغات في العالم تثبت أنها اللغة الرابعة عالميًّا من حيث عدد الناطقين بها بعد

الصينية والإسبانية والإنكليزية. فهذه المجموعة البشرية الثقافية بما تعانيه بحكم الوضع الجيوستراتيجي من مشكلات وما تحمله من طموحات لهي جديرة بأن تدلو بدلوها من موقع قيادي فيما تطرحه البشرية على نفسها من أسئلة.

لهذه الأسباب أساسًا اعتبرنا الدورة المخصصة لانتخاب المدير العام الحادي عشر دورة العرب.

تاريخ مبتور

من المسلّم به اليوم لدى الباحثين أنّ تاريخ الحضارة البشريّة متعدّد الروافد قائم على التراكم والتفاعل المستمرّ. فلا أحد يقبل اليوم إذا أردنا أن نكتب تاريخ البشريّة المشترك والمتعدّد في آن واحد التغافل عن إسهامات حضارات بلاد الرافدين ولا الحضارة الفرعونيّة أو الصينيّة أو الهنديّة أو حضارة الأزتيك مثلًا. فلكل منها نصيب يقلّ أو يعظم في بناء الإنسانيّة اليوم. ولم يشذّ العرب والمسلمون عن هذا الإسهام البشريّ في صنع الحضارة إذ كانوا سادة العالم لقرون عديدة فتركوا أثرهم في العلم والمعرفة والآداب والعمارة ومختلف مناحي الحياة المدنيّة.

بيد أنّ ضربًا ممّا يسمّى بالمركزيّة الغربيّة أدّى إلى كتابة تاريخ مبتور أقصى العرب من دائرة الفعل الحضاريّ كما لو أنّ الإنسانيّة عاشت دون تطوير للحضارة الإنسانيّة طيلة ألف عام أو يزيد. وهو ما لا يقبل عقلًا ولا وقائع له تؤيّدها معطيات تاريخيّة كثيرة. ونلمس ذلك في التأريخ للعلوم المختلفة من الطبّ إلى اللغويّات

ومن الكيمياء إلى الآداب والقانون. فكأنّ مفهوم العصر الوسيط مرادفًا «لعصور الظلام» ينطبق على البشريّة جميعًا لا على أوروبّا قبل أن تظهر فيها بوادر النهضة الحديثة.

فلئن كنّا نتفهّم علاقة الكتابة التاريخيّة بالتواريخ القوميّة باعتبارها بناء لذاكرة هذه الأمّة أو تلك فإنّ كتابة تاريخ الإنسانيّة العامّ وما فيه من ألوان التفاعل والترابط لا يقبل مثل هذا الاختزال والبتر والنسيان سواء أكان متعمّدًا أم غير متعمّد. فالتاريخ الكونيّ شامل أو لا يكون، والتاريخ القوميّ لا يمكنه أن يختزل تاريخ الإنسان والحضارة.

وفي هذا الصدد، كتبت الباحثة الأمريكية أودري شاباس في كتاب لها بعنوان: «مأدبة قروسطية في قصر الحمراء» هذه الشهادة:

«عندما ندرس العصر الوسيط في أوروبا فإننا نادرًا ما نُضمّن إسبانيا (على الأقل ليس قبل استردادها). مكتباتنا مكتظة بالكتب حول العصر الوسيط، لكن حاول أن تجد في أي منها كلمة واحدة حول الحياة اليومية والعادات في إسبانيا. يبدو كأنّما المؤرخون المتأخرون، ومن أجل تبرير «تاريخ أوروبي» محض، تجاهلوا أنّ هناك حضارة نشطة ولامعة أنشأها «آخرون» - عرب ومسلمون ويهود، أصحاب بشرة سمراء وسوداء - لم تكتف بأن توجد في أوروبا وحسب، بل من دون إسهاماتها ما كانت المنطقة لتصبح على ما هي عليه. عندما نتحدث عن «نهضة» أوروبا فإننا لا نفكر أبدًا في بداياتها في إسبانيا عدة قرون قبل أن تصل إيطاليا. يبدو الأمر كأنما

أسقطنا 1000 سنة من التاريخ أو على الأقل كأنما بترناها من جسم أوروبا. وهذا بعيد كل البعد عن الحقيقة».

وينتشر الاعتراف نفسه في العديد من الأوساط البحثية والأكاديمية الغربية. يقول المستشرق فؤاد سزكين، عالم الرياضيات والمؤرخ والأستاذ الفخري في تاريخ العلوم الطبيعية في جامعة غوته بفرانكفورت في ألمانيا: «لقد تُرجم خمس وعشرون مجلّدًا في المدينة الإيطالية ساليرنو إلى اللغة اللاتينيّة دون ذكر أسماء مؤلّفيها الحقيقيين. كان هذا نهجًا عاديًّا في أوروبا العصور الوسطى. وفي القرن العشرين تم اكتشاف أنّ هذه الكتب كتبها علماء عرب، وأنها تُرجمت بعد سرقتها». ورد هذا التصريح في حلقة من سلسلة وثائقية شملت مقابلة للدكتور سزكين جاء فيها أيضًا على لسان الإمبراطور فريدريش الثاني المستنير وهو يحتضر: «لقد تبدّلت الأحوال، بدأت أشعر بعدم الارتياح وشعرت أيضًا أنّني غير مرغوب فيه».

بوفاة الإمبراطور فريدريش الثاني سنة 1250م مات أكبر مشجّع للعلم في أوروبا، وكانت فرصة للكنيسة لإنهاء التقارب مع المسلمين ونبذ علمهم. فقد انتهى عصر التبادل العلمي وبدأ عصر الكراهية والبغضاء. إذ صادرت الكنيسة كتبًا ومخطوطات ورسومات ونماذج علمية كان فريدريش قد أخذها من العرب وعكف على دراستها بتأنّ. وهكذا بدأت أكبر عمليّة سرقة للعلم والمعرفة في تاريخ البشريّة، وتم نفي العلماء المسلمين من البلاط الملكي.

ويقول أحد العلماء المعاصرين ممّن كانت لهم حظوة في البلاط قبل أن يطرد عند معاداة الكنيسة للعلماء بعد وفاة الإمبراطور: «ماذا

حصل؟ مات القيصر صاحب العقلية المنفتحة وكانت الكنيسة تنتظر الفرصة بفارغ الصبر. فشلت مهمّتي في التقريب بين الحضارات وطُردت من هذه البلاد، لقد أرجعوني إلى بلدي».

إنّ العلم الإسلامي الذي دام أكثر من 800 سنة لم يضع بل سُرق، لقد كان حصيلة جهود عباقرة علماء المسلمين. لم يضع العلم بل سُرق. كتب ومخطوطات ورسومات اختفت في غياهب مظلمة وطُمست أسماء مؤلّفيها، إلّا إنّها عادت لتظهر من جديد بعد مئات السنين، وبدأ علماء أروبيّون أمثال ليوناردو دافنشي وغاليليو غاليلاي يعملون على أساس نتائج أبحاث المسلمين دون أن يعلموا أسماء مؤلّفيها الحقيقيين. ويستطرد سزكين قائلًا: «تعاني الكرامة الإسلامية اليوم من جحودنا في الغرب لإنجازات الإسلام العظيمة ويعاني كثير من المسلمين من عقدة الشعور بالنقص تجاه التفوّق العلمي الغربي. واليوم يشعر الكثير من المسلمين بعقدة التخلّف تجاه التفوّق العلمي الغربي لأنّهم لا يعرفون إنجازات أسلافهم ولا يعرفون أنّ التطوّر العلمي الحالي في الطبّ والهندسة والقياس الزمني ومجال البصريّات ما كان ليكون لولا اختراعات علماء المسلمين. من جهة أخرى لو أنّ الغرب عرف كم من مكاسب حصلت عليها حضارته يعود منشؤها للعالم الإسلامي لزاد احترام هاتين الحضارتين لبعضهما بعضًا».

وكتاب العلم المشار إليه في البرنامج المذكور آنفًا موجود فعلًا على شكل خمسة مجلّدات في جامعة غوته في فرانكفورت بألمانيا التي بذلت جهدها وأدرجت النماذج التي تحدّث عنها سزكين بل

وأكثر في هذه السلسلة، وأعيد مجددًا بناء بعض المخترعات حسب تعليمات الكتاب، وهي معروضة في معرض فرانكفورت لمن يريد الاطّلاع عليها.

نماذج من إسهام العرب المسلمين في العلوم

تأسست أول جامعة أوروبية على أيدي العرب في مدينة ساليرنو الإيطالية حوالي 840م، وكان يُنظر إليها وقتئذ بوصفها امتدادًا للجامعات الإسلامية في الشرق، وتبعت ساليرنو بعد حين جامعات طليطلة وإشبيلية وغرناطة. والطريف أنّ طلبة هذه الجامعات من الأوروبيين كانوا لدى عودتهم إلى ديارهم مكللين بالنجاح يرتدون الثوب العربي وقميصه محاكين المسلمين في لباسهم. كان اللباس العربي في ذلك الزمن يشير إلى تميز الطالب ومكانته الاجتماعية بما أنّه تخرّج من جامعة إسلامية. وقد بقيت هذه العادة إلى أيامنا الحاضرة وهو ما يفسّر الثوب الفضفاض الذي يرتديه المتخرجون من الجامعات الغربية وغيرها. ويكتب جيمس غودي في كتابه «الإسلام في أوروبا» متحدثًا عنه: «وقد بقي اللباس العربي (الثوب) أصفى وأوضح رمز للأمانة الأكاديمية إلى يومنا هذا لا سيما خلال الفعاليات الأكاديمية مثل مناقشة الأطروحة ويوم التخرّج».

في جانب آخر، يُعدّ «استعراض النظراء» في عالمنا الحديث آلية ضرورية وفائقة الأهمية في البحث العلمي. وهو يتمثل في نشر الأبحاث والدراسات في المجلات المحكّمة وعرضها على الأقران من علماء وباحثين في كل المجالات لاستدراك النقائص

إن وُجدت أو لاعتمادها من قبل الأوساط العلمية. وتذكر الدكتورة كيري بايلبي من جامعة ملبورن الأسترالية أن هذه الممارسة ظهرت في البداية في الثقافة العربية عندما شرع علماء الحديث في التثبت من صحة الأحاديث الشريفة، وكانوا بالفعل يعرضون ما يحفظون من أحاديث على نظرائهم للحصول على وجهات نظرهم والتأكد من صحتها، وهكذا وُلدت الأسانيد وتصنيفات الأحاديث إلى صحيح وضعيف وموضوع ومتواتر وغير ذلك.

وعندما يُسأل الناس اليوم عن أكثر العلماء تأثيرًا في تاريخ البشر يتبادر لأذهانهم أينشتاين أو غاليليو أو نيوتن، لكن من النادر أن يذكروا ما يدين به هؤلاء العلماء لسابقيهم من العرب ما بين القرن السابع والقرن الرابع عشر الميلاديين.

وقد بادرت الدكتورة بايلبي بتصنيف أهمّ عشرة علماء عاشوا في العصر الذهبي العربي بينما كانت أوروبا تعيش عصر تخلف في القرون الوسطى، أو ما يطلق عليه الغربيون «العصور المظلمة».

في هذه القائمة الموجزة لأهم علماء العصر الذهبي العربي، نجد في المرتبة العاشرة أبو علي الحسن بن الهيثم المولود في البصرة في العراق (965-1040م) وهو يُعدّ أحد مؤسّسي علم البصريّات الحديث. كانت نظريّة بطليموس وأرسطو تقول إنّ النّور إمّا يشعّ من العين لإضاءة الأشياء أو إنّه ينبع من الأشياء نفسها. وعلى عكس ذلك اقترح ابن الهيثم أنّ النّور يتحرّك باتّجاه العين في أشعّة من نقاط مختلفة حول شيء معيّن. وكان ذلك تأسيسًا علميًّا للبصريّات.

ويأتي في المرتبة التاسعة غياث الدين أبو الفتوح المعروف بعمر الخيّام، الرياضي والشاعر المولود في نيسابور في إيران (1048-1131م). فقد أنجز الخيام حساب طول السنة الشمسيّة إلى حدود عشرة أعداد عشريّة بعد الفاصل ولم يكن بعيدًا إلّا جزءًا من الثانية مقارنة بحساباتنا الحديثة اليوم. وقد استخدم ذلك الحساب لإعداد تقويم للسّنة يعدّ أكثر دقّة من التقويم الغريغوري (الميلادي) الذي لم يظهر إلا بعد مرور خمسمائة سنة.

أمّا في المرتبة الثامنة فيأتي محمد بن جابر البتّاني المولود في حرّان بتركيا (858-929م). فرغم أنّ اليونانيين القدامى كانوا أوّل من نظّر في علم المثلثات إلّا أنّ البتّاني طوّره بوصفه فرعًا مستقلًّا من الرّياضيّات، وكان أوّل من وضع العلاقات على غرار: مماس س = جيب الزاوية س/ تمام الجيب س. وكان المحفّز في بحثه وسعيه إلى تحديد اتّجاه القبلة من أيّ موقع جغرافيّ على الأرض.

ويليهم في المرتبة السابعة أبو بكر محمد الرازي الطبيب الباحث المولود في الريّ قرب طهران (865-923م) الذي عرّف الحُمّى على أنّها من دفاعات الجسم، وكان أوّل من وصف أعراض الجدري والحصبة.

وخُصّصت المرتبة السادسة للطبيب الجرّاح أبو القاسم خلف الزهراوي المولود في الزهراء في ضواحي قرطبة (936-1013م). ويعدّ الزهراوي من الآباء المؤسّسين لعلم الجراحة الحديث، ومن اكتشافاته فكرة استخدام أمعاء الحيوان في قطب الجروح الداخليّة لأنّها تندثر طبيعيًّا ولا تحدث ردّة فعل من مناعات الجسم. ويُعرف

الزّهراوي كذلك باختراعه مجموعة من أدوات الجراحة منها كلّاب الجرّاح المستخدم لتوسيع مهبل المرأة وقت الولادة.

ونجد في المرتبة الخامسة أبو جعفر محمّد بن محمّد المعروف باسم نصير الدين الطوسي، وهو عالم فلكي وكيميائي ورياضي مولود في طوس بإيران (1201–1274م). ألّف الطوسي جداول فلكيّة سمّاها «الزيج الأيلخاني» وهي تبيّن بدقّة عالية حركات الكواكب، فأصلح بالاعتماد عليها النموذج الموجود وقتها والموروث من الفلكي الروماني بطليموس إذ وصف حركة دائريّة موحّدة لكلّ الكواكب حول محاورها. وقد قاد هذا العمل أحد تلاميذه اللاحقين لاكتشاف أنّ الكواكب لديها بالفعل محور بيضاوي الشكل. ولاحقًا اعتمد كوبرنيكوس على أعمال الطوسي وتلاميذه دون ذكر مراجعه.

ويرد في المرتبة الرابعة علي الحسين بن سينا العالم والطبيب المولود في بخارى في أوزبكستان (980–1037م) وقد قدّم إسهامات عظيمة في الفيزياء والبصريّات والفلسفة والطب، إذ مثّل مؤلّفه «القانون في الطبّ» مرجعًا رئيسيًّا لتعليم الطب في أوروبا إلى حدود القرن 17م. فمن اكتشافاته أنّ الخلايا العصبيّة مسؤولة عن حمل إشارات الألم، أمّا دراسته المفصّلة لحملة الأمراض بما فيها التربة والهواء واللمس والجنس فقد أثّرت تأثيرًا عميقًا في مهنة الطبّ.

ويأتي في المرتبة الثالثة الطبيب الجرّاح والعالم الموسوعي علاء الدين علي القرشي الملقّب بابن النفيس المولود في دمشق في سوريا (1213–1288م)، مؤلّف موسوعة «الشامل في الصناعة الطبيّة». وقد كان الرأي السائد وقتئذ أنّ الدم يتولّد في الكبد ثمّ

ينتقل إلى القلب ويسري بعد ذلك في العروق، إلا أنّ ابن النفيس اكتشف الدورة الدمويّة الصّغرى وكتب: «إنّ الدمّ يُنقّى في الرئتين من أجل استمرار الحياة وإكساب الجسم القدرة على العمل، حيث يخرج الدم من البطين الأيمن إلى الرئتين حيث يمتزج بالهواء ثم يذهب إلى البطين الأيسر».

ونجد في المرتبة الثانية الكيميائي أبو موسى جابر بن حيّان المولود في الكوفة في العراق زمن الدولة العباسيّة (721-815م)، قال عنه الكيميائي الفرنسي مارسولان بيرتيلو: «إنّ لجابر بن حيّان في الكيمياء ما لأرسطو في المنطق». ومن أشهر كتبه «الرسائل السبعين» الذي ترجمه جيرار الكريموني إلى اللاتينية سنة 1178م. ويُعدّ جابر بن حيان من مؤسسي المنهج العلمي في حقل العلوم التجريبية ويُنسب له اكتشاف حمض الكبريت الذي سمّاه «زيت الزاج» والصودا الكاوية وأحمضة أخرى.

ويحتلّ المرتبة الأولى عالم الرياضيّات محمد بن موسى الخوارزمي أصيل خوارزم بإيران (781-850م)، وهو مؤسس علم الجبر وأوّل من استخدم هذا المصطلح لوصف العمليات الرياضية التي ابتكرها على غرار المعادلات، وكان يسعى في الأصل لحلّ حسابات التوريث وفقًا للمنظومة الإسلاميّة. وهو الذي أنتج المنظومة الشاملة للعدّ والحساب وابتكر ما يُطلق عليه اليوم الأرقام العربيّة من 0 إلى 9. ومن المعروف أنّ الحواسيب الحديثة والمنتجات الرقمية كلها تعتمد أساسًا على ما يُسمّى «الخوارزميات» نسبة للعالم الجليل.

في الإنسانيّات والآداب

ما من شكّ أنّ للعرب سبقًا في مجال عديدة أخرى تصنّف اليوم في باب البحوث الإنسانيّة. فإذا أخذنا علمًا خطيرًا مثل علم اللغة فإنّا نجد العرب المسلمين قد برعوا في تأسيس نحو لغتهم الذي استفادت منه ثقافات أخرى. فالجميع يعلم أنّ اللغويّين اليهود أخذوا نموذج النحو العربيّ لوضع قواعد اللغة العبريّة للتشابه بين اللغتين الأختين في شجرة اللغات الساميّة.

ويشهد على هذا التأثير القويّ للفكر الإسلاميّ في الفكر اليهودي شخصيّة أهمّ مفكّر يهودي في القرون الوسطى هو أبو عمران موسى بن ميمون بن عبيد الله القرطبي (1135-1204م) الذي تتلمذ على يدي المسلمين إذ درس بجامعة القرويّين عند انتقاله إلى فاس المغربيّة أو تأثّر بهم بكتاباتهم خصوصًا ابن رشد الذي ظلّ يدرس كتاباته طيلة ثلاثة عشر سنة على حدّ شهادته. وهو ما يلمس لمسًا في كتاباته المتبقّية التي تدلّ على جهد في الاجتهاد الفلسفي والكلامي اليهوديّ. من ذلك كتاباته عن التوفيق بين التوحيد اليهودي والفلسفة ضمن رؤية تمزج التفسير التوراتي بعلم الكلام. وفكر ابن رشد الذي عمل على بيان الاتصال بين الشريعة والفلسفة واضح التأثير في كتابات هذا العالم الديني اليهوديّ. ومن الطريف أنّ بعض الدارسين العرب اعتبروا ابن ميمون فيلسوفًا إسلاميًّا بحكم منهجه في النظر وتصوّراته الفكريّة القريبة من قضايا علم الكلام الإسلاميّ بصرف النظر عن المحتوى الدينيّ لكتاباته ومواقفه من نبوّة الرسول محمّد ومن دعوته ورسالته.

ومن نافل القول التذكير بدور ابن رشد (1126-1198م) وأثره في الفكر الغربيّ عمومًا سواء في الربط بينه وبين التراث المنطقي الإغريقيّ من خلال شروحه لأرسطو أو في تقديم نظريّة مميّزة حول الصلات بين الزمنيّ والدينيّ عانى منها أشدّ المعاناة في حياته ورأى فيها بعض الدارسين اليوم إسهامًا في تطوير اللّائكيّة. وفي الحالات كلّها لم يخطئ الباحثون الغربيّون من أهل الاختصاص في دراسة العصور الوسطى في اعتبار ابن رشد أكثر فلاسفة العصور الوسطى تأثيرًا في الفكر المسيحي واليهودي وفكر أبناء عصر النهضة الأوروبيّة حتّى سمّوه بالأب الروحي للفكر الغربيّ الحديث.

والواقع أنّ ابن رشد لم يكن إلّا استمرارًا لاتجاه فلسفيّ وفكري نما في الثقافة العربيّة منذ البدايات في علاقة جمعت وقتها بين الفلسفة اليونانيّة الباحثة فيما هو كلّيّ وخصائص الثقافة العربيّة. لذلك لم يكن فلاسفة المسلمين مثل الفارابي وابن سينا مجرّد تابعين للفلسفة الأرسطيّة على سبيل النقل بل أضافوا إليها الكثير عبر شرح كتب أرسطو والتعليق عليها من ناحية وتنزيلها ضمن اللغة العربيّة ومميّزات الإسلام أيضًا. وقد خاضوا جدلًا واسعًا مع الفقهاء لترسيخ الفلسفة والمنطق في التربة الإسلاميّة وهو ما أفرز علم الكلام الذي صار أساسًا لكلّ تفكير في تدبّر النصّ الديني لاستنباط الأحكام الفقهيّة من القرآن (أي القانون) عبر ما يسمّى بعلم أصول الفقه. وقام جدل مثير لافت للانتباه بين النحويّين العرب والمناطقة حول اللغة لبيان ما بين العقل واللغة من صلة في ثقافة تطوّر فيها علم النحو تطوّرًا مذهلًا وتبنّى فيها العرب المسلمون المنطق اليوناني

الذي اعتبروه نموذجًا للعلوم جميعًا تبني عليه أسسها وتستند إلى مفاهيمه في صياغة النظريّات العلميّة قديمًا. وهو جدل لا يختلف في شيء عمّا حلّله فلاسفة اللغة المعاصرين من علاقة بين المنطق الطبيعيّ، أي اللغة اليوميّة التي يستعملها الناس في مخاطباتهم، والمنطق الصناعي الصوريّ.

أمّا في علم اللغة فقد وضع الخليل بن أحمد الفراهيدي (718-791م) أوّل معجم للغة العربيّة قام على الترتيب الصوتي لمخارج الحروف من آخر حرف حلقيّ هو العين إلى الحرف الذي ينطق من أطراف الشفتين وهو الميم فسمّاه «كتاب العين». وللخليل في علوم اللغة عمومًا إسهام جليل. فقد نظّم بطريقة رياضيّة دقيقة العروض العربيّ ونقل عنه سيبويه (760-796م) العالم النحويّ صاحب أول كتاب وصلنا في النحو بعنوان «الكتاب» آراءه النحويّة المهمّة.

وتوالت لدى علماء العربيّة أعمال كثيرة في وضع المعاجم العربيّة من ذلك قاموس أبي منصور الأزهري (895-981م) الذي سمّاه «تهذيب اللغة»، وقاموس إسماعيل الجوهري (940-1002م) المُسمّى «تاج اللغة وصحاح العربيّة» المعروف اختصارًا بالصّحاح. وبعد ذلك ظهر معجم «لسان العرب» للأديب والمؤرّخ واللّغويّ محمّد بن منظور الأنصاري (1233-1311م) وهو يُعدّ أشهر المعاجم العربيّة وأكملها. ولكنّنا حين نتناول أيّ كتاب اليوم يؤرّخ لتاريخ اللغة ونظريّاتها نجد فراغًا مهولًا يشمل الفترة التي سادت فيها العربيّة لغةً للعالم المتحضّر في القرون الوسطى

الأوروبيّة كما لو أنّ علم اللغة عند العرب لم يكن موجودًا رغم ما كتبه المستشرقون الألمان والإنكليز والفرنسيّون منذ مدّة طويلة من كتابات تكشف خصائص كثيرة لعلم اللغة نحوًا ومعجمًا وبلاغةً عند العرب. بيد أنّ القديم غير الأوروبي يكتفي بما كان في النحو الهندي ثم ينتقل إلى النحوَين اليوناني واللّاتيني ليقفز إلى الأنحاء التي عرفها الغرب متجاهلًا الفراغ الذي يمتدّ على قرون عديدة كما لو أنّ البشريّة توقّفت عن الإبداع في هذا العلم وفنونه المختلفة.

والواقع أنّ الغربيّين لم يلحقوا بركب العلم اللغويّ إلّا متأخّرين دون استفادة من التراث اللغويّ العربي بسبب الاختلاف بين العربيّة وهي لغة ساميّة واللغات الأوروبيّة التي تدرج ضمن اللغات الهندوأوروبيّة.

ففي مجال تصنيف المعاجم مثلًا لم يعرف الغربيّون هذا الفنّ اللغويّ إلا بعد قرون عديدة عندما ظهر أول معجم حقيقيّ باللغة الإيطالية سنة 1612م، من إنتاج أكاديمية كروسكا، وتلاه بعد ذلك الزمن معجم اللغة الفرنسية الذي أنتجته سنة 1694م الأكاديميّة الفرنسيّة. ولم يظهر أول معجم للّغة الإنكليزية حريّ بهذا الاسم إلا سنة 1806م وهو معجم نوح ويبستر. وبعد أكثر من قرن آخر ظهر معجم أكسفورد للغة الإنكليزية (1927).

أما في الأدب فيمكن أن نذكر على سبيل المثال لا الحصر الشاعر الفيلسوف أبا العلاء المعري ومؤلَّفه «رسالة الغفران» ويُعدّ من أعظم كتب التراث العربي الأدبي والنقدي. وهي رواية لرحلة أدبية خيالية عجيبة يُحاور فيها الأدباء والشعراء واللغويين في

العالم الآخر ما بين الجنة والسعير. وقد استفاد المعرّي في كتابه هذا ممّا وجده في القرآن من وصف للجنّة والنار مستفيدًا في بناء عالمه التخييليّ من معجزة الإسراء والمعراج. وجاء كتاب المعرّي موسوعة أدبيّة ضخمة ورحلة ممتعة بالسخريّة والمشاهد التي تمزج بين الآخرة والأرض.

وتعد المحاورات مع الشعراء والأدباء واللغويين التي تخيلها المعري في العالم الآخر مصدرًا مهمًّا من مصادر دراسة النقد الأدبي القديم حيث حوت تلك المسامرات والمحاورات مباحث نقدية مهمة وأساسية في النقد الأدبي علاوة على ما فيها من قصّ ممتع وخيال مجنّح.

واللافت أنه بعد مرور قرنين من كتابة «رسالة الغفران» ظهر في الأدب الغربي أثر مماثل لها شديد الشبه بها، وهي «الكوميديا الإلهية» للشاعر الإيطالي دانتي، ويصفها روحي الخالدي في «تاريخ علم الأدب عند الإفرنج والعرب» على النحو التالي:

«وفي الطليان ظهر الشاعر دانتي (1265-1321م). وطار له ذكر في العالم وهو يُعدّ في مصاف أكبر شعراء الأمم القديمة والحديثة. وسبب شهرته كتابه الموسوم «الكوميديا الإلهية» ألفه في غضون 1300م وجعله على ثلاثة أبواب: باب في جهنم وباب في الأعراف، وباب في الجنة. وسمى الباب منها بالنشيد وقسّمه إلى مائة غناء. وكلّ غناء يشتمل على 130 أو 140 بيتًا. وافتتح كتابه بباب جهنم، وصور نفسه مشرفًا على غابة مظلمة تقشعرّ الجلود من وصفها. وهمّ بدخولها لو لم يعترضه ثلاثة سباع كاسرة. وبينما هو بين أظفار المنيّة ظهر له

فرجيل الشاعر اللاتيني، وعرض عليه أن يكون قائدًا له في الأعراف والسعير فقط لأنه لا يستطيع دخول الجنة ولا وطء عتباتها لكونه من عبدة الأوثان. فقبل دانتي بقيادة فرجيل له وسارا معًا في عالم أهل النار. وأطنب الشاعر في وصف أصحاب السعير وصوّر عذاب الذين مرّ بهم من الظلمة والجبّارين. وأتى على قصة إيكولين. وكان جبّارًا عنيدًا في مدينة بيزا فوقع بأيدي أعدائه فوضعوه مع أولاده في برج وسدّوا عليهم جميعًا، فاشتدّ به الجوع وأكل أولاده ثم هلك. فوصف دانتي جميع ذلك بصورة هائلة بالأسلوب المعروف بالدرامي. ولمّا أدّته خاتمة المطاف إلى الجنة وجد ببابها بياتريس. وكانت من ربات الجمال المشهورات بمدينة فلورنسا. وقيل كانت معشوقته فتلقّته، واخترقت به طبقات الجنة المسيحية أو طباق السماوات، فلقي فيها كثيرًا من الأبرار والقديسين والملائكة المقرّبين وباحثهم بالمسائل اللاهوتية والعلوم الإلهية والكلامية. وجمع دانتي في مؤلفه علوم العصر وآدابه ومعارفه ووضع به أساس اللغة الطليانية. فكان كتابه كدائرة المعارف والآداب. ولم يزل يستوقف أنظار الأدباء بحسن ترتيبه وجودة سبكه وبما فيه من المهارة العجيبة في التنقل من مبحث إلى آخر. فالكوميديا الإلهية أشبه برسالة الغفران التي حرّرها المعرّي قبل تأليف الكوميديا بأكثر من قرنين وقدّمها جوابًا لرسالة وردت عليه من أحد أصحابه الأفاضل في حلب».

هذا أثر من الثقافة العربية ظهر في العصر الوسيط، وذاك أثر من الحضارة الغربية ظهر بعده بقرنين، ويتناول كل منهما هذه الرحلة العجيبة الغريبة في عوالم أخرى.

لقد ذكرنا المعرّي الشاعر وهو سليل حضارة كانت تفتخر بريادتها في الشعر حتى قبل مجيء الإسلام، فقد عرفت الثقافة العربية ظاهرة طريفة فريدة يسمّيها العرب إلى اليوم «المعلقات» محيلين بذلك إلى القلائد النفيسة التي تُعلَّق، فقد كانت العرب تكتب جياد القصائد في الجاهلية بماء الذهب وتعلّقها على أستار الكعبة الشريفة باعتبارها خلاصة تجربة العرب وجماليات التعبير عندهم حتى تعلق بالأذهان علوق القلائد في الأجياد. ومن المعلوم ما للشعر من علاقة متينة بالظواهر الخفية الروحانية وما له من صلة بالإيقاع والموسيقى. فلئن عرف العرب نظام العروض الذي ضبط فيه الخليل بن أحمد اللغوي الألمعي إيقاعات مستمدة من صلب اللغة العربية، فقد تطوّر علم الموسيقى شيئًا فشيئًا في ارتباط متين بالشعر تدلّ عليه آثار عظيمة كبيرة مثل «كتاب الأغاني» للأصفهاني ومؤلفات فلاسفة عظام على غرار المعلّم الثاني أبي نصر الفارابي صاحب «كتاب الموسيقى الكبير» والشيخ الرئيس ابن سينا الذي أشار في «كتاب الشفاء» إلى استخدام الموسيقى علاجًا للروح كما ورد كذلك في رسالة الكندي «مدخل صناعة الموسيقى». وجاء في إحياء علوم الدين للغزالي: من لم يحرّكه الربيع وأزهاره والعود وأوتاره فهو فاسد المزاج ليس له علاج.

وقد أدّى تراكم الاهتمام بالموسيقى وآلاتها ومبادئها الفلسفية ووسائل تطويرها إلى إسهامات نظرية حاسمة في تاريخ النظرية الموسيقية العالمية، من ذلك وضع الترقيم الموسيقي وقياس

النغمات والأوقات وصياغة السلم الموسيقي ممّا يسّر تطوير الألحان وطرق الأداء الموسيقي وصناعة الآلات نفسها وتجويدها.

ولكنّ ما يعنينا أكثر في هذا المقام أنّ هذه المنجزات داخل الفضاء العربي الإسلامي انتقلت إلى البلدان التي لم تكن ضمن الإمبراطورية العربية الإسلامية وهي صفحة من تاريخ تفاعل الحضارات والثقافات وفنونها كُتبت فيها أعمال منصفة أثبتت أنّ هذه التأثيرات مرّت جغرافيًّا عبر بوابات ثلاث هي الأندلس وصقلية وتركيا في عهودها الإسلامية. ففي كثير من الوثائق المصورة التي تعجّ بها الأرشيفات ما يدلّ على استخدام الكنائس بدءًا من عصر الملك الإفرنجي شارلمان (742-814م) لآلات موسيقية عربية مثل النقارة والطبلة والبوق والنفير والكمنجة والعود والربابة وغيرها.

وتذهب منذ القرن التاسع عشر بعض النظريات المقارنة إلى أنّ أغاني تروبادور وأشعارهم لم تخلُ من تأثير الشعر والموسيقى العربيَّين لا سيما الموشحات والأزجال. ومهما تكن النظريات المقابلة فإنّ علاقات الجوار الجغرافي وهيمنة الثقافة الأندلسية في العصر الوسيط كان لها ولا شكّ أثر ما على الموسيقيين الجوالين تروبادور في فرنسا وألمانيا وإنكلترا وإيطاليا والبرتغال وإسبانيا سواء من حيث أغراض الموشحات وترديد بعض قصص ألف ليلة وليلة ويوسف وزليخة أو من حيث استحداث أوزان مقطعية جديدة وانقسامها إلى أسماط وأجزاء تشبه أسماط الموشحات بتعدد أوزانها وقوافيها، علاوة على المزج بين الشعر والغناء كما هو الشأن في الموشحات.

والواقع أنّ هذا الاهتمام العربي الإسلامي بالموسيقى كان يعبّر عن رؤية فلسفية تندرج ضمنها الموسيقى. فلئن كان التصور الإسلامي يقوم على أنّ المسلم يعبد الله وحده لا شريك له فإنّ هذا الخادم للمولى يرى في مساعدة الآخرين ضربًا من العبادة، فكلّ الوسائل المتاحة للإسهام في سعادة الناس وراحتهم ومتعتهم يندرج عنها واجب ديني وينال المسلم من خالقه عبرها أحسن الجزاء.

من الماضي نحو المستقبل

لا يُنكر عاقلٌ عارفٌ أنّ الثقافة العربية ضاربة في القدم وأنها أسهمت جديًّا في الحضارة الإنسانية بمختلف إنجازاتها كما رأينا في القائمة المختصرة للعلماء العرب الذين تميزوا في جل المجالات المعرفية. وليس قصدنا من هذه العجالة أن نمجّد ماضيًا تليدًا لأمّة تصدّرت المشهد الكونيّ خلال عقود بعلمها وأدبها وإضافاتها البيّنة للإنسانيّة. إنّنا لا نقصد من هذا التذكير إلّا ربط الماضي بالحاضر. فتجاهل المجموعة العربيّة في إدارة الشأن الثقافيّ الكوني من خلال منظّمة أساسها المشترك الإنساني يبدو جزءًا من تجاهل إسهام هذه الحضارة العريقة في التمهيد للأفكار التي صنعت واقعنا الحضاري اليوم وجاءت من أجلها اليونسكو عاملة على تجسيدها وتمكين مختلف الشعوب من التمتّع بما في تاريخها المشترك من تنوّع وتعدّد وروافد ثقافيّة وحضاريّة مختلفة.

والبيّن أنّ هذه الإنجازات لا تقتصر على الماضي التليد الذي

تدلّ عليه الشواهد الثقافية القائمة حتى اليوم، وهي تشير إلى المقام الرفيع للثقافة العربية.

ففي القائمة التمثيلية للتراث الإنساني العالمي التي تشرف عليها منظمة الأمم المتحدة للتربية والثقافة والعلوم (اليونسكو) ترد المواقع التراثية في غالبية البلدان العربية. وبالفعل هناك أكثر من 70 موقعًا تراثيًّا ثقافيًّا في الوطن العربي منها 7 في الجزائر، 6 في مصر، 5 في العراق، 4 في فلسطين، 5 في لبنان، 5 في ليبيا، 1 في موريتانيا، 9 في المغرب، 5 في عُمان، 1 في قطر، 5 في السعودية، 2 في السودان، 6 في سوريا، 7 في تونس، 1 في الإمارات، و 3 في اليمن.

وعلى الشاكلة نفسها، تُسهم البلدان العربية إسهامًا كبيرًا في القائمة التمثيلية للتراث الإنساني غير المادي بحِرف وأعراف متنوعة منها القهوة العربية والصيد بالصقور والمجلس العربي وغيرها من عناصر التراث الثقافي العربي الأصيل التي يعترف بها العالم.

وعندما يتساءل الباحثون بجدية عن مصدر هذا التراث المادي منه وغير المادي يجدون إجابات شافية في تاريخ المنطقة العربية. فكبار خبراء التاريخ وتاريخ الفن وعلم الآثار يقرّون دون مواربة بالثراء المذهل للحضارات التي تتالت على المنطقة العربية من الخليج العربي إلى المحيط الأطلسي. فتلك في اليمن السعيد آثار في تاريخ الديانات عن مملكة سبأ التي بقيت تتداولها الألسن إلى يوم التاريخ. وغير بعيد عنها في بلاد الرافدين ازدهرت حضارات عظيمة منها مملكة السّومريين، ومملكة الأكاديين، ومملكة البابليين،

ومملكة الآشوريين التي تُبهر آثارها حتى اليوم عقول البشر، وتشهد على الرقي الحضاري في المدنية والمعمار والقانون والفنون والفكر. وفي هذه المنطقة العربية نفسها ظهرت الحضارة الفينيقية العظيمة التي أعطت البشرية حروف الهجاء، ثم أسست قرطاج التي ظهرت فيها لأول مرة وبعدة قرون قبل أثينا بوادر الديمقراطية التمثيلية من خلال مجلس الحكماء الذي كان يمثل مختلف الطبقات الاجتماعية. وهي قرطاج ذاتها التي أنتجت 28 مجلدًا أسست لعلوم الزراعة التي ورثها الرومان وطوروا بها حضارة ساطعة بدورها. ولا يمكن للباحث الأمين ألّا يشير إلى أنّ الديانات السماوية الثلاث أي اليهودية والمسيحية والإسلام ظهرت في الحيز الجغرافي الذي يمثل العالم العربي في أيامنا الحاضرة. أمّا الحضارة الفرعونية التي ما زالت الأهرام والقصور تشهد على إنجازاتها فيكفي أن نقرأ ما قاله الأديب نجيب محفوظ في هذا الصدد في خطابه أمام أكاديمية نوبل لدى تسليمه الجائزة الأدبية المرموقة:

«أنا ابن حضارتين تزوجتا في عصر من عصور التاريخ زواجًا موفقًا، أولهما عمرها سبعة آلاف سنة، وهي الحضارة الفرعونية، وثانيهما عمرها ألف وأربعمائة سنة، وهي الحضارة الإسلامية، ولعلي لست في حاجة إلى التعريف بأي من الحضارتين لأحد منكم، وأنتم من أهل الصفوة والعلم، ولكن لا بأس من التذكير ونحن في مقام النجوى والتعارف.

وعن الحضارة الفرعونية لن أتحدث عن الغزوات وبناء الإمبراطوريات، فقد أصبح ذلك من المفاخر البالية التي لا ترتاح

لذكرها الضمائر الحديثة والحمد لله، ولن أتحدث عن اهتدائها لأول مرة إلى الله سبحانه وتعالى، وكشفها عن فجر الضمير البشرى، فلذلك مجال طويل، فضلًا عن أنه لا يوجد بينكم من لم يلم بسيرة الملك النبي إخناتون، بل لن أتحدث عن إنجازاتها في الفن والأدب ومعجزاتها الشهيرة الأهرام وأبو الهول والكرنك، فمن لم يسعده الحظ بمشاهدة تلك الآثار فقد قرأ عنها وتأمل صورها... دعوني أقدمها - الحضارة الفرعونية - بما يشبه القصة ما دامت الظروف الخاصة بي قضت بأن أكون قصاصًا، فتفضلوا بسماع هذه الواقعة التاريخية المسجلة... تقول أوراق البردي إن أحد الفراعنة قد نما إليه أن علاقة آثمة نشأت بين بعض نساء الحريم وبعض رجال الحاشية.

وكان المتوقع أن يجهز على الجميع، فلا يشذ في تصرفه عن مناخ زمانه، ولكنه دعا إلى حضرته نخبة من رجال القانون، وطالبهم بالتحقيق فيما نما إلى علمه، وقال لهم إنه يريد الحقيقة ليحكم بالعدل.. ذلك السلوك في رأيي أعظم من بناء إمبراطورية وتشييد الأهرامات وأدل على تفوق الحضارة من أي أبهة أو ثراء، وقد زالت الإمبراطورية وأمست خبرًا من أخبار الماضي، وسوف تتلاشى الأهرامات ذات يوم ولكن الحقيقة والعدل سيبقيان ما دام في البشرية عقل يتطلع أو ضمير ينبض.

وعن الحضارة الإسلامية فلن أحدثكم عن دعوتها إلى إقامة وحدة بشرية في رحاب الخالق تنهض على الحرية والمساواة والتسامح، ولا عن عظمة رسولها، فمن مفكّريكم من كرّمه كأعظم

رجل في تاريخ البشرية، ولا عن فتوحاتها التي غرست آلاف المآذن الداعية للعبادة والتقوى والخير على امتداد أرض مترامية ما بين مشارف الهند والصين وحدود فرنسا.

ولا عن المؤاخاة التي تحققت في حضنها بين الأديان والعناصر في تسامح لم تعرفه الإنسانية من قبل ولا من بعد، ولكني سأقدمها في موقف درامي - مؤثر- يلخص سمة من أبرز سماتها، ففي إحدى معاركها الظافرة مع الدولة البيزنطية ردت الأسرى في مقابل عدد من كتب الفلسفة والطب والرياضة من التراث الإغريقي العتيد، وهي شهادة قيّمة للروح الإنسانية في طموحها إلى العلم والمعرفة، رغم أن الطالب يعتنق دينًا سماويًا والمطلوب ثمرة حضارة وثنية».

لكنّ الأهمّ من هذا، على قيمته الكبرى وتبنّي المجموعة الدوليّة لمبدأ الكونية الحضارية لبني البشر، أنّ المجموعة العربيّة اليوم في حاجة أكثر ربّما من غيرها من المجموعات إلى الانخراط بعمق في الأسئلة الكونيّة الكبرى التي تطرحها الإنسانيّة على نفسها. فقد تقدّم قطار التحديث في العالم العربيّ بسرعة مذهلة وصارت الكثير من القضايا التي يطرحها العرب على أنفسهم ذات طابع خطير من قبيل قضيّة الهويّة والخصوصيّة الثقافيّة والدينيّة ومدى علاقتها بالتحوّلات العالميّة والعولمة ومن قبيل التأسيس لنهضة حديثة انطلاقًا من تجديد التعليم وتطويره ليكون مصنعًا لتنمية رأس المال البشري وتوظيف الذكاء في التنمية الشاملة، فالتربية فيما يرى جلّ العرب مفتاح التقدّم واللحاق بركاب حركة التاريخ الراهن ومن قبيل العلاقة مع التراث ودوره في تشكيل الهوّيّة الثقافيّة وانفتاحها

على الكونيّ وربط الصلة التاريخيّة مع الثقافات الأخرى بعيدًا عن وهم الاكتفاء الذاتي ثقافيًا.

إنّ هذه الأسئلة وغيرها كثير لمن صميم مهامّ اليونسكو وممّا يشغل المفكّرين الذي يجمعهم الإيمان بمبادئها وقيمها. ونعتقد أنّ توفّر فرصة لواحد من أبناء هذه المجموعة العربيّة على رأس اليونسكو لَمِمّا يسهم ولا ريب في دفع النقاش الحالي بين المفكّرين العرب ونظرائهم في العالم على نحو ييسّر الاستفادة من أدبيّات اليونسكو وإعادة طرح الأسئلة التي تبدو خصوصيّة ضمن منظور كوني فيُحقّق التقارب المرجوّ بين الثقافات وتأسيس الاختلاف والتنوّع على رؤية حقوقيّة إنسانيّة تسهم في إزالة التوتّرات والصور النمطيّة المسبقة وتفتح سبلًا للأمل في رؤية مطابقة للواقع عن العرب والمسلمين وثقافتهم بدل اختزالهم في كل ما يناهض مبادئ السلم الدوليّ والتحريض على الكراهية والعنف وإشعار العرب بالدونيّة الثقافيّة. فليس التخلّف الاقتصادي أو تردّي الأحوال الاجتماعيّة أو الاستبداد السياسيّ أو التراجع الثقافيّ والعلميّ والتربويّ أقدارا على الناس أن يخضعوا لها بل هي تحدّيات يمكن مواجهتها من أجل غد أجمل وأفضل. والعرب كغيرهم من الأمم جديرون بحياة كريمة وثقافة مميّزة تتفاعل مع القيم الكونيّة والمبادئ الإنسانيّة في سلاسة ويسر.

إنّ هذا التصوّر لانتمائي إلى ثقافة من الثقافات الكبرى في تاريخ البشريّة قدّمت إسهامات جليلة عبر تاريخها وإيماني بأنّ شعوب المنطقة العربيّة تتوق كغيرها من الشعوب في العالم إلى الحريّة

والثقافة الأصيلة المتطوّرة وإلى الحياة الكريمة اللّائقة ومشاركة الإنسانيّة قضاياها والتمتّع بثمار الفكر والمعرفة لمن الأسباب التي شجّعتني على الترشّح لمنصب المدير العام لمنظّمة منفتحة على مختلف الثقافات، قائمة على مفهوم أساسيّ هو إعادة بناء العقول لبناء سلم دائم، قادرة على التقريب بين الشعوب والثقافات على أسس موحّدة كونيّة تحترم في الآن نفسه التعدّد والاختلاف.

فلم يكن الرهان عندي شخصيًّا بقدر ما كان رهانًا على أبناء الثقافة العربيّة في تقديم ما يفيد البشريّة قاطبة ويفيدهم هم أنفسهم للانطلاق بأمل متجدّد قويّ من أجل عالم أجمل وأكثر أمنًا واطمئنانًا دون مركبات نقص أو غرور. وليس أفضل في ظنّي من اليونسكو، مدرسة الاختلاف والوحدة، منطلقًا لمثل هذا الأمل الجديد خصوصًا أنّ دولة قطر التي رشّحتني لهذا المنصب تملك من الإشعاع الدولي وثقة الشركاء والخبرة في المشاريع الحضاريّة الكبرى والقدرات والاستعدادات والإمكانيّات والنوايا الطيّبة الواقعيّة ما ييسّر السير في هذا الاتّجاه: اتّجاه تمكين عربيّ من ترؤّس منظّمة دوليّة ثقافيّة في قيمة اليونسكو. ومن حسن حظّي أنّ هذا المرشّح هو أنا. لذلك اعتبرتُ التضحية والمغامرة في آن واحد جديرة بأن تخاض إلى النهاية من باب تحدّي النفس وتشريف بلدي وإنصاف المجموعة العربيّة، وفي نهاية المطاف: خدمة الإنسانيّة.

الفصل الخامس

زاد المسافر
الدّبلوماسيّة الثقافيّة

يجتمع في عبارة «الدبلوماسية الثقافية» مفهومان غاية في الأهمية هما الدبلوماسية والثقافة. إنّهما مجالان سخّرتُ لكل واحد منهما سنوات من عمري ونصيبًا معتبرًا من الوقت والطاقة. ولذلك ينتابني حماس فطري كلما تناولتُ موضوع الدبلوماسية الثقافية لما له من أثر في نفسي وصدى لشخصيّتي الثقافيّة، فهو موضوع لصيق بهويّتي الثقافيّة لاقترانه بحياتي الدبلوماسيّة والثقافيّة في آن واحد. وكم سبق أن قلتُ بأنّ لهذا الموضوع الذي طفا على سطح السّجالات المعاصرة جذورًا ممتدّة في ماضينا المشترك، وهو ما يمنحه عمقًا حضاريًّا. إذ ليست الدّبلوماسيّة الثقافيّة شأنًا معاصرًا بل تمتدُّ جذورها في مظاهر ثقافيّة كثيرة متّنت الصّلات بين الدّول والشّعوب منذ القدم وحقّقت مبدأ الاحترام المتبادل. وتُعدُّ الهديّة من بين هذه المظاهر حيثُ جسّمت منذ قرون إرادة التّواصل بين الشّعوب حتّى أصبحت رمزًا للتّقارب، ولنا في الهدايا بين شارلمان وهارون الرّشيد

خير مثالٍ على درجة المبادلات الثقافيّة التي كانت تعبّر عن تقدير الدّول لثقافات بعضها البعض، وعن احترامها للمعارف الثقافيّة التي شكّلت ما يسمّى بـ«ثقافة الأشياء المشتركة». وكم ساعد «اقتصاد الهدايا» على تقارب الشّرق بالغرب، وأشاع التّسامح بين الشّعوب على اختلاف عقائدها وثقافاتها. ولم تكن الهدايا بالضّرورة أغراضًا مادية تعكس التطوّر التقني لشعب من الشّعوب وإنّما كانت كتبًا نفيسة أيضا تعكس تطوّر التجربة الفكريّة والرّوحيّة لأمّة من الأمم ممّا زاد في توسيع دائرة التّعارف ونقل المعارف وأدّى إلى الإيمان بأنّ الحضارة البشريّة هي جماع مساهمات جميع الأمم. لذلك فنحن بصدد موضوع متأصّل في حضارتنا الإنسانيّة، ومع ذلك كم نحن نحتاج إلى الخوض فيه والتأكيد عليه في لحظتنا المعاصرة.

لقد أدركتُ من خلال تجربتي الدبلوماسيّة بأنّ السبيل إلى الوفاق العالمي يبدأ بإعادة النظر في دور الثقافة في العلاقات الدوليّة. هذه القناعة الشّخصيّة المتولّدة من تجربتي الحياتيّة عزّزها استقرائي للواقع العالمي، وكان ذلك من بين الأسباب التي حفّزتني للترشح لمنصب المدير العام لليونسكو. أسأل نفسي كلّ مرّة هل تكفي السياسة لحلّ المشاكل القائمة بين الدّول؟ وهل تنجح مساعي السّلام وحدها على طاولات المفاوضات في الأزمات السياسيّة القويّة التي رجّت أكثر من بلد؟ إنّ الإجابة على هذه الهواجس لم تتولّد من مجرّد إتقان أدوات المعرفة واستخدامها بل إنّني أقرّ بأنّ المعرفة وحدها غير قادرة على بلوغ أفضل النتائج والحلول إن لم تتزوّد بالخبرة الميدانيّة في مجال الدبلوماسيّة.

يحتاج العلم إلى التجربة الواقعيّة كي لا تبقى النظريات والآراء والمواقف مجرّد انطباعات أو افتراضات. وقد أمضيتُ أكثر من نصف قرن في مجال الممارسة الدبلوماسيّة والثقافيّة فأيقنتُ أنّ تحقيق السلام بين البشر على اختلاف اتّجاهاتهم الفكريّة وتنوّع أجناسهم ولغاتهم يحتاج إلى قوّة أقدر من السياسة ذاتها، ألا وهي الدبلوماسيّة الثقافيّة.

عملتُ سفيرًا لبلدي في أكثر من دولة عربيّة وأوروبيّة وأمريكيّة، وساعدني تنقّلي بين بلدان عدّة في الاطّلاع على أثر الثقافة في حماية علاقات الصداقة والاحترام المتبادل بين الشّعوب من التلاشي أو من شبح العداوة والكراهيّة التي لا تستطيع القوانين وحدها منعها أو استبعادها، بقدر ما تتمكّن الثقافة من صدّها. واكتشفتُ أنّ علاقتنا بالآخر تنطلق من نظرة مخصوصة لهُ، وسلوكنا تُجاهه محكوم بهذه النظرة أكانت نظرة احترام أم استبعاد، ومصدر هذه النظرة هو موقفنا الثقافي من الآخر الذي يتشكّل من خلال مرجعياتنا الفكريّة والحضاريّة.

إنّ الآخر ليس جحيمًا، بل هِبةٌ وجوديّة، لأنّ وجودنا مشروط بوجوده، والآخر هو شرط المعرفة التي أكوّنها عن نفسي، ودونه لا يمكنني أن أدرك أبعاد الحياة المختلفة، وبتعبير الشّاعر الألماني غوته:

«ليس ثمّة عقاب أقسى على المرء من العيش في الجنّة بمفرده، فالمؤكّد أنّ الوجود دون الآخرين يبدو ضربًا من المستحيل».

لذلك فالآخر ضرورة ورحمة. ولقد شكّلت الصّراعات بين الأمم خلال الألف سنة الماضية صورة سلبية ومشوّهة لدى بعض

الشّعوب عن شعوب أخرى تتقاسم معها خيرات الحضارة الإنسانيّة. وخلقت الصّراعات صورة نمطية لبناء مواقف معادية أو عنصرية ما زالت قائمة حتى عصرنا الحاضر في بعض الدّول، وهذا دليل على أنّ النظرة الثقافيّة للآخر ينبغي أن تُراجَع لإحلال السّلام العالمي، ولا يكون ذلك إلّا بفضل الإيمان بقيمة التنوّع الثقافي التي يؤسّسها الاختلاف بين البشر وليس التماثل. إنّ العلاقات الدوليّة تحتاج دائمًا إلى بناء نظرة ثقافيّة عن الآخر، وإذا كانت الدبلوماسيّة مقتصرة على العهود والمواثيق دون الرسالة الثقافيّة فإنّها لن تستطيع بناء العلاقات الدوليّة بين الأمم والشّعوب على أساس متين. فالمحبّة بين الشّعوب هي ثقافة قبل كلّ شيء، والكراهيّة ثقافة، لذلك ينبغي إدراك ما للثقافة من تأثير في تحديد نوع علاقتنا بالآخر.

وينمو وعينا بأهميّة الآخر كلّما أدركنا أنّ الاختلاف يمنح الحياة ثراءً وتعدّدًا، وأنّ هويتنا الذّاتيّة لا تتطوّر إلّا بتفاعلنا مع الآخر المختلف عنّا والتعرّف عليه، وفهم شخصيّته الحضاريّة ومصادر ضعفه وقوّته، وإبداء الاحترام له، فالأمم كالأشخاص تحتاج إلى تقدير معنوي تُحبّ من يمنحه إيّاها، وتكره من يحرمها منه عندما يتعالى عليها بازدراء أو احتقار.

بعد إشرافي على وزارة الثقافة والفنون والتراث في بلادي، عقدتُ العزم على خوض غمار الانتخابات لمنصب المدير العام لليونسكو إذ تبيّن لي أنّ التنوّع الثقافي قيمة مُضافة للرصيد الحضاري الإنساني وأنّ الثقافة عامل رئيسي من عوامل التقارب بين الشعوب وليس عامل تفرقة، ووجدت أنّ أداة الدّبلوماسيّة الثقافيّة

أبلغ أثرًا من سائر الأدوات لأنّها أكثر فعاليّة حين تكون لدينا إرادة بناء السّلام. ولاشكّ فإنّ الأزمات السياسيّة بين الدول قد تعصف بالمقدّرات الحيويّة للشّعوب، من علاقات ثقافيّة وحضاريّة، ولعلّ الأزمة الخليجيّة تعبّر بعمق عن هذه المخاوف، فالسياسة تسعى إلى التفرقة بين الشّعوب، بل لقد عملت دول الحصار الجائر على قطر، أن تخلخل البناء الثقافي والوجداني المشترك لأبناء الخليج. فالخلافات السياسيّة زائلة مهما كانت وأينما حصلت، وخصم الأمس قد يصبح صديق الغد، بينما إقحام الثقافة من شأنه أن يجذّر العداء والكراهية بين الشعوب نفسها وليس الطبقة الحاكمة وحدها. كان الحصار على قطر ومحاربة المرشّح القطري عملًا سياسيًّا بامتياز، لكنّ محاربة وصول عربيّ خليجيّ إلى منظمة اليونسكو عملًا ثقافيًّا هدّامًا، لأنّها منظمة الأمم المتحدة «للتربية والثقافة والعلوم». وفي الحصيلة، كانت النتيجة خسارة للثقافة العربية الإسلامية بمرشّح قويّ أُتيحت له كلّ إمكانيات النجاح لولا الممارسات التي قامت بها دول الحصار لإنجاح المرشّح الآخر نكاية في المرشّح العربي.

علاوة على ذلك، أعتبر أنّ الزجّ بالرصيد الثقافي لشعوب الخليج في معترك الخلافات السياسيّة هو خطأ جسيم، لأنّه يُعدّ تهديدًا حقيقيًّا للذّات الحضاريّة الخليجيّة، فمن اليسير أن يلتئم الخلاف السياسي يوما ما ولكن ما أصعب أن تلتئم جراح الشّعوب وأن تصفو عقولها ووجدانها بعدما شُحنت بالكراهيّة والبغضاء. لذلك فإنّ المرحلة تتطلّب إبعادا للثقافة عن السياسة، فالخلط بينهما هو نوع من إقحام الفيروسات في النواة الصلبة للمشترك

الثقافي الخليجي وزعزعة للهويّة الخليجيّة الواحدة التي تربط شعوب الخليج منذ قرون. وكلّما أقحمت الثقافة والسياسة صارت الفجوة بين الشّعوب أكبر.

وهنا أتذكّر تغريدة نشرتها على حسابي في تويتر كان لها صدى كبير لدى المتابعين وقد جاء فيها:

«مقاطعة بلد ما للأعمال الفنية أو الثقافية لبلد ما، لخلافات سياسية، ظاهرة خطيرة تجعل الثقافة عرضة للتقلبات السياسية. العلاقات السياسية رمال متحركة، والعلاقات الثقافية من الثوابت. لو سرنا في هذا الطريق لعرّضنا العلاقات الثقافية في العالم للفوضى. أبعدوا السياسة عن الثقافة».

ترتكز الدبلوماسيّة الثقافيّة على المعرفة باعتبارها طريقا إلى بناء العقول، وتتطلّب مغامرة العقل إحلال السلام، وهذا ما يبرّر وجاهة توجّه اليونسكو في ديباجة المؤسسين عندما أعلنوا: «لما كانت الحروب تتولد في عقول البشر، ففي عقولهم يجب أن تُبنى حصون السلام».

وكلّ ذلك لا يتحقق إلّا بقبول الاختلاف وتبادل الثقافات بين الشّعوب، فللآداب دور كبير في نشر القيم المشتركة، وهذا ما تبرهن عليه الآداب العالميّة، ولنا في أعمال شكسبير مثال على هذا الحوار الثقافي بين آداب الشعوب، ومدى تأثير بعضها على بعض وكيف نادى شكسبير بالتسامح في أعماله المسرحيّة، وهي من مقوّمات قبول الآخر أيّا كانت اختلافاتنا معه. وإذا كانت الدّبلوماسيّة الثقافيّة تستوعب مجموع القيم التي حفلت بها الإنسانيّة ودافع

عنها الكتّاب والجامعيّون على السّواء، فإنّه لا يمكننا أن نغفل عن انحرافات العقل التي تؤدّي إلى انتشار التّطرّف والتّعصّب الفكري والديني خاصّة، وأشير في هذا السياق إلى أنّ الأديان التي جاءت لتهب الناس أجمعين سلّم القيم المشتركة لنشر المحبّة بريئة من كلّ مظاهر التّطرّف التي نشرت العنف والكراهيّة. وبقدر ما تقوم الجامعات وصروح المعرفة بنشر قيم التّسامح فإنّها تزرع البذور الأساسيّة للدبلوماسيّة الثقافيّة بين الشّعوب. فالتّسامح يعطي للفرد والجماعة الحقّ في الاختلاف ولكنه يفرض عليهم احترام حقّ الغير في الاختلاف أيضًا، وهو المبدأ الأول لحقوق الإنسان كافّة. لذلك فالتسامح فضيلة شخصيّة وقيمة قانونيّة في الآن نفسه، وهو ما جعل المجموعة الدوليّة تهتمّ به وتسعى لأن تلتزم الدُّول بالتسامح كقاعدة للتنظيم الاجتماعي والسياسي. ولكنّ قيمة التّسامح لا تحتاج فقط إلى ميثاق يرعاها قدر حاجتها إلى إرساء ثقافة التسامح ذاتها بين جميع البشر.

تناولتُ في مؤلّف سابق قضايا الدبلوماسية الثقافية ومحوريّتها في سياق القوة الناعمة، وأشرتُ إلى أنّ «طريقة اشتغال الدبلوماسية الثقافية تتمثل في عملية تحويل تنبني على آليات ثلاث هي الإقناع والإغراء والتعليم». ومع أنّ هذه العملية عادة ما تكون بين الثقافات والدول ومؤسسات المجتمع المدني إلّا أنّ الفاعلين المؤثرين الحقيقيين هم أشخاص من لحم ودم وليسوا كيانات اعتبارية، إنّهم يمثلون ثقافاتهم ودولهم ويتحاورون فيما بينهم بشتى الوسائل فيحصل التفاعل المذكور من تأثر وتأثير.

وبقدر ما تحقّقُ الدّبلوماسيّة الثقافيّة التّفاهم بين الدّول فإنّ فتورها في العالم يؤدّي إلى تقهقر الأمن والسّلام. لذا فإنّنا أمام فنّ إدارة العلاقات الثقافيّة بين الأمم، لأنّ الدبلوماسيّة الثقافيّة قوّة ناعمة تحتاج إلى قناعة تامّة بجدواها، وميزة هذه الدّبلوماسيّة الثقافيّة أنّها تتعالى عن تقلّبات السياسات وتتمسّك بالقيم الإنسانيّة التي تحفظ الخصوصيّات وتُراعي الحقوق الثقافيّة للأقليّات وتضمن تواصُلًا بنّاء بين جميع البشر.

لقد كانت هذه المفاهيم نبراسي ومرشدي على امتداد الحملة الانتخابية، ولم تكن تحاليل نظرية بل سمحت لي الظروف بتفعيلها على أرض الواقع، وشاهدتُ أثر الدبلوماسية الثقافية في التفاهم ومد جسور الصداقة والاحترام المتبادل مثلما حصل لي مع رئيس وزراء ألبانيا وفنّانها الشهير إدّي راما لدى زيارتي لمكتبه في تيرانا.

تتزاحم هذه الأفكار حول الدبلوماسية الثقافية في ذهني وأنا أتذكّر المقابلة الشيّقة مع رئيس وزراء ألبانيا إدّي راما في ديسمبر 2016 والذي شغل قبل ذلك منصب وزير الثقافة في بلاده.

قبل أن ألتقي برئيس الوزراء كنتُ قد تجوّلتُ في العاصمة الألبانية تيرانا، وهي مدينة جميلة ذات رونق وسحر خاص، تقول المصادر التاريخية إنّ مؤسسها الجنرال العثماني سليمان باشا بنى فيها سنة 1614م الجامع الذي يحمل اسمه ومخبزة وحمامات تركية، وهو ما أضفى عليها الروح الشرقية وجعل منها مركزًا من مراكز الفنون والثقافة والفرق الصوفية، لا سيما البكتاشية التي كانت قد انتشرت في الأناضول قبل أن تصل إلى ألبانيا.

تنفّستُ عبق التاريخ في هذه الجولة الملهمة، وكنتُ في أحسن مزاج وأنا أتوجّه مع فريقي المصغّر لمكتب رئيس الوزراء لمقابلة سعادته. بيد أنّني أحسستُ ببعض الفتور في مصافحته وكأنّما كان حاضرًا معي لكنّه منشغل ذهنيًّا بمسائل أخرى، وظهر على وجهه التجهّم عندما قال مباشرة: لولا صديقنا المشترك لما قبلتُ بأن نلتقي. فأنا مستاء جدًّا من رئيس وزرائكم السابق الذي وعدني بأشياء كثيرة ولم يفِ بوعوده، واعذر صراحتي فأنا فنّان ولست دبلوماسيًّا.

كان التوتّر ظاهرًا على أعضاء الفريق المصاحب لي وعلى سفيرنا، وتوجّهت الأنظار نحوي في انتظار ردّي. كنتُ خلال حديثه مطرقًا واضعًا يدي على ذقني، وكان الجميع على الأرجح يتوقّعون منّي ردة فعل تتناسب مع هذا الكلام غير الدبلوماسي حول رئيس وزراء بلادي. توجّهت بالكلام نحو رئيس الوزراء قائلًا: إذا لم تكن معاليك دبلوماسيًّا، فأنا دبلوماسي تجري الدبلوماسية في عروقه وما يحصل هنا مألوف لديّ، لكن اسمح لي في البداية بسؤال: تعرفون كلكم في الغرب رقصة التانغو الجميلة، فهل تحتاج التانغو لشخص واحد أو لشخصَين؟ فأجاب: بل لشخصين اثنين. فأردفت بسؤال آخر: أرجو أن تردّ عليّ بصراحتك المعهودة، هل تابعتَ الأمر مع مكتب رئيس الوزراء أو مع سفير قطر في ألبانيا أو غيرهم؟ فقال: إطلاقًا! عندها أضفت: إنّ المتابعة أهمّ من الوعود نفسها لأنّ المسؤول السياسي شديد الانشغال كثير الملفات علاوة على ما يطرأ من مستجدات على الساحة، لذلك فإنّ المتابعة هي مفتاح النجاح.

وبما أنّني كنت أعلم شغفه بالفنون والثقافة، فقد ركّزتُ مجدّدًا على التواصل والتفاهم وعلى الجوانب الجامعة في الفنون التي تتخطّى اللغات والشعوب لتخاطب وجدان الإنسان أيًّا كانت لغته وجنسه ومعتقده. رأيت أسارير وجهه تنفتح ببطء وشاهدتُ الإثارة والاهتمام في عينَيه بعد البرودة الأولية. وختمتُ قائلًا إنّ الفنون ولا سيما الرسم الذي أعلم أنك تمارسه في لوحاتك، ليس لديه لغة بعينها لأنه يتحدث لغة الإنسانية، ويمكن لأي بشر من أي بلد أن يقرأ لوحاتك ويُؤَوِّلها بطريقة قد لا تخطر أصلًا في بالك وأنت صاحب العمل.

شاهدتُ لأول مرة ابتسامته العريضة لأنّه فهم قصدي وأدركنا سويًّا أن الحوار يزيل سوء التفاهم ويبعد الأجواء الرمادية، فكل مخاطب يبيّن وجهة نظره ويتعرّف على الآخر ليرى فيه مرآة نفسه؛ كلنا بشر وإذا تحاورنا وتحدثنا نتفاهم ونتقارب، وهذا ما تتيحه أدوات الدبلوماسية عمومًا والدبلوماسية الثقافية بوجه خاص.

كان إدّي راما جالسًا قبالتي أمام مكتبه فانتصب واقفًا وخلتُ للحظة أنّه يشير إلى انتهاء المقابلة لكنّه مهمه بعض الشيء وقال: يسعدني أنّ لديك حسًّا فنّيًّا، وأشاطرك تمامًا الرأي بأن الفنّ يتحدث لغة الإنسانية، لكن الأهم أنّني أقرّ بدبلوماسيّتك ولطفك في التعامل، كما أعترف أنّك على حق.

تكلّلت وجوه كل الحاضرين بابتسامات سعيدة، أمّا رئيس الوزراء الألباني فجلس على منضدته ورسم لي لوحة فنية ملوّنة أهداها لي ما إن أتمّها، وقدّمتُ له بدوري كتابي «على قدر أهل العزم» في

نسخته الإنكليزية. وقد أسعدني خلال المقابلة اللاحقة معه اكتشاف أنّه قرأ منه مقاطع مطوّلة وحدّثني عن فصل «الاستكشاف الجمالي للعالم» الذي جلب انتباهه بوجه خاص.

الدبلوماسية الثقافية والرأي العام

في عصرنا المعولم، لم يعد مجال الدبلوماسية الثقافية مقتصرًا على التخاطب بين أهل السلطة والقرار من سياسيّين ودبلوماسيّين وأهل الفكر والثقافة، بل تخطّاهم للتفاعل مع الرأي العام الوطني والإقليمي والدولي. فالثقافات ليست في أبراج عاجية ولا هي حصرا على النخب، إنّها تنبض بالحياة في الشوارع والأسواق والمدارس وتتفاعل مع بعضها بعضًا، وقد سمحت الأسفار والرحلات منذ القرن العشرين بتكثيف التعارف والمبادلات الثقافية بين مختلف الأمم.

إنّ الثّقافات بهيّة رائقة كألوان قوس قزح في تعدّدها وتجاورها وتمازجها وانسجامها انسجامًا يُضفي على ذاك الاختلاف رونقًا وبريقًا متفرّدين. والثقافة هي المدخل الأساسي للتّعارف مع الآخر والتّدرّب على عيش الاختلاف والقبول به بما يُنمّي الانفتاح الفكري ويدعّم التّسامح.

تُعتبر الثقافة عاملًا من عوامل التّنمية لذلك نحتاج، لتجسيد الدّيمقراطيّة الأصيلة في المجال الثقافي، إلى أن تكون الثقافة متاحةً للجميع فيتمكّن كلّ فردٍ من الوصول إلى مُنتجاتها وذلك بتعميم المسارح والمتاحف والمكتبات والمعارض والأحياء الثّقافيّة، حتّى لا تستفرد النّخبة بسلطة الثقافة والمعرفة دون الجمهور العريض.

وعلى الثقافة أن تذهب إلى النّاس في الأسواق والشّوارع لتندمج في الحياة الاجتماعيّة والاقتصاديّة وتُشارك جميع القطاعات في «الدّورة الثّقافيّة» التي تندمج بدورها في الدّورة التّجاريّة العاديّة. من هُنا تتشكّل التّنمية الثقافيّة في بُعدها الاجتماعي ولا تبقى ترفًا أو حكرًا على أشخاص دون آخرين بل تُصبح جزءًا من التّنمية الشّاملة.

لا يتحقّق ذلك بضروب إلحاق الثقافة بالتّنمية المادّيةِ وإنّما باعتبار الإنسان بقيمه ورموزه في قلب التّنمية الشّاملة، فهو مبتدؤها وخبرها وأداتها ومحرّكها. فالتّنمية لا تقاس بالمؤشّرات الكميّة فحسب بل تُضاف إليها المعايير النّوعيّة التي تمنح الوجود الإنساني المعاصر معناه وتثبّت في «الإنسان الصّانع» بعده الرّمزي الذي لا يكون بدونه إلّا آلة.

يشهد تاريخ البشريّة أنّنا في رحلة مستمرّة يحكمها التّنوّع بين الأديان والأعراق والألوان والأجناس، بل يوجد التنوّع في الهويّات الفرديّة أيضًا، ويحقّق للإنسان توازنه حيث يتعلّم احترام الآخر من خلال إضفاء النّسبيّة على مجموع القيم والعادات والرّموز والتصوّرات التي ورثها.

عندما يتوفّر الاستعداد لقَبول التنوّع نبلغ السِّلم والتّفاهم والمواطنة الكونيّة التي نصل إليها من باب الحوار بين الثقافات. ويقوم هذا الحوار قبل كلّ شيء على احترام الشّعوب لثقافات بعضها البعض، وهو ما يحصل كلّما نما فيها الشّعور العميق بالانتماء إلى المشترك الإنساني وكلّما شاركت في نشر ثقافة السّلم

واللّاعنف. إنّنا أشبه ما نكون في سفينة واحدة، تسعى الإنسانيّة أن تعبر بها رغم الأنواء لتصل برّ الأمان.

لستُ أعرف ثقافةً تنبتُ كالفطر خارج سياق اجتماعي يحتضنه التَّاريخ والجغرافيا، فالثَّقافة مطبوعة على التَّجذّر والمحليّة، ولا تزول إلّا بزوال المجتمع الذي أنتجها. وقد وقفْتُ حسب تجربتي ومعايَنتي للثقافة في بلدي وفي الأقطار العربيّة وتجوالي في القارّات الخمس على أنّ كلّ ثقافةٍ محليّةٍ تتفاعل بطريقتها الخاصّة مع الثقافات الوافدة فتُدرجها وفق ما يتلاءم مع سياقها الخصوصيّ.

ليست الثّقافات المحليّة جامدةً بل هي تتفاعل مع حركة التّاريخ فتنمو وتزدهر وتتلاقح دون أن تفقد سماتها المميّزة بفضل ما تختصّ به من سلوكيّات وعقائد دينيّة وأعراف في الطّعام والفنون والطّقوس واللّهو والجدّ. وتبقى التّقاليد في هذه الثقافات بمثابة الوتد الذي تتناقله الأجيال فيصمد عبر التّاريخ ويصنع للواحد منّا مرجعيّاته وطرائق تواصله في مجتمعه ومع الآخر المختلف.

وبقدر ما تكون الثّقافة المحلّيّة راسخة فلا خوف عليها من التّنميط، ولكنّ ثباتها لا ينبغي أن يمنعها من الأخذ بأسباب التّطوّر والانفتاح على الثّقافات الأخرى. وقد بدت العولمة للكثيرين مهدّدة للثقافات «الصّغيرة» فازدادت الهويّات الثقافيّة خشية من الانقراض. وقد يتسبّب ذلك في تَحوّل بعض هذه الهويّات إلى «هويّاتٍ قاتلة» حسب تعبير أمين معلوف، لأنّها تواجه العولمة بنفس خطابها. ولكنّ هذا الجانب لا يُثني مسار الحوار بين الثّقافات، وكلّ ما يتطلّبه هو إدارةُ التّنوّع لحماية مكوّناتها وإكسابها الدّيناميّة التّنمويّة المستدامة.

ولنا في الإعلان العالمي لحقوق الإنسان منطلق جيّد لتعزيز حوار الثّقافات حيث يشير إلى حقوق السكّان الأصليّين وحقوق الجماعات وحريّة التّعبير الدّيني. ومن شأن احترام معايير حقوق الإنسان أن يمثّل إطارًا لازدهار أيّ حوار ثقافي لأنّ الطّابع الكوني لحقوق الإنسان لا ينفي التنوّع الثقافي والخصوصيّات الثقافيّة، وهو ما يفسّر على سبيل المثال إشارة الفرنسيين إلى «الاستثناء الثقافي» الخاص بهم، والذي ينطبق في الحقيقة على أية ثقافة أخرى.

لكنّ الرّهان اليوم لا يقتصر على الحفاظ على المميّزات الرّوحيّة والماديّة للجماعات لأنّ الهويّات الثقافيّة معرّضة اليوم أكثر من أيّ وقت مضى إلى التّغيّر حتّى أنّنا نتّجه إلى نوع من المواطنة العابرة للقارّات وهي شكل جديد سمّي بـ«المواطنة العابرة للثقافات» حيث تتجسّد قيمة المسؤوليّة الكونيّة دون المساس بصفة المواطن في حدود وطنه. ومهما كانت شراسة العولمة، فهذه المواطنة تمنع انكفاء الهويّات على ذاتها، وعوض بناء الجدران الفاصلة والدروع الواقية، هي تفتح الأبواب والنوافذ على مصراعيها ليتنفس الجميع هواء جميع الثقافات.

الفصل السادس

رحلة إلى بابل المعرفة
الجامعة حاضنة التغيير

شاءت الأقدار خلال مسيرتي الشاملة ألّا أكتفي بالتجربة الدبلوماسية والسياسية لأكثر من ثلاثة عقود، بل إنّني سخّرت جزءًا كبيرًا من وقتي ومن طاقتي للتعليم والجامعات. لقد كنتُ محظوظًا جدًّا بارتياد كلّ من الجامعات الشرقية في مصر ولبنان والجامعات الغربية في فرنسا والولايات المتحدة. كان لي شغف شخصيّ دائم بالحياة الأكاديمية وبالجامعة عمومًا بما تعنيه لي من أبحاث ومبادلات فكرية وعلمية، وهي المنبر الأفضل لمخاطبة الأجيال الجديدة والإصغاء إلى بنات وأبناء الغد.

لقد حرصتُ منذ بداية الحملة أن تكون الجامعات والمنتديات الفكرية مجالًا لتقديم تصوّراتي عن اليونسكو وبرنامجي الانتخابي. فقد كانت المسألة واضحة في فكري ونابعة من إيمان عميق بأنّ المؤسسات الجامعية بحكم وظيفتها هي مصنع الأفكار الجديدة والمعرفة التي ينبغي أن يبنيَ عليها أصحاب القرار قراراتهم. ففي

الجامعات نتبادل الرأي مع أهل الذكر، أفلم يوصنا القرآن العظيم بأن نسأل أهل الذكر أي أهل الاختصاص والعلم والدراية؟ فنوعية الجمهور المكوّن للبيئة الجامعية يتناسب تمام التناسب مع توجّه اليونسكو ومجالات عملها أي العلم والتربية والثقافة. أضف إلى ذلك أنّ الجامعات هي الحاضنة للأجيال الجديدة من خلال طلّابها، فهؤلاء الطلّاب بقدر ما يتولّون نقل المعرفة السابقة والمحافظة على رصيد الذكاء الإنساني الذي تشكّل في الجامعة، فإنّهم بطاقاتهم العقلية والذهنية والنفسية الفيّاضة وقدرتهم على التجدّد والانفتاح وبحكم هواجسهم المختلفة من جيل إلى آخر قادرون على تطوير ذاك الرصيد المعرفي وإثرائه برؤى وتصورات مغايرة.

لذلك كان رهاني على الجامعة بما فيها من أهل الفكر وطاقات الشباب الإبداعية رهانًا مزدوجًا. فمن جهة أولى كنت أفترض أنّ محاورة الباحثين والعلماء حول محاور برنامجي الانتخابي سيجعلني أتفاعل بالتأكيد والتعديل والتنقيح إن لزم الأمر مع عقول تصنع المعنى وتمثّل مراجع لا غنى عنها لأي مرشّح يريد أن يتولّى إدارة الشأن العلمي والتربوي والثقافي في المستوى الدولي. ومن جهة ثانية كنت على يقين من أنّ الإصغاء إلى الأجيال الجديدة من طلاب الجامعات والتعرف إلى هواجسهم ونزعاتهم وردود أفعالهم سيقدّم إليّ في مرآة عقولهم الغضّة ونفوسهم الجيّاشة صورة ما عن وقع ما ورد في برنامجي الانتخابي، وهو ما مكّنني من توضيح جملة من المسائل وتعديل عدد آخر منها في ضوء تلك المحاورات التي احتضنتها الجامعات. وأكبر ظنّي أنّ هذه المراوحة بين الحرم

الجامعي والاستعداد للتفاعل مع أهل الفكر والتربية وأبناء المستقبل لممّا تميّزتُ به عن غيري من المتسابقين نحو الإدارة العامة لليونسكو.

وأعرض هنا جوانب من أوّل محاضرة قدّمتها في جامعة قطر. وما اختيار هذه الجامعة مرة أخرى إلّا لإيماني بدورها في تطوير بلدي وتأكيدٌ لحرصي على أن تكون قطر بمختلف مؤسساتها منطلقًا لحملتي الانتخابية:

«إنّ أوّل سؤال يتبادر إلى ذهن كلّ واحد منكم الآن، هو سؤال بسيط ولكنّه على قدرٍ من الأهمية: لماذا أفتتح إعلاني للترشح لليونسكو في هذا الصرح العلمي؟

قد يبدو الجواب بسيطًا أيضًا، ولكنّه يتضمّنُ الينبوع الرّئيسي الذي نبعت منه اليونسكو، ويشمل أسس رسالتها النّبيلة، فقد ولدت اليونسكو من رحم الفكرة التي أقضّت أذهان المفكّرين والمثقّفين في القرن العشرين حول دور الفكر والمعرفة في إحلال السّلام بين النّاس وتنمية المجتمعات الإنسانيّة على اختلاف أجناسها وثقافاتها وحضاراتها. وتكوّنت لبنات المنظّمة في أروقة الجامعات ومنها جامعة السوربون، وتولّدت أركانها في خضمّ الحوارات المتنوّعة التي خاضها مثقّفون وعلماء من شتّى الأصقاع ليعبّروا عن وحدة المثقّفين قبل الساسة في مواجهة ما يُخالفُ مسار السّلام في العالم.

لهذا السبب فضّلت أن تكون أوّل محاضرة لي ضمن برنامج محاضراتي في العالم، في جامعة قطر الوطنيّة، هذه الجامعة التي نعتبرها صرحًا نفتخر به وبإنجازاتها، حتّى تكون شاهدة على أوّل نداء نبثّه إلى مثقّفي العالم.

اليونسكو: من المخاض إلى المسار

تأسّست اليونسكو إثر الحرب العالميّة الثانية سنة 1945، ولكنّها عرفت مخاضًا طويلًا قبل هذا التّاريخ. فما هي المراحل التي شكّلت مخاض الولادة؟

مرحلة ما قبل التّأسيس

يمكننا الحديث عن مرحلة ما قبل اليونسكو وهي مرحلة لها أهميتها في التمهيد لقيام المنظمة. لقد شهدت عصبة الأمم، تلك المنظّمة التي سبقت الأمم المتّحدة، مساعٍ لتنظيم التعاون الدولي في مجالات التربية والثقافة والعلوم وأقرّت هذه العصبة قرارًا بإيجاد لجنة دولية للتعاون الفكري اعتبرت عند نشأتها في عام 1922 جهازًا استشاريًّا لمجلسها، وفي مرحلة أولى تألّفت اللّجنة العالميّة من 12 عضوًا كلّهم من الشّخصيات الفكريّة، ومنهم برجسون (فيلسوف فرنسي)، أينشتاين (فيزيائي ألماني)، موراي (عالم لغة بريطاني)، طه حسين...، وكُلّفت اللّجنة بدراسة المسائل العالميّة الخاصّة بالتّعاون الفكري ولكنّها لم تُسعف بالإرادة السياسيّة المناسبة، حيثُ كانت الحكومات منصرفة إلى مهمات أخرى ومن ثمّ فإنّها مُنيت بعجز مالي منعها عن القيام بدورها.

وفي مرحلة لاحقة قامت فرنسا بتأسيس المعهد الدّولي للتعاون الفكري (مقرّه باريس) 1924 إثر اتّفاق بين عصبة الأمم والحكومة الفرنسية التي تكفّلت بدفع ميزانيّة المعهد، وأُلحقت به لجانٌ منتشرة في 50 بلدًا.

وممّا يُذكر في سياق أعمال هذا المعهد، مشاركة بعض الدّول العربيّة في إغناء أنشطته من خلال مشاركة المثقفين والأساتذة، ومن بينها لبنان الذي شكّل لجنة التّعاون الثقافي عام 1927، ورغم انضمام عدد لا بأس به من المثقفين اللبنانيين في هذه اللّجنة فإنّها بقيت شبه غائبة. وسارع معهد التّعاون الدّولي إلى التّواصل مع مصر في عهد الملك فؤاد، باعتبارها حلقة وصل بين الغرب الأوروبي والشرق الإسلامي، وشكّلت مصر أيضًا لجنة وطنيّة للتعاون الفني في عام 1937.

بعد ذلك تضاعف الجدل الفكري بشأن ضرورة قيام منظّمة تعبّر عن ضمير العالم، وفكّر السياسيّون والمثقّفون بإنشائها عام 1942 لتستوعب السياسات التي سبقتها وتسعى لتحقيق الأهداف نفسها. ولكنّ اندلاع الحرب العالميّة الثانية دفع إلى تجميد اللّجنة الدّوليّة للتعاون الفكري والمعهد الدّولي للتعاون الفكري أنشطتهما.

وفي عام 1943 بعد التحرر من الاحتلال الألماني، أقرّ مؤتمر وزراء التربية للدول الحليفة مبدأ إنشاء منظّمة دائمة تختصُّ بالتعاون الدولي في المجال التربوي، وكانت الولايات المتّحدة الأمريكيّة قد قدّمت مشروعًا لمنظّمة دولية. وقد أقرّ ميثاق الأمم المتّحدة لاحقًا أن تعمل الأمم المتّحدة على تشجيع التّعاون الدّولي في مجالات الثقافة والتربية. فمثّلت هذه البدايات إرهاصات أولى لإنشاء منظّمة اليونسكو، وشهد العالم مخاضًا حقيقيًّا لولادة منظّمة بدت ملامحها في التشكّل عبر التّجارب ومرّ السّنوات.

مرحلة اليونسكو

إذن متى ولدت اليونسكو فعليّا؟

لم ير التّعاون الدّولي صيغته المثلى إلّا في عام 1945 حين أقيم مؤتمر في لندن ترأّسته الين ويلكنسون (وزيرة التربية في المملكة المتّحدة)، وقد عقد المؤتمر في مبنى معهد المهندسين المدنيين، وهو من الأماكن القليلة التي نجت من القصف النّازي أثناء الحرب العالميّة الثانية، وحضره علماء من أوروبا وأمريكا ومنهم العالم البريطاني جوليان هكسلي الذي أصبح بعد ذلك أوّل مدير لليونسكو.

ذكّرت إلين ويلكنسون في مفتتح المؤتمر بالمثقّفين من ضحايا النازية بقولها إنّ المثقّفّ «في جميع البلدان التي غزتها القوى الاستبدادية كان أوّل من تعرّض للإعدام سواء كان معلّمًا أو رجل دين أو أستاذًا جامعيًّا. فقد كان أولئك الذين أرادوا الهيمنة على العالم يعلمون أنّ عليهم قتل أولئك الذين يعملون على الحفاظ على حرية الفكر».

تجعلنا كلمات السيدة ويلكنسون نلامس السّؤال التالي:

ما مكانة المثقّفين والمفكّرين في تشكّل فكرة اليونسكو؟

لقد اعتبرت السيدة ويلكنسون المثقفين الذين قتلوا في الحرب حملة رسالة الإنسانيّة، وأضافت «نحن الذين ينبغي أن نواصل رسالتهم، وقد بدأنا ذلك هذه الليلة نعبر عن الأمل في أن تبقى شعلة أرواحهم متَّقدة في عقول الأطفال والشّباب الذين نتولى رعايتهم. وفي هذه اللحظة المهيبة نقول أيضًا للأساتذة الذين يشاركون في

مكافحة الجهل إنهم ليسوا وحدهم في المعركة. إنّنا وراءهم نحن وهذه المنظمة العظيمة التي يستطيعون أن يتوجهوا إليها».

ودارت بين المثقّفين نقاشات مختلفة حول تحديد هويّة اليونسكو وأفضت إلى نوع من الوفاق، وهذا ما دفع توريس بويت إلى القول: «إنّ اليونسكو ضمير الأمم المتّحدة»، أمّا جواهر لال نهرو فقد عدّها «ضمير الإنسانيّة»، وبذلك تميّزت رسالة اليونسكو الأخلاقيّة والفكرية عن غيرها من منظومة الأمم المتّحدة.

هكذا انبثقت اليونسكو من عصف فكري بين ممثّلي الدّول. وبما أنّ مشاركة المثقّفين كانت بارزة فقد نجحت المناقشات الدّائرة بين المثقّفين والسياسيّين في بلوغ «فكرةٍ مولِّدة». فما الكلمة المفتاح التي دشّنت خطاب اليونسكو؟

إنّها ببساطة شديدة كلمة السّلام، إذ كانت هذه الكلمة النّتاج الطبيعي لويلات الحرب، فقد أثّرت نتائج الحرب العالمية الثانية على القادة السياسيين للبلدان المشاركة في النّزاع، فصمموا على تجنب أيّ نزاع من خلال إحلال التفاهم والتعاون الدوليين، وسارع ليون بلوم إلى القول: «تشكِّل الأمم المتحدة والمنظَّمات التي تدور حولها كُلًّا قام لتحقيق هدف وحيد هو السلام بين الشعوب والتقدم الإنساني. وليس دور اليونسكو بأقلَّ أهمية أو أقلَّ نُبلًا في هذا الكل لأنَّ هذا الدَّور يتمثّل في خلق الظروف الفكرية والأخلاقية التي يعتمد عليها النظام كله».

وكانت كلمة كليمنت أتلي رئيس وزراء بريطانيا مدوية آنذاك: «لنعلم شعوبنا من أجل أن تتحوّل عقولهم نحو السلام»، هذه الكلمة

المفتاح التي سيتلقّفها ماك ليش الشاعر الأمريكي والمسؤول في مكتبة الكونغرس ليصوغ الفقرة الثانية من ديباجة الميثاق التأسيسي لليونسكو «لمّا كانت الحروب تتولّد في عقول البشر، ففي عقولهم يجب أن تبنى حصون السلام». وأعلن ليون بلوم رئيس الوفد الفرنسي إلى مؤتمر لندن أن الهدف من المنظمة المنشودة هو «خلق روح السلام في العالم».

ولكن كيف السبيلُ إلى تحقيق السّلام؟

آمن المؤسّسون بأنّ رسالة اليونسكو لن تتحقّق إلّا بفضل أركانٍ ثلاثة، وهي التربية والعلوم والثقافة. لذلك احتلت التربية/ التعليم مكانة جوهرية في برنامج اليونسكو، فقد اعتبرت الجمعية العامة للأمم المتّحدة «التّربية» عنصرًا هامًّا للتنمية الاقتصاديّة في البلدان المتخلفة وسارعت الهيئات والمؤسّسات الماليّة إلى تقديم المعونة لتنمية نشاط اليونسكو في هذا الاتّجاه.

ومنذ قيامها سعت اليونسكو إلى إعادة «إعمار العقول» لأنّ الإعمار لم يشمل البنى التحتيّة التعليميّة التي هدمتها الحروب فقط ولكنّه استهدف إعادة بناء النّظام التربوي، فالعالم متعطّش إلى المثل العليا ولا سبيل إلى تحقيق ذلك إلّا بواسطة إيلاء دور مركزي للعقل للانتقال إلى مجتمع ينعم بالمعرفة أي «مجتمع التعّلم»، يتجاوز التّمييز التّقليدي بين التّعليم الأوّلي والتربية المستمرّة.

وشرعت اليونسكو في برامجها الأولى في مكافحة الأمية وتوفير التعليم للجميع وتكريسه من أجل التفاهم الدّولي والسلام وحقوق الإنسان.

لقد ظلّ التّعليم محتاجًا إلى ما يسندهُ، ولذلك كانت العلوم خير رافد لهُ، فهل استطاعت اليونسكو أن تنشّط حركة العلوم على امتداد تاريخها؟

عزّزت اليونسكو الانتفاع المتكافئ بالمعرفة العلميّة والتقنية واعتبرت أنّ غاية العلوم توفير العيش الكريم لفائدة البشر، ورسمت منذ البداية أهدافها الإنمائيّة لتلبية احتياجات إفريقيا والنّساء والشباب وأقلّ البلدان نموًّا والدّول الجزيريّة الصّغيرة، ولتنشيط التّعاون بين بلدان الجنوب.

وبنيت هذه الأهداف على جعل المعارف العلميّة قوّة تحويليّة للقضاء على الفقر من خلال بناء القدرات وتقاسم المعارف مع الأوساط العلميّة وإدارة استخدام الموارد الطّبيعيّة والاهتمام بالموارد المائيّة والطّاقة والتنوّع البيولوجي والنّظم البيئيّة. وتطلّبت هذه الأهداف تأهيل القدرات العلميّة الوطنيّة بواسطة الانتفاع بالبحوث والابتكارات العلميّة، ومساعدة الدّول في اعتماد سياسات وطنيّة في مجالات العلوم والهندسة والتّكنولوجيا وإسداء المشورة للحكومات كي تدمج الأبعاد الاجتماعيّة والثقافيّة في المجالات العلميّة حيثُ إنّ فهم التّغيّرات في نظم الأرض المركّبة وتأثيرها المجتمعي هي من صميم مهمّة اليونسكو التي أدركت منذ الوهلة الأولى مكانة قضايا تغيّر المناخ والاحترار العالمي وفقدان التّنوّع البيولوجي.

أدركت اليونسكو منذ نشأتها مدى ضرورة الاهتمام بالثقافة فجعلت منها ركنًا محوريًّا من أركانها.

لاشكّ أنّ الثقافة التي كادت تقوّض العالم مأتاها رفض التنوّع الثقافي والانتصار لأفكار التّمركز على الذّات وهيمنة دولٍ عظمى على دولٍ نامية، ولذلك ناضلت اليونسكو لأجل تغيير هذا الوضع في أكثر من مرحلة.

أكّدت اليونسكو على دور التّفاهم والحوار بين الثقافات، فاعتبرت أنّ «مشكلة التّفاهم الدّولي هي مشكلة علاقة بين الثقافات ومن هذه العلاقة يجب أن ينبثق مجتمع عالمي جديد يقوم على أساس التّفاهم والاحترام المتبادل. ويجب أن يتبنّى هذا المجتمع نزعة إنسانيّة جديدة يتحقّق فيها مفهوم العالميّة من خلال الاعتراف بالقيم المشتركة في سياق تنوّع الثقافات».

ولكنّ اليونسكو واجهت أثناء أداء رسالتها سيلًا من المتغيّرات التي جعلت الثقافات في صراع مستمرّ، فقد أدّت العولمة إلى زيادة الفوارق، وأصبحت الإنسانيّة مهدّدة من جديد بأشكال أخرى من الحروب والصّراعات.

رغم كلّ هذه المؤشّرات الإيجابيّة والمبادرات الهامّة التي سعت اليونسكو لأجل تكريسها، فإنّها تحتاج اليوم أكثر من أيّ وقت مضى إلى انطلاقة جديدة.

اليونسكو: نحو انطلاقةٍ جديدة

لاشكّ أنّ سؤالًا بسيطًا جدًّا يخامر الأذهان، وهو: ما الذي يمكن أن ننادي به في هذه المرحلة بالذّات من حياة اليونسكو أمام كلّ هذه الخطوات الرّائدة التي رسّختها؟ وقد يختفي بين شفتي كلّ

واحد منكم سؤال أبسط، ويتّسم بالجرأة، ولكنّه في غاية الضّرورة ومن حقّ كلّ واحد منكم أن يسأله لأنّه بقدر ما يعبّر عن هاجس ذاتي لكم فهو متعلّق بسياق موضوعي أيضًا. ويطرح هذا السّؤال كلّ من كان خارج هذه القاعة أيضًا، بل يتبادر إلى ذهن كلّ فرد في هذه المعمورة ممّن يتابع نشاط اليونسكو، وهو السّؤال المتعلّق بترشيحي لمنصب مدير عام اليونسكو. فلماذا أترشّح لهذا المنصب؟ وما الذي يمكن أن أضيفه لوطني وللحضارة العربيّة التي أنتمي إليها وللحضارات الأخرى التي أتنفّس هواءها؟

لقد عملتُ طويلًا في مجال الدّبلوماسيّة حتّى آمنتُ بأنّ الدّبلوماسية الثقافيّة هي القوّة النّاعمة للتّغيير وتحقيق السّلام في العالم، ولم يكن هذا الاستنتاج معزولًا عن انتسابي إلى حضارة ضاربة في القيم الإنسانيّة سبق أن منحت العالم أصول التقدّم في شتّى المجالات، وهو ليس معزولًا بالمرّة عن هذه الأرض التي تعلّمت فيها مغزى لقاء الصّحراء بالبحر في رمزيّة أخّاذة لعلاقة امتداد الإنسان بالآخر في مغامرته في الوجود، فهذه الأرض الطيبة رسّخت فيّ قيمة الانفتاح على الآخر، ومن منّا لا يحتفي وجدانه بقيم الخير وقدرتنا على قبول الآخرين! فما بالكم بإرادتنا في التّواصل مع جميع النّاس لأجل خير البشريّة. وقد تعلّمت أيضا خلال تكويني العلمي في كلّ من مصر ولبنان وفرنسا وأمريكا، مبادئ التنوّع الفكري والثقافي والحوار واحترام الآخر، وسمح لي تطوافي بالحواضر العربيّة والعالميّة على السّواء، في الفترات المختلفة التي عملت فيها في الحقل الدّبلوماسي، بترسيخ قيم التّسامح وحقوق الإنسان. وإنّي

أعتزّ بانتمائي إلى وطني وثقافتي العربيّة بقدر اعتزازي بدفاعي عن الإنسان أينما كان وكيفما كانت ثقافته ما دام مؤمنًا بالقيم المشتركة وحريصًا على تمتين حصون السّلام.

إنّني مؤمن بأنّ هذا العالم يحتاج في هذه المرحلة التاريخيّة الحساسة إلى توافق وتآلف يخرجه من أتون النّزاعات والبغضاء، وأحمل في داخلي هذه الرّغبة الصّادقة في إحلال السّلام بين جميع الحضارات في العالم مثلما أتحلّى بهذه القدرة الدّبلوماسيّة على تقديم المقترحات والبدائل، وهي مكتسبات حباني بها اللّه عزّ وجلّ، وجعلت دولتنا الحكيمة بقيادة صاحب السموّ الأمير الشيخ تميم بن حمد آل ثاني ترشّحني لمنصب مدير عام منظّمة اليونسكو. وبكلّ تأكيد فإنّ النّشاط الذي اتّسمت به بلادي ودورها في المجتمع الدّولي من خلال تبنّيها لحوار الحضارات واستقبالها لمركز حوار الأديان وتفاعلها الثقافي الفعال في الخارج وإتاحة الفرصة للثقافات الأخرى لتقديم برامجها وثقافاتها قد خلق من قطر صرحًا ثقافيًّا وحضاريًّا مقبولًا في العالم.

إنّ هذا الترشيح يمنح فرصة تاريخيّة للعرب والمسلمين ولكلّ المتطلّعين إلى غد أفضل في سائر الدّول النّامية التي تهفو شعوبها إلى التقدّم، وهو اختبار أيضًا للدّول المتقدّمة حتّى تعبّر عن صدقيّة مضامين إيمانها بالتنوّع وقبول الآخر لأجل تحقيق تكافؤ الفرص في قيادة المنظّمة. ولعلّ إدارة عربي لهذه المنظّمة العتيدة من شأنه أن يمنح الإنسانيّة أملًا جديدًا في التقارب والتقدّم، ويعطي الشّعارات البرّاقة وهجًا حقيقيًّا.

لكلّ هذه البواعث النّبيلة أترشّح لهذا المنصب، ولكن لا معنى لهذا الترشّح إن لم تصاحبه رؤية وبرنامج ينهض بهذه المنظّمة ويدعم رسالتها ويحقّق التقدّم للإنسانيّة. فما هي رؤيتي لهذه المرحلة وكيف السبيلُ إلى تنفيذها؟

الرّؤيـة

يختلف عالم اليوم عن عالم الأمس. وتتطلّب كلّ مرحلة تصوّرات وإجراءات جديدة تزيد في ترسيخ الرّؤية العامّة وفي توسيع أفقها. ولا شكّ أنّ اليونسكو صرحٌ منيع، ساهم المؤسّسون وجميع المدراء السّابقين في بنائه وفق طبيعة المراحل التّاريخيّة ورهاناتها. ولا أحد ينكر فضلهم ومجهوداتهم، ولكنّ دور اليونسكو بدأ يتراجع. ومن البديهي أن نسعى إلى ترقية المنظّمة نحو الأفضل ونعيد إليها جدواها ومكانتها التي بُعثت لأجل بلوغها.

من منّا لا يُجمع على أهميّة التّعليم؟ فأيًّا كانت الأسر فقيرة أم غنيّة فإنّها تسعى لتعليم أبنائها، حيث يشكّل التّعليم غاية الغايات وأعلى الأولويّات لدى الشّعوب والأمم، فبه ترتقي الإنسانيّة وتتقدّم. وإذا كان هناك أكثر من 58 مليون طفل في العالم خارج المدرسة، فيعني ذلك وجود وضع مؤلم يُجبرنا على التصدّي له وتغييره. ولاشكّ أنّني في هذا المقام أعتزّ بتجربة بلادي في إطلاق المبادرات وتنفيذها وهي مبادرات «التّعليم فوق الجميع» و«القمّة العالميّة للابتكار» و«علّم طفلًا» التي ساهمت في توفير التّعليم وتنمية ثقافة السّلم، ولنا في مبادرة «علّم طفلًا» خير دليل على نجاح

تأمين التّعليم لأكثر من 10 مليون طفل في العالم من جملة ملايين الأطفال المحرومين من التّعليم.

وبما أنّ التّعليم حقّ لكلّ البشر، فإنّ من الأولويّات الهامّة توفير التّعليم للمرأة، فلا يمكن لمجتمع أن ينهض بأعباء رسالة الإنسانيّة ونصفه غارق في الأمّية. إنّ من شروط التّنمية هو تحقيق المساواة بين الجنسين في التّعليم، ومن الواضح أنّ الفتيات والنّساء في العالم هنّ الأشدّ حرمانًا من هذا الحقّ، لذلك توجّب علينا إيلاء هذا الجانب قدره من الأهميّة بتذليل الصّعوبات حتّى تستطيع المرأة ممارسة حقّها في التّعليم ومن ثمّ ضمان مشاركتها الفاعلة في بناء المجتمع.

وكلّما دعمنا التّعليم في العالم وخاصّة في إفريقيا وآسيا وأمريكا الجنوبيّة، فإنّنا نتغلّب على الفقر، ونساعد الشّعوب على تحقيق النّماء والخروج من الأمية التي تعرقل مسار التنمية الاقتصاديّة وتحوّل المجتمعات إلى بيئات حاضنة للانغلاق الفكري والتّعصّب، فمن نتائج التّعليم إعلاء منطق الحوار وتبادل الرّأي بدل منطق المعاداة، وليس أفضل من التّعليم وسيلةً لتهذيب النّفس البشريّة وبثّها مبادئ احترام الآخر، لأنّ التّعليم قوّة محرّكة للعقول قبل كلّ شيء، ومنه تتولّد مبادرات التّنمية وفيه تُرسّخ القيم المشتركة.

ومهما ناضلنا من أجل التّعليم فسنبقى في حاجة إلى العلوم حتى نتقدّم بنمط عيش الشّعوب، فلا يمكننا أن نبني التنمية المستدامة دون تطوير العلوم لأنّها السبيل للقضاء على الفقر، وهي الوسيلة المثلى لتحسين نوعيّة الأمن الإنساني، وما أبلغ مكانة العلوم في

حضارتنا العربيّة! فكثيرًا ما اعتبر أسلافنا أنّ «فضل العالم على العابد كفضل القمر على سائر الكواكب». وبمثل ما عملت اليونسكو على تطوير العلوم فإنّنا نرى بأنّ العلماء يمثّلون قوّة اقتراح للبدائل، لذلك فنحن في أمس الحاجة للمجموعة العلميّة، وفي ذلك اقتداء بالآباء المؤسسين الذين أولوا مكانة هامّة للعلماء، فما فائدةُ العلم إن لم يسهم العلماء في تحصين المجتمعات من الأخطار في شتّى المجالات لتحقيق السّلام العالمي؟

ومن الضرورات التي تنتظر المنظّمة تأمين الإدارة الرشيدة للبيئة وجعلها عنصرًا رئيسيًّا في توجّهات التّنمية الوطنيّة لجميع الدّول وخاصّة البلدان النامية في إفريقيا وآسيا وأمريكا اللّاتينيّة، ويتطلّب هذا التّحسين أولويّتين: إقناع صانعي القرار بضرورة تعزيز البحوث وتوفير القدرات التقنية للإدارة النافعة للموارد الطّبيعيّة اتّقاءً للكوارث الطّبيعيّة، ثمّ منح دور نشيط للجمعيّات والمنظّمات الأهليّة للنّهوض بالتّنمية المستدامة.

ولئن قطعت منظّمة اليونسكو أشواطًا لا بأس بها في مجال تعزيز نشر المعارف العلميّة والتّقنية ونقلها على أوسع نطاق مثلما أسلفنا القول، وعملت على تحسين التّدريس الجامعي في مجال العلوم الأساسيّة والعلوم الهندسيّة، فإنّها مسؤولة عن مواصلة العمل لتحسيس الدّول الراغبة في صياغة سياساتها الوطنيّة المتعلّقة بالعلوم والتّكنولوجيا. ومثلما استفادت دول عديدة من المشروعات العلميّة ومنها لبنان وموزمبيق والكونغو ونيجيريا ومنغوليا وليسوتو، فإنّنا نعتقد بأنّ إدراج دول أخرى من أمريكا اللّاتينيّة سيكون له الأثر

الإيجابي على التّنمية فيها. ويفترض هذا التّعاون أن تولي هذه الدّول أهميّة قصوى لمشاركة المرأة وتعمل على تحسين إمكانات التحاق النّساء بالمختبرات العلميّة في مجالي العلم والتّكنولوجيا. وقد لا يمنع تطوير النظم الوطنية والإقليمية للبحث وبناء القدرات في الدّول النّامية من هجرة بعض أدمغتها إلى بلدان توفّر لها سياقات البحث والتّطوير. وليس في هذه الهجرة ما ينتقص من البلدان الأصليّة لأنّ العلم ليس له وطن.

ولكن هل يمكن للتّعليم والعلوم على السواء أن ينهضا بالإنسان دون أرضيّة ثقافيّة صلبة تؤمن بنشر السّلام ولا تكتفي بالتّلويح به؟

لقد تغلغل فيّ إيمان عميق بأنّ «الدّبلوماسيّة الثقافيّة» اليوم هي الطّريق الأمثل لتحقيق السّلام، فالثقافة أفضل وسيلة لنشر القيم المشتركة التي تتعالى عن ضيق الأفق والجمود الذي يلفّ فئات مختلفة في العالم، ولنا في تاريخنا الإنساني المشترك خير حجّة على مدى نفاذ الثقافة في إحداث التّقارب بين الشّعوب، حتّى عُدّت القوّة النّاعمة.

ولئن أوْلت منظّمة اليونسكو قيمة مهمّة للثقافة فربطتها بالتّنمية في إطار تكوين رؤية عالميّة تعبّر عن القيم بلغة مشتركة، فإنّنا نلاحظ انخفاض مستوى الحوار بين الثقافات وانحسار مساحة التّسامح الذي يمثّل شرطًا أساسيًا في التّعايش بين الأمم على اختلافها.

ولا يمكننا اليوم أن نبدّد شبح الكراهيّة والصّدام الذي يهيمن على بعض المناطق إلّا بإيلاء دور كبير للدّبلوماسيّة الثقافيّة التي تستبطن حوار الثقافات بما تحمله من قيم تسعى إلى بناء الإنسان

وتحقيق التّنمية البشريّة وإحلال التّفاهم بين الشّعوب لبلوغ ثقافة السّلام. ولَكُم أن تسألوا عن ميزة هذه الدّبلوماسيّة الثقافيّة، إنّها ببساطة هي القوّة المتعالية عن تقلّبات السياسات وهي من تتمسّك بالقيم الإنسانيّة التي تحفظ الخصوصيّات وتُراعي الحقوق الثقافيّة للأقليّات وتضمن تواصُلًا بنّاءً بين الجميع.

وإذا ما استطاعت اليونسكو أن تتميّز بحماية التراث العالمي الثقافي والطّبيعي ووقفت سدًّا منيعًا أمام عمليّات التّدمير المتعمّد له، فإنّني أعتبر أنّ التراث الثقافي المادّي وغير المادّي هو البوّابة الرّئيسيّة لقيمة التّنوّع الثقافي، وأعتقد أنّ تطوير التّشريعات لحماية التراث وتوسيع دائرة المشاركة المدنيّة في حمايته أمر في غاية الأهميّة، ولعلّ منحي جائزة «رجل التراث العربي» في الآونة الأخيرة يؤكّد مسعاي في ترسيخ قيمة التراث الثقافي والنّضال من أجل تعزيزه.

إنّنا نعيش تحت وقع أعمال التّخريب للمعالم الأثريّة ونرقب النّوايا المعلنة لدعاة العنف والكراهيّة بتدمير المزيد من المواقع والمتاحف بمسوّغات تتعارض مع القيم الإنسانيّة المشتركة وتهدّد الذّاكرة الإنسانيّة. ولعلّ ما وقع في سوريا والعراق وليبيا خير شاهد على هذه الجرائم. وبقدر ما كان تحرّك منظّمة اليونسكو سريعًا فإنّه يحتاج إلى وضع تشريعات دقيقة لحماية مواقع التراث العالمي وتحسيس المنظّمات الأهليّة بضرورة حماية هذه المواقع لأنّها لا تمثّل الدّول بقدر ما تمثّل الذّاكرة المشتركة للإنسانيّة.

وإذا كنّا ندعو إلى إشاعة ثقافة السلام، فإنّنا نحتاج اليوم إلى تفعيل الحوار بين الثقافات على أساس حقوق الإنسان وتقدير

الخصوصيّات الثقافيّة حتّى لا نُحيي التّعصّب الأهوج، فلا تُبعث النّزاعات وثقافة الحروب من جديد. ولا يمكن للثقافة أن تبقى معزولة عن التنمية في أبعادها المختلفة، ناهيك أنّ الاهتمام بالصناعات الثقافيّة هي السبيل إلى كسب القيمة المضافة للثقافة وتعزيز التنمية خاصّة لدى الشّعوب التي يكتسحها الفقر أو المناطق المهمّشة ومنها الدّول الجزيريّة، إذ تسهم الصناعات الثقافيّة في القضاء على الفقر وإحلال التّماسك الاجتماعي.

إنّ رؤيتنا وبرنامجنا لهذا المثلّث التّكويني (التربية والعلوم والثقافة) لتحقيق رسالة اليونسكو لا يمكن تجسيمها إلّا بفضل أدوات مجدّدة، فما هي هذه الأدوات وما هي أبعادها؟

أدوات الإنجاز

تمتلك اليونسكو رصيدًا هائلًا من المبادرات التي تحتاج إلى تجديد، غير أنّ هذه المبادرات ترتهن حتمًا بوجود إدارة رشيدة وتقتضي نمطًا من الشفافيّة الرّفيعة. ولا يمكن تحقيق الرّؤية دون الاعتماد على مقاربة جديدة في التّسيير بالاستناد على ثمار التّقنيات الحديثة حيث سنعمل على استغلال أفضل للموارد البشريّة والماليّة. ولأنّنا نؤمن بالدّور الجوهري للمنظّمات الأهليّة والمدنيّة فإنّنا سنسعى إلى إقناع هذه المنظّمات كي تلعب دورها الحقيقي في معاضدة مشاريع اليونسكو لأنّ أهدافنا مشتركة وغاياتنا واحدة فكيف يعمل كلّ طرف بمفرده في حين أنّ خبراتنا المشتركة وجهدنا المشترك هو السبيل الوحيد لتجسيم المبادئ والقيم الواحدة. ولعلّ

تشتّت الجهود ووفرة المشاريع دون تنسيق يُذكر هو الذي لا يساعد على تحقيق المأمول بسرعة فائقة، ولا يمنح الثقة للمواطنين بالجدوى المطلوبة.

إنّنا نحتاج أيضا إلى مراكمة الخبرات الجماعيّة لأنّ اليونسكو تمثّل بيتا للحوار والأفكار على السّواء، ونحن نحتاج إلى توظيف إمكانيّات المجتمع المدني مثلما يحتاج المجتمع المدني إلى إمكانيات المنظّمة، وحينَ نتحدّث عن المثل العليا والقيم المشترك فمن الأنسب أن نجسّم منوالًا جديدًا للعمل المشترك بين المنظمة وبين مئات من المؤسسات التي حفرت مجراها في نفس الاتّجاه. ولا يمكن أن نحقّق هذه القفزة النوعيّة إلّا من خلال إيلاء دور أكبر للحوكمة داخل وخارج المنظّمة، فبقدر ما سنسعى إلى توخّي السبل الرشيدة لتطوير هياكل المنظمة لكسب رهان تجديد آليات تسييرها وفاعلية عملها فإنّنا سنساند الدّول في وضع سياساتها الإنمائيّة بشفافيّة وبمشاركة المجتمع المدني حتّى تكون السياسات المتّبعة فاعلة ويكون تنفيذها ممكنًا. ولاشكّ فإنّ الحوكمة التي نريد هي الحوكمة القائمة على مكوّنات الرّؤية، لأنّ التعليم والعلوم والثقافة وفق تصوّراتنا الجديدة هي التي تعطي تصوّرًا مبدعًا للحوكمة وتضعها في غمار الممارسة عبر الإدارة وتجسيم القوانين ومشاركة المواطنين وتكريس المساواة، ولا يمكننا أن نفرض نمطًا أعلى للحوكمة فنجني على مقولة مركزيّة نعتبرها في سلّم الأولويات، ألا وهي

التنوّع الثقافي. إنّ مطالبتنا بتطوير الحوكمة يضع في الاعتبار تحسين آلياتها في ظلّ احترام السياقات والتصوّرات المحلية، فكلّ مجتمع له خصوصيّته ولا يعقل أن نفرض حوكمة نمطيّة.

وينبغي أن نستخدم الوسائل التقنية الحديثة الاستخدام الأمثل، ونقيم الشّراكات مع المؤسسات الإعلاميّة الكبرى، لأنّنا نراهن كثيرًا على الإعلام، فالإعلاميون شركاؤنا في تعميم هذه القيم المثلى، ونحن نؤازرهم في الدّفاع عن حقوقهم وتطوير أدائهم للقيام بتأدية رسالتهم على أحسن وجه ممكن. وهذا يجعلنا من المؤمنين بتوفير مناخ الحرية لعملهم، لأنّ الحريّة قيمة سامية تسمح للإعلامي بتجسيم مصداقيّته وحرفيّته.

ومن الأدوات الضروريّة الآن توفير موارد جديدة لليونسكو حتّى تستطيع تنفيذ مشاريعها، وهذا يتطلّب منّا إقناع الشركات الكبرى والمنظّمات الأهليّة والخيريّة لتكون قوّة مانحة لتيسير إنجازاتنا، وترتبط قوّة الإقناع بمدى قدرتنا على تقريب اليونسكو من عموم المواطنين في العالم، للتعريف بقدرتها على بناء السّلام والازدهار للأمم. إنّنا نسعى إلى بناء «جيل اليونسكو» الذي يعتبر الثّقافة بوصلته في سياق فشل السياسات وشيوع اليأس والإحباط في رقاع عديدة من العالم. فالأمل يُغرس كبذرةٍ في العقول الحيّة والمتطلّعة بحماستها إلى تغيير صورة العالم نحو الأفضل. وليس أفضل من الشباب ليحمل هذه البذرة، وهي عبارة عن مشعل يسلّمه الجيل الخيّر إلى الأجيال القادمة وهذا لن يرى النّور دون تجسيم انطلاقة جديدة لليونسكو».

من أفينيون إلى العالم

لقد كان انطلاق محاوراتي مع الجامعيين من جامعة قطر لكنّني سعيتُ قدر الجهد أن ألتقيَ بأهل العلم والمعرفة في أقاليم مختلفة من العالم. ولمّا سنحت الفرصة لحضور منتدى أفينيون، كان أوّل لقاء لي بالرأي العام الثقافي والفكري والإعلامي خارج الدوحة. إذ شاركت في هذا المنتدى شخصيات ثقافية وسياسية مرموقة، تحت رعاية عمدة مدينة بوردو الفرنسية والمرشح الرئاسي وقتها، آلان جوبي.

كان عنوان المنتدى (الثقافة والاستفاقة الأوروبية: نظرات متقاطعة) وأبلغني المنظمون أنني سألقي بيانًا بصفتي أحد المتحدثين الرئيسيين حول الثقافة في مكافحة الإرهاب دون تدقيق للموضوع أو تحديد لمحاوره. وعندما اتّجهتُ إلى القاعة حملتُ معي بيانًا كنت قد أعددتُه لإلقائه بالفرنسية. بيد أنّني فوجئتُ بأنها جلسة حوارية وليس مثلما توهّمتُ خطابًا يُلقى، بل كان مدار اللقاء مكافحة أوروبا للإرهاب بمشاركة خمسة وزراء ثقافة أوروبيين: فرنسا والبرتغال والمجر ولاتفيا والدنمارك، وكنتُ الوحيد من خارج أوروبا.

وللحقّ، بسبب عدم وضوح الموضوع قبل اللقاء ولا صيغة المشاركة فيه، لم أكن مستعدًّا الاستعداد الجيّد للمحاورة. لكنّ التحدّي كما هو معلوم وكما خبرتُ ذلك طيلة عقود من المسؤوليات الدبلوماسية والثقافية والسياسية، يدفع المرء لإبراز أفضل مهاراته في الارتجال وسعة أفقه وقدراته على التلاؤم مع المقامات التي يجد نفسه فيها.

كنتُ ببساطة أمام أمر واقع ينبغي عليّ مواجهته إذ الرهان يتجاوز

الموضوع المطروح إلى صورتي مرشّحًا للإدارة العامة لليونسكو يلتقي الناس خارج بلاده للمرة الأولى.

أخذتُ مكاني على المنصة في قاعة تضجّ بالحاضرين. كنتُ آخر من أسندت إليه الكلمة بعد أن أحاط من سبقني في الحديث بأغلب المشكلات وجيّد المقترحات، فالذين شاركوني المحاورة من القامات الثقافية والسياسية فبدا الأمر كما لو أنّه لم يعد لي ما أضيف. إذ قدّم المتحدث الأول مقترحًا قوامه إطلاق مبادرة يوم ثقافي فرنسي لمكافحة الإرهاب. ودعم المتحدثان الآخران هذا المقترح بتوسيعه ليكون يومًا تحتفل به أوروبا كلها.

وأذكر أنّه لمّا جاء دوري أشرتُ إلى سعادتي بأن أكون المشارك الوحيد من خارج أوروبا في هذا المنتدى، وأن أكون من أهل المشرق ومن العالم العربي الإسلامي تحديدًا. ثم أضفتُ أنني موافق على المقترح مع تعديل جوهريّ: أن نخرج به من ضيق فرنسا ورحابة أوروبا إلى أوساع كونية ليكون يومًا ثقافيًّا «عالميًّا» لمكافحة الإرهاب. فليست أوروبا وحدها الضحية إذ تشير الإحصائيات المتداولة إلى أنّ العالم العربي هو في الواقع أكثر من اكتوى ويكتوي بهذا الإرهاب ونتائجه.

وما إن أتممتُ صياغة استدراكي هذا على المقترح المعروض حتى فوجئتُ بقاعة تضجّ بالتصفيق الحارّ الذي يُعبّر عن حماسة وإعجاب.

فكان هذا المقترح نقطة أخرى أضفتها إلى برنامجي الانتخابي وتبيّنتُ من خلالها بعض مزايا تلاقح الأفكار وحسن الإصغاء إلى النظراء من المثقفين والسياسيّين وقيمة التفاعل مع عقول من

مشارب متنوّعة. ولمّا استقامت الفكرة في نفسي وفي برنامجي واصلتُ عرضها باعتبارها مبادرة ولّدتها المحاورة في منتديات أخرى عبر العالم.

ومن طريف ما أذكره في منتدى أفينيون أنّني قدّمتُ مداخلتي باللغة الإنكليزية بينما أجبتُ على الأسئلة بالفرنسية، إذ كان وزير الثقافة الفرنسي الأسبق رونو دوناديو دوفابر يحثّني على الحديث بالفرنسية، وهذا ما كان له صدى طيّب في نفوس الحاضرين، فقد ذهب في وهمهم أنني، وأنا المشرقيّ القادم من بلد خليجيّ لا أتقن من اللغات غير لغتي الأم والإنكليزية، وجميعنا يعلم اعتزاز الفرنسيّين بلغتهم وما تخلقه بينهم وبين مخاطبيهم من ألفة وحميمية.

وانتهى المنتدى بمأدبة عشاء أقامها عمدة مدينة بوردو ألان جوبي، مما سمح لي مجددًا بالإعلان عن ترشيحي لليونسكو.

الجامعات المتوسطية

وبعد أفينيون ومنتداه حول الثقافة والإرهاب، انتهزتُ فرصة دعوة كريمة من منظمي اجتماع اتحاد الجامعات المتوسطية، الذي عُقد بروما في أكتوبر 2016 لأحاضر أمام السادة رؤساء الجامعات المتوسطية الحاضرين في الاجتماع وأتحاور معهم. وهذا نصّ كلمتي أمام تلك النخبة الممتازة:

«كم يطيب لي أن أتوجّه إلى حضراتكم في هذا الصّرح العلمي العظيم لجامعة لاسابيانسا في روما، ولا أخفي عليكم مدى سروري لمّا تلقّيتُ الدعوة من «اتّحاد الجامعات المتوسطية»

لألقي كلمة أمام عمداء أكثر من 80 جامعة يمثّلون 20 دولة، وذلك لأنّ منظّمتكم الإقليمية تتكوّن من المتخصصين في التعليم العالي والبحث العلمي، وهي تشبه في ذلك لجان اليونسكو المتخصصة بدورها في هذا المجال.

فقد أتيتُ اليوم لأستمع إلى أفكاركم وأحثّكم على دراسة تكثيف التعاون مع منظمة اليونسكو. وكما تعلمون فإنّني مرشّح لمنصب المدير العام لهذه المنظمة ولا تقتصر حملتي على التعريف برؤيتي ومشروعي وخطتي لليونسكو، بل إنها تقتضي منّي كذلك عقد مثل هذا اللقاء لمزيد من المعرفة. فمن حقّ الجامعيين اليوم أن يكونوا أقرب إلى اليونسكو من ذي قبل، ليعبّروا عن مشاغلهم التي تهمّ الإنسانيّة ويقدّموا البدائل للمشاكل التي يمرّ بها العالم فليس أقدر منهم على تقدير خطورة المرحلة وليس أقدر منهم على صياغة المشاريع، فقد كانت الجامعة وما تزال المختبر الحقيقي للأفكار وموطن نموّ العقل ومصدر كلّ إبداع جديد.

إنّ اليونسكو تواجه لا محالة تحديات عالميّة كثيرة تعكس ضرورة بثّ دم جديد في عروقها كي تتصدّى لها. إنّ الأيادي الآثمة التي دمّرت صروحًا من تراث الإنسانيّة في العراق وسوريا وليبيا وأفغانستان وتمبكتو هي نتاج منظومة تعليميّة فشلت في إنتاج عقول خيّرة ومواطنين صالحين بينما أنتجت عقولًا مخرّبة ومتطرّفة. ألا يبدو التّعليم اليوم عاجزًا عن تخريج مواطنين صالحين؟ إننا لا نستطيع أن نعيش بلا أمل أو بلا تفاؤل، ولكن علينا أن نمهّد السبيل لذلك، وإن كنت قد دعوتُ قبل أشهر إلى حماية التراث الإنساني

من خلال وضع تشريعات تجرّم المخرّبين واعتبرتُ أنّ اليونسكو هي الجهة المخوّلة بذلك، فإنّني أؤكّد على أنّ التّعليم هو خير وسيلة للتّصدّي لهذا النّزوع الإجرامي، وهذه حسب رأيي مهمّة الجامعة بقدر ما هي مهمّة المدرسة والمعهد.

وبالفعل يُساهم التّعليم الجامعي السليم في بناء العقل النقدي ليسمح لخرّيجيه بأن يمحّصوا بوسائلهم الشخصية بين الغثّ والسمين وألّا يكونوا ضحايا «التفكير بالوكالة» الذي ينتشر في صفوف المتطرّفين. ويفترض ذلك أن يساهم رجال العلم والأكاديميين في وضع السياسات التّعليميّة والارتقاء بموادّ التّعليم القيمي الذي يمنع ولادة التّطرّف حيثُ إنّ عددًا من قادة التّطرّف في العالم هم من خرّيجي أهمّ وأكبر الجامعات في مجالات حيويّة ويعود ذلك إلى غياب زرع القيم، الأمر الذي أدّى إلى تغلّب التّقنية على الجانب القيمي، وتغلّب التّلقين على الفكر النقدي، وهو ما يستدعي بالضّرورة إصلاحًا للمناهج من خلال تحديثها والتركيز على القيم المشتركة من تسامح ورفض للتعصّب واحترام الآخر.

اطّلعتُ على إنجازات «اتحاد الجامعات المتوسطية»، وأغتنم الفرصة لأعبّر لكم عن تقديري لجهودكم ولأشدّ على أياديكم للمواصلة على درب الصالح العام وخدمة مجتمعاتنا كلّها. وإنّني أثمّن مبادراتكم الإقليمية التي تدرس احتياجات خرّيجي الجامعات وتسعى لتلبية طموحاتهم وفق متطلبات العصر وتوجهات سوق العمل العالمية. ولا يسعني في هذا الصدد إلّا أن أثني على المؤتمر الذي نظّمه «اتحاد الجامعات المتوسطية» حول تشغيل خريجي

الجامعات في قطاع الصناعات الإبداعية، وقد سبق أن قمتُ شخصيًّا بلفت الانتباه لأهمية قطاع الصناعات الإبداعية وقدراته التشغيلية الهائلة، فخصّصت له فصلًا كاملًا في كتابي «المجلس العالمي»، كما أشرفتُ على عدة مؤتمرات عالمية للفت الأنظار إلى أهمية الصناعات الإبداعية، وذلك عندما كنت رئيسًا لمنظمة الأمم المتحدة للتجارة والتنمية (اليونكتاد). ففي سنة 2013، خلال مؤتمر بيجين في الصين حول (خلق الشراكات وتعزيزها في قطاع الخدمات الإبداعية) تحدثتُ عن الدور التحفيزي للصناعات الثقافية والإبداعية في التنمية الاجتماعية والاقتصادية للبلدان على المستوى المحلي والوطني والإقليمي والدولي.

ودون أن نبخس مساهمات دول عديدة في العالم لدعم مشاريع اليونسكو الثقافية والعلمية والبحثية، فإنّ هذه المساهمات لم تستطع بمفردها أن تواجه متطلّبات المشاريع التعليميّة الضّخمة في العالم، ولم تتمكّن اليونسكو من ترسيخ مشروعاتها بسبب الأزمة الماليّة الخانقة التي تمرّ بها.

لا يختلف اثنان على أنّ اليونسكو تواجه أزمة ماليّة جادّة في حاجة إلى إبداع في الطّرح للتّعامل معها، ولاشكّ أنّ دولًا عديدة خليجيّة وعربيّة وأوروبية وآسيويّة وغيرها مشكورة قدّمت دعمًا هائلًا لليونسكو خلال مسيرتها النّاجحة رغم ما اعتراها من صعوبات حفظت مكانة اليونسكو ومكنتها من تحقيق جزء من أهدافها منذ إنشائها.

ولكنّ اليونسكو تحتاج إلى انطلاقة جديدة تتّسم بالإبداع

في المقاربة وتمكّنها من التّعامل مع التّطوّرات التي تعيق أداء عملها على الوجه المطلوب، فاليونسكو رغم هذا الثقل التاريخي والإنجازات الضّخمة ما تزال مجهولة عند شرائح عديدة في العالم، وكلّي ثقة بأنّه متى يتمّ التعريف بها وتقديم أهدافها من جديد ومتى أدرك المجتمع الدّولي حاجته إليها في زرع السّلام في العقول أكثر من أيّ وقت مضى فإنّه سيتجاوب معها وسيوفّر لها الوسائل الكفيلة بأداء مهمّتها على أفضل وجه.

إنّ هذا الطّرح المجدّد يشمل كلّ العناصر الفاعلة في تغيير المجتمعات نحو الأفضل وفي إرساء السّلام في العالم، لذلك ستُيسّر البدائل الماليّة التي أقترحها ضمن خطتي لليونسكو في تحقيق ما نصبو إليه في مجال الثقافة والتّعليم الجامعي والبحث العلمي ليثري الثقافات والتفاهم ويدعم المجتمعات السلميّة ويحقق تغييرًا في التّفكير بشأن التنمية البشريّة.

ومن ثمّ فإنّني أدعو «اتحاد الجامعات المتوسطية» والمنظمات الإقليمية المماثلة إلى التفكير في مشاريع جامعية وعلمية وبحثية وعرضها للتمويل المشترك من قبل اليونسكو مع كبريات الشركات العالمية والمؤسسات الاقتصادية ومنظمات المجتمع المدني الخيرية التي ترغب في تمويلها من أجل أهدافها النبيلة في خدمة الإنسان أينما كان.

لذلك فإنّني بقدر ما أعد المجتمع الجامعي بمشروع انطلاقة جديدة لقضيّة التّعليم العالي والبحث العلمي ومخرجاته في العالم، فإنّني أؤكّد مرّة أخرى على أنّ مشروع بناء تعليم قيمي يؤدّي إلى

السّلم العالمي هو معركة جماعيّة لا يمكن لأيّ واحد منّا أن يتخلّف عنها».

وممّا شجّعني على حضور اجتماع روما والتحاور مع رؤساء الجامعات المتوسطية علاقتي الجيدة بالجامعات الإيطالية، فقد سبق لجامعة روما الثانية تور فيرغاتا أن منحتني يوم 19 سبتمبر 2016 الدكتوراه الفخرية تقديرًا لعملي في مجال التراث الثقافي. لقد كان حفلًا بهيجًا استعدتُ فيه ذكرياتي لمّا كنتُ طالبًا للدكتوراه في جامعة نيويورك ستوني بروك. ورغم الطابع الفخري التكريمي لهذه الشهادة فإنّ الحصول عليها لممّا يُبهج النفس خصوصًا أنّها جاءت على سبيل الاعتراف بعمل ميدانيّ لم تنفصل فيه السياسة عن الثقافة ولا انفصل فيه الفكر عن العمل. وكانت زيارتي هذه إلى روما مناسبة التقيتُ فيها وزيرة التعليم والجامعات والبحوث الإيطالية ستيفانيا جانيني، فقدّمتُ إليها نبذة عن برنامجي الانتخابي ورؤيتي لمستقبل المنظمة الدولية مؤكّدًا إعجابي بوجه خاص بقرار الحكومة الإيطالية سنة 2015 بتخصيص يورو للثقافة عن كل يورو يُخصّص للأمن، فالثقافة حصن منيع ضد الإرهاب والحاجة إليها على قدر الحاجة إلى الترتيبات الأمنية في مواجهة هذه المعضلة.

وقد ألقيتُ في رحاب جامعة روما الثانية، تور فيرغاتا محاضرة حول دور التعليم والثقافة في العلاقات الدولية قدّمت فيها خلاصة تصوّري للوشائج بين الثقافة والدبلوماسية والتربية والقضايا الراهنة التي تعيشها الإنسانية ولا سيما معضلة الإرهاب، وهذا نص المحاضرة:

«في البدء أتوجه إليكم بالشكر على إتاحة هذه الفرصة لأخاطبكم

في قلعة من قلاع المعرفة في إيطاليا، فالحديث في الجامعة وإلى رجال الجامعة وطلّابها هو مصدر سرور دائم بالنسبة لي لما يتّصف به العلماء من مكانة في المجتمع ولما تقوم به الجامعة بشكل عام وجامعتكم بالذات من دور مؤثّر في مجتمعها وفي العالم أيضًا.

لقد وقع نبأ منحي الدكتوراه الفخريّة من قبل جامعتكم، موقعًا طيبًا في قلبي ووجداني وتأثرت لهذه الثقة والنبل الذي أحظى به من لدن هيئتكم العلميّة الموقّرة حيثُ يأتي هذا التكريم في لحظة فارقة في مسيرتي الحياتيّة وفي مسار التاريخ الإنساني أيضًا. والحق أنّي قضيتُ سنوات عدّة في الحرم الجامعي في دول مختلفة اللغات والثقافات. لذلك أعتبر هذا التكريم من جامعتكم تتويجًا لصلاتي بجامعات عريقة عشتُ في رحابها ونهلت من معارفها كجامعة القاهرة والجامعة اليسوعيّة في بيروت التي تشرّفت بدعمها لترشيحي لليونسكو، وجامعة السوربون التي اضطررت لمغادرتها عندما عُينت سفيرًا في الولايات المتّحدة وجامعة ستوني بروك في نيويورك. وهذا التتويج من جامعة إيطاليّة سيكون دافعًا جديدًا لمزيد العمل على درب التعليم والثقافة خدمة لأهداف اليونسكو النبيلة في كل المجالات.

تتأتّى ريادة المؤسسة التعليمية ممّا تتميّز به من قدرة على الالتزام بالقيم والمبادئ الإنسانيّة الأساسيّة. وهذا كلّه ينبني على البعد الجوهري في التّربية. فما تتيحه التكنولوجيّات الحديثة من سهولة النفاذ إلى العلم، وإن ظاهريًّا، قد يعلّم ويقدّم المعرفة على طبق من ذهب ولكنّها أعجز ما تكون عن أن تربّي وتصنع البشر.

فالتربية قيم تُبلّغ وسلوكات تُنقل ومهارات لا تُكتسب إلّا في دفء اللقاء الإنسانيّ بين المعلّم والمتعلّم. والفرق واضح بين من يعطيك سمكة المعرفة ومن يعلّمك كيف تصطادها على حدّ ما نجد في المثل الصينيّ الشهير. لذلك ستبقى المؤسسة التعليمية رغم مآزقها ومشاكلها والصعوبات التي تعترضها الحاضنة الأساسيّة للناشئة في تفتّح شخصيّتها وتدريبها على قواعد العيش المشترك.

لقد استنتجت بعد سنوات طويلة من العمل والتّفكير على السّواء أنّ الثقافة هي الجهاز الوقائي الفعّال لأيّة مشكلات اجتماعيّة داخليّة أو دوليّة، لذلك جعلت منها رهانًا أساسيًّا في حملتي، ولكنني لم أتوصّل إلى هذا الاستنتاج من خلال استقراء الواقع العالمي فحسب ولكن من خلال تجربتي الشخصيّة أساسًا، وكم هي مثمرة تلك النتائج التي يتوصّل إليها الإنسان بعد صهر المعرفة في التجربة الحياتيّة، فالعلم يحتاج إلى التجربة الواقعيّة كي لا تبقى النظريات والآراء والمواقف مجرّد انطباعات أو افتراضات.

لقد قضيتُ أكثر من نصف قرن في مجال الممارسة الدبلوماسيّة والثقافيّة فتأكّد لي أنّ تحقيق الوفاق بين البشر على اختلاف مشاربهم الفكريّة وتنوّع أجناسهم يحتاج لا محالة إلى الثقافة. لقد كنتُ سفيرًا لبلدي في أكثر من دولة أوروبيّة وأمريكيّة وعربيّة، وساعدني تنوّع الأمكنة على الاطلاع على تنوّع الثقافات وتبيّن لي أنّ التنوّع الثقافي قيمة مُضافة للرصيد الحضاري الإنساني وأنّ الثقافة عامل رئيسي من عوامل التقارب بين الشعوب وليس عامل تفرقة، ووجدت أنّ سلاح الثقافة أخطر بكثير من سائر الأسلحة لأنّه أكثر فعاليّة حين

تكون لدينا إرادة بناء السّلام، وعملتُ طيلة مسيرتي على استخدام الثقافة كوسيلة مثلى للتقريب بين الشّعوب وهدم المسافات فيما بينها حين تحمّلتُ مسؤوليّة وزارة الإعلام ثمّ وزارة الثقافة والفنون والتراث في بلدي.

وتأكّد لي أنّ الثقافة ليست من مشمولات وزارات الثقافة في العالم فحسب بل هي من اختصاصات التعليم أيضًا لأنّه المجال الحقيقي لبلورة الأفكار وتحليلها وتفكيكها وبناء أنساقها ونقلها.

إنّي من المؤمنين، انطلاقًا من تجربتي الطّويلة في مجال التعليم أنّ المناهج ذات أهميّة قصوى في التّعليم، وأنّ التّطوّر التكنولوجي يسمح بتقريب المسافات بين القارات حتّى أنّ العالم أصبح مجرّد قرية، وهذا ما يجعل تطوير المناهج التعليميّة أمرًا في غاية الأهميّة.

وإنّني سعيد بالجهود العالمية الرامية لمراجعة المناهج التعليمية كي تتلاءم مع احتياجات المجتمعات باختلافها وطموح شعوبها للأفضل.

وأشير في هذا الصدد إلى أنّ اليونسكو بالتعاون مع إدغار موران وفريق من الخبراء طورت الخطوط الإرشادية لما سُمّي عن جدارة «المعارف السبع الضرورية لتعليم المستقبل»، كما ركزت الأجندات الدولية في هذا المجال على دور المناهج التعليمية لبلوغ المساواة ودعم التعليم المستمرّ.

وأثني على دور بلادي قطر وجهودها المحمودة، ولاسيما المشاريع المميزة التي أطلقتها لتوفير التعليم للأطفال المحرومين في المناطق الفقيرة والمهمّشة دون تفرقة بين جنس أو عرق أو معتقد... وذلك من خلال مبادرات «التعليم فوق الجميع» والقمة

العالمية للابتكار في التعليم «وايز» و«علّم طفلًا»، ذلك البرنامج الذي يتيح فرص التعليم لقرابة 10 ملايين طفل وطفلة في البلدان الفقيرة مع نهاية 2016.

وما من شكّ أنّ جملة المشاكل التي يتخبّط فيها العالم اليوم هي نتاج لتقهقر العقل النّقدي أمام هيمنة لمرحلة «سُبات العقل»، وهو ما ينبغي أن تركّز عليه المناهج التعليميّة، إذ إنّ الإنسان لم يعد يفكّر في قناعاته وواقعه بشكل نقدي بل أصبح يتقبّل الواقع كما هو ويستسلم لمن يفكّر بدلًا عنه بدل أن يفكّر في مصيره بنفسه، حتّى أنّنا أصبحنا نتحدّث عن «التّفكير بالوكالة» و«تقرير المصير بالوكالة» لأنّ العقل أزيح من موقعه وأُهمل أشدّ إهمالٍ، وهو ما أنتج ظهورًا مدوّيًا للمتطرّفين ولدعاة الكراهيّة، الذين يعدُّون بدورهم علامة من علامات سبات العقل وغروب العقل النّقدي، بل وعلامة على انحسار دور الجامعات وتقهقر التعليم عامّة، إذ كيف يعقل أن نجد من بين المتطرّفين أصحاب شهادات عليا من مهندسين وأطبّاء وتقنيّين، أليس هذا دليلًا كافيًا على أنّ جامعاتنا لم تعد تنتج غير العقل التّقني بينما فشلت في صياغة العقل النّقدي؟

إنّ لنا رصيدًا إبداعيًّا وثقافيًّا زاخرًا يحتاج إلى توظيف واستثمار ضمن مناهجنا التعليمية لمواجهة تطرّف الفكر ومظاهره المرعبة التي جعلت من «الإرهاب» هو العنوان الأكثر انتشارًا في سماء العالم، وجعلت من الخوف الشّعورَ الأكثر تغلغلًا في وجدان النّاس حيثما كانوا، إذ لا يفرّق الإرهاب بين أحد ولا يستهدف إلّا المقدّرات الإنسانيّة التي تشهد على وحدة الضمير الإنساني حتّى

ينسف كل معالم تنوّع الثقافات واحترام المجتمعات لكنوز بعضها البعض على مرّ العصور. إننا نتعرّض لدور الثقافة كخيار إستراتيجي لمستقبل العلاقات الإنسانيّة لأنّنا رأينا على امتداد هذه السنوات الأخيرة الحرب الهوجاء التي يشنّها وما يزال أحفاد التطرّف وحملة الجهل المقدّس، ورأينا كيف ضرب الإرهاب شواهد الحضارة البشريّة وتراثها الغنيّ في سوريا والعراق وليبيا وأفغانستان وتمبكتو، وأدركنا أنّ الغاية الرئيسيّة للإرهاب لا تكمن في تسجيل مزيد من القتلى بل تهدف إلى محو الذّاكرة الإنسانيّة.

ويجدر بنا أن نحيّي كلّ الجهود المخلصة الرامية للحفاظ على التراث الإنساني وترميمه، ومن بينها جهود دولة قطر التي أسهمت بعشرة ملايين دولار في صندوق طوارئ اليونسكو للحفاظ على التراث، وكذلك مشاريع ترميم حلب قبل الحرب في سوريا، والقيروان في تونس وتمبكتو في مالي والسودان واليمن والعراق وغيرها من المناطق التي تزخر بتراث الإنسانيّة. لقد أتيحت لي الفرصة في سنة 2015 بمناسبة حضوري مهرجان جيوفاني السينمائي أن أزور الموقع الأثري لمدينة إركولانو الرومانيّة وأحسست أنني أتمشّى في زقاق مدينة تعود لعصور قديمة. وأحيّي بالمناسبة العمل الذي تقوم به الهيئة الخاصّة للحفاظ على موقع إركولانو، وأعلم أنّ الموقع بحاجة إلى الدعم ماليًّا وعلميًّا، وسأسعى بكلّ جهدي لتوفير ذلك بعد انتخابي مديرًا عامًا لليونسكو.

ولا يخفى على أحد منكم أننا في معركة مفتوحة ضدّ المتطرفين أينما كانوا، وهي معركة في صميمها بين المعرفة والجهل، ضدّ

أولئك الذين استهدفوا تراث الإنسانيّة. ولعلّ الحملة التي أعلنتها اليونسكو «متّحدون من أجل التراث» تصبّ في هذا الاتّجاه من تعميق للهوية الثقافية الكونية كقاعدة مواجهة مشتركة لأعمال تخريب التراث الإنساني. وقد أدركت إيطاليا حجم أهمية التصدّي لحملات التطهير الثقافي فسارعت بالتعاون مع اليونسكو إلى إنشاء قوّة حفظ سلام مختصة بالثقافة وأنشأت في تورينو مركزًا لتدريب خبراء حماية التراث الثقافي، وأصبحت «حماية التراث» وصدّ انتهاكاته ومواجهة عمليات تهريب الممتلكات الثقافيّة عناوين كُبرى لتوحيد الرّأي العام العالمي، وما أحوجنا إلى ما يوحّدنا أكثر ممّا يفرّقنا.

إننا لا نبتدع قيمًا جديدة أو غريبة بقدر ما ندعو إلى استيعاب مجموع القيم التي حفلت بها الإنسانيّة ودافع عنها الآباء الأوائل لمنظّمة اليونسكو حتّى غدت الرّكيزة الجامعة لما هو مشترك كلّما ارتفعت وتيرة الحروب أو الأزمات. ولا يمكننا أن نغفل احتدام الأوضاع في العالم بسبب انتشار التّطرّف والتّعصّب الفكري والديني خاصّة، وأشير في هذا السياق أنّ الأديان التي جاءت لتهب الناس أجمعين سلّم القيم المشتركة لنشر المحبّة بريئة من كلّ مظاهر التّطرّف التي أدّت إلى استشراء العنف والإرهاب، وإنّ الحضارة العربيّة الإسلاميّة كغيرها من الحضارات أسهمت في بناء السلام العالمي من خلال العلوم والمعارف ولنا في أعلام الطب والفلسفة وسائر العلوم من العرب خير دليل على الإضافة النوعيّة للثروة الرمزيّة التي يتمتّع بها الإنسان.

يساهم التعليم والثقافة معًا في توفير المناعة التي تحمي كيان المجتمعات، ولكنّ هذه المناعة في أساسها محتاجة إلى التربية وإلى الجامعات التي تجعل رهانها تغذية سبل الحوار الثقافي بين الشّعوب وتطوير العلاقات في مستوى الفنون والآداب لأنّ تقدّم الإنسانيّة لا يكون إلّا بتضافر جميع الجهود، لأجل نحت المصير الإنساني المشترك.

يشير تاريخنا الإنساني المشترك إلى المبادلات الثقافية التي أثْرت التراث الإنساني وشكّلت علامات مضيئة نستنير بها، فمن منّا يُنكر دور الرّحالة الإيطالي ماركو بولو في تعريف الغرب بالشّرق، في زمن كان فيه الرّحالة يقوم بدور ثقافي. وبالمناسبة أغتنم الفرصة للحديث عن الرّحالة العربي ابن بطوطة الذي جاب العالم في القرن الرابع عشر مثلما فعل ماركو بولو في القرن نفسه. وهنا أحيّي الدكتورة الإيطالية كلاوديا ماريا تريسو من جامعة تورينو التي ترجمت إلى الإيطالية رحلات ابن بطوطة، وحصلت بها على جائزة عربية في الترجمة سنة 2007.

وعندما تكررت الاعتداءات الإرهابية في أوروبا، اتخذت الحكومة الإيطالية في عام 2015 إجراءً غيرَ تقليديّ لم ينتبه إليه الرأي العام الدولي كما ينبغي بينما اعتبرتُه شخصيًا قرارًا صائبًا وحكيمًا، وكان يجدر بنا جميعًا الانتباه له وتطويره. جاء في الدستور الإيطالي أنّ «إيطاليا تستنكر الحرب» كمبدأ، وبناء على ذلك خصصت إيطاليا في عام 2015 ميزانية لدعم أمن مواطنيها وسلامتهم، لكنها خصّصت مبلغًا مماثلًا للثقافة والفنون والتراث،

وجاء في التصريحات الرسمية أنّ كل يورو يُستثمر في الأمن يجب أن يقابله يورو يُستثمر في الثقافة. إنّ بلادكم الجميلة تتمتّع بأكبر عدد من المواقع الأثرية في العالم ولذلك يُطلق عليها بحق مسمى «المتحف المفتوح»، ولا غرابة أن تكون إيطاليا في الصف الأول في هذا المشروع الثقافي الدولي الهادف إلى تغيير العقول والانفتاح على الآخر وتهذيب النفس البشرية. لقد جاء ردكم على الإرهاب ردًّا ثقافيًّا، وهذا خيار أشاطركم فيه ويمثّل قناعة لنا.

اسمحوا لي في ختام كلمتي أن أذكر شخصيّة إيطاليّة مرموقة شاءت الأقدار أن ألتقيها ومازلتُ أحتفظ بصورة معها وأقصد الرئيس الإيطالي صاندرو برتيني الذي قابلته حين قدّمت له أوراق اعتمادي كسفير لبلدي في بلدكم الجميل، وتبادلت معه أطراف الحديث في سنة 1980 وهو رجل حكيم ولطيف المعشر.

في شهر سبتمبر 1982 وبمناسبة انطلاق السنة الجامعيّة كتب الرئيس برتيني رسالة بخصوص دور المؤسسات التعليميّة في تعليم الناشئة وتربيتها قائلًا: «من نافل القول أن نُذكّر بمعاناة المدرّسين والمتعلّمين، ومن نافل القول أن نتحدّث عن أهمية التعليم في مجتمعنا، لكن ينبغي أن ننتبه إلى أنّ العمليّة التعليميّة لا تقتصر على تقديم العلوم والمعارف والخبرات لأنّ المدرسة والجامعة أكثر من ذلك بكثير. للمؤسسة التعليميّة دور أساسي في التربية كذلك وفي التكوين الإنساني والرّوحي للأجيال الجديدة».

وإنني أتّفق تمامًا مع الرئيس برتيني، ولذلك شكّل موضوع الثقافة والتعليم والتربية المحور الرئيسي في كلمتي أمام حضراتكم اليوم».

ولم تقتصر زيارتي إلى إيطاليا على حفل الدكتوراه الفخرية ولقاء وزيرة التعليم والجامعات والبحوث، إذ تلقّيت دعوة من أعضاء في البرلمان الإيطالي وقدّمتُ لهم خلال اللقاء الذي انتظم معهم في مقرّ البرلمان برنامجي الانتخابي ورؤيتي لمستقبل اليونسكو.

معهد الدبلوماسية الثقافية في برلين

ولئن كان التفكير في الجامعات ومراكز البحوث فضاء للحملة الانتخابية ثابتًا من ثوابت خطّتي للتحرّك في المستوى الدولي، فإنّ هذه الحملة اقتضت أحيانًا التفاعل مع ما يجدّ من أحداث في العالم جلّها مؤلم. ومن ذلك ما شهدته مدينة ميونيخ الألمانية في 22 يوليو 2016 من عملية إرهابية ذهب ضحيّتها مدنيون أبرياء. وبعد هذه العملية بأربعة أيام كنتُ في ندوة في معهد الدبلوماسية الثقافية في برلين حيث دعيتُ لإلقاء محاضرة حول دور الدبلوماسية الثقافية في التقريب بين الثقافات ومدّ الجسور بين الشعوب. وهو ما يؤكّد قناعتي السابقة القائمة على مواجهة آفة الإرهاب بتنمية بذور التقارب والتلاقي لمجابهة عوامل التفرقة والصدام، وهذا ما سعيتُ إلى التركيز عليه في المحاضرة التي أعرض نصّها فيما يلي:

«أتوجّه إلى حضراتكم، وأنا أتنفّس هواء الثقافات معكم في ألمانيا بلد حوار الثقافات بامتياز، لأعبّر عن تقديري وإعجابي بدور الجامعات ومراكز الأبحاث لديكم وتقاليدها العريقة في الاهتمام بالحضارات وبإنجازاتها عبر القرون، بما في ذلك الحضارة العربية الإسلامية. ويُمثّل هذا الدور جانبًا حيويًّا وأصيلًا للدبلوماسية الثقافية

علينا أن نسعى معًا لاستمراره لتأكيد التعاون الدولي والقيم الإنسانية المشتركة. وكم أنا سعيد أن أتحاور معكم بشأن أبعاد الدّبلوماسيّة الثقافيّة ودورها في لحظتنا المعاصرة في ألمانيا، هذا البلد الذي سعى مفكّروه وأدباؤه منذ أمد بعيد إلى التّعرّف على الآخر ودراسة آدابه وثقافته حتّى تكون الحضارة الإنسانيّة تبادلًا حقيقيًّا للثقافات. ولا أخفيكم بأنّني ممتنٌّ لمشاركتي ندوتكم وسأكتفي بعرض مجموعة من الأفكار التي تناولتها بتوسّع في الورقة الموزّعة عليكم.

ولعلّني أشعر بمسؤوليّة الحديث في هذا الموضوع وأنا أخوض درب الترشّح لمنصب المدير العام لمنظّمة اليونسكو فقد جعلتُ من الدّبلوماسيّة الثقافيّة رهانًا أساسيًّا لحملتي بالإضافة إلى أنّني منشغل بهذه المسألة منذ ما يزيد عن ثلاثين سنة، فقد عرفتُ هذا النوع من الدبلوماسيّة طيلة مسيرتي الدّبلوماسيّة حين كنتُ سفيرًا لبلدي في أكثر من دولة أوروبيّة وأمريكيّة وعربيّة، وعملتُ على ممارسته طيلة مسيرتي وزيرًا للإعلام ثمّ وزيرًا للثقافة والتراث والفنون.

يذكر الأديب الألماني غنتر غراس في نهاية خطاب له يوم استلامه جائزة نوبل للأدب 1999، أنّه كان حاضرًا سنة 1973 عندما تحدث المستشار ويلي براندت أمام الجمعية العامة للأمم المتحدة، وكان أول مستشار ألماني تتاح له فرصة الحديث على هذا المنبر... حيث أثار براندت مسألة الفقر المنتشر في العالم قائلًا إنّ «الجوع كذلك حرب!» وقد تفاعل معه الحاضرون بتصفيق كبير.

كان الأديب الألماني وقتئذ يكتب روايته «المتعثّر» وهي تتناول الأسس الرئيسية للوجود الإنساني بما فيها الغذاء: نقصانه ووفرته الفاحشة من تخمة مخجلة ومجاعة مزرية.

وفي تقديري أنّ هذا التفاوت الذي يشير إليه الأديب الألماني في الغذاء متحقق بدوره في عالم اليوم في الثقافة. فهاهنا مدارس ومكتبات وكتب وافرة تتكدس في كل مكان، بينما هناك عجز عن توفير أدنى متطلبات التعليم الأساسي لملايين البشر. تشير تقارير اليونسكو إلى وجود 58 مليون طفل منقطعين عن الدراسة لأسباب اقتصادية بالأساس. وإنّ من أهم مهمات الدبلوماسية الثقافية رأب هذا الصدع والدفع لتوفير التعليم للجميع وفوق الجميع. لذلك أشعر بالسرور والامتنان لمبادرات بلادي قطر في مجال التعليم من مؤتمر القمة العالمي للابتكار في التعليم (وايز)، إلى مشروع (التعليم فوق الجميع) إلى مبادرة (علّم طفلا) التي سمحت في نهاية هذا العام بتقديم التعليم لما يزيد على عشرة ملايين طفل وطفلة في المناطق الأكثر تهميشًا في العالم.

نعم إنّني أنتمي إلى بلدٍ لم يدّخر جُهدًا في سبيل التَّبادل الثقافي، وهو ما يعبّر عنه انفتاحه على ثقافات الوافدين عليه حتّى صار مفترقًا حضاريًّا. وينبع سرّ هذا الانفتاح من الإيمان المستمرّ بالثقافة كوسيلة أساسيّة في التقريب بين الشّعوب والأمم، وهو ما جعلني أحرص على تطوير مشروع الترجمة لمّا كنت وزيرًا للثقافة والتراث والفنون، لأنّ التّرجمة جسر ثقافي يُعزّز التّواصل والحوار بين الحضارات التي تزدهر حين تتفاعل فيما بينها وتؤمن بالتنوّع والتعدّد. وكم من نهضة حضاريّة للشّعوب ساهمت فيها التّرجمة بدور بارز. ولذلك قامت وزارة الثقافة والتراث والفنون حينها بترجمة محاضرات الحائزين على جوائز نوبل التي عبّرت عن «الاستكشاف

الجمالي للعالم» حيثُ كتب الأدباء «روايتنا المشتركة» المفعمة بنظرة إنسانيّة وأخلاقيّة جعلت من الأدب وسيلةً لصناعة الأمل وشكلًا من أشكال الحفاظ على الحياة والقيم المشتركة والجوهريّة للإنسان، وما أثمن الأدب حين يذكّر بمحنة الإنسانيّة ويمدّ جسور التّواصل بين النّاس.

كما حرصتُ إبّان مهمّتي الوزاريّة على المساهمة في إنشاء خطّة للسّنوات الثقافيّة فيما بين دولة قطر وسائر الدّول ممّا أتاح تبادلًا ثقافيًّا في جميع المجالات قرّب بين المبدعين، وهم حملةُ لواء الأمم، وقرّب الثقافات إلى بعضها، وأصبح الاحتفاء بالسّنة الثقافيّة سُنّةً في بلدي، ناهيك أنّ سنة 2017 ستكون هي السنة الثقافيّة القطريّة الألمانيّة، ويكشف ذلك عن الرّوابط المتينة التي تجمع الدّولتين في جلِّ المستويات لأنّ الثقافة ركيزة العلاقات الاقتصاديّة والسياسيّة، وصمّام أمان الدّبلوماسيّة. وتتمتّع الثقافة بقدرة عالية على تحويل المنتج الرّمزي إلى عائد تنموي، فتكون الدّبلوماسيّة الثقافيّة ركيزة الاقتصاد الإبداعي الذي يساهم في الرّخاء الشّامل للمجتمعات وتحسين نوعيّة حياتهم. ولقد سمحت لي مهمّة رئاسة مؤتمر الأمم المتّحدة للتّجارة والتّنمية (الأونكتاد) بإدراك أثر هذا الاقتصاد على التّنمية البشريّة المستدامة.

إنّ التّبادل بين الأمم لا يقوم على ما هو سلعي ماديّ فحسب بل ينهض على الصّناعات الإبداعيّة التي تقوم على الخيال وعلى القدرة على توليد الأفكار المبتكرة والطّرق الجديدة لتأويل العالم بشتّى الأشكال، ولذلك فإنّ الرّهان على الدبلوماسيّة الثقافيّة يجعل

من هذه الصناعات الإبداعيّة وسيلةً لإنشاء مبادلات في المعرفة الإنسانيّة بين الشّعوب.

تسمح الدّبلوماسيّة الثقافيّة بتطوير نمط الحوار مع الآخر في ظلّ الإيمان بالاختلاف والتنوّع، فتكون المنتجات الثقافيّة هي العملة الرّئيسيّة لهذا الضّرب من التّداول بين المجتمعات، ومنها الفنون والآداب التي تتجاوز الحدود الجغرافيّة، وقد تتشكّل هذه المنتجات في بعض الصّروح الثقافيّة التي تعمل على تعريف المجتمعات بثقافات الشّعوب، وأذكر في هذا المقام معهد العالم العربي بباريس الذي ساهمتُ في مشروع إنشائه حينما كنتُ سفيرًا لبلدي بباريس، فقد لعب هذا المعهد دورًا بارزًا في التّعريف بالثقافة العربيّة لدى الفرنسيين والأوروبيّين عمومًا، ورسّخ الحوار بين الشّرق والغرب، ولنا في المعاهد الثقافيّة الغربيّة أمثال معهد غوته الألماني ومعهد سرفانتس الإسباني والمعهد الفرنسي للتّعاون والمجلس الثقافي البريطاني خير أمثلة على مدى الإيمان بأثر الدّبلوماسيّة الثقافيّة على تقريب الشّعوب وإحلال السّلام في العالم من خلال نشر القيم الكونيّة، فلا معنى للدبلوماسيّة الثقافيّة دون الاعتقاد في هذه الأرضيّة المشتركة للقيم.

وبقدر ما تحقّقُ الدّبلوماسيّة الثقافيّة التّفاهم بين الدّول فإنّ فتورها في العالم يؤدّي إلى تقهقر الأمن والسّلام، ولذلك ناديتُ قبل أشهر إبّان مشاركتي في مؤتمر أفينيون ببوردو الفرنسيّة بإنشاء يوم دوليٍّ للثقافة ضدّ الإرهاب، وكرّرتُ دعوتي في جنوب إفريقيا وتونس وفي برلمان الاتّحاد الأوروبي فلا سبيل إلى محاربة الإرهاب في جذوره

إلّا بالثقافة. وكلّما نشرنا الثقافة وتبادلنا الإبداعات الثقافيّة عزّزنا من رصيدنا الرّمزي الذي يؤمّن لنا مناعة أمام نزعات الكراهيّة والتّطرّف والإرهاب، ولاشكّ فإنّ منظّمات المجتمع الدّولي تقوم بدور فاعل في هذا المجال، وعلى رأسها منظّمة اليونسكو التي تُراهن منذ أكثر من سبعين عامًا على الدّبلوماسيّة الثقافيّة من خلال نشر التّعليم وتطوير العلوم وتعزيز مكانة الثقافة في العالم، وهي صورة مثلى عن الدّبلوماسيّة الثقافيّة التي تعكس التّفاعل بين المنظّمات غير الحكوميّة وبين الحكومات لأجل الأهداف المشتركة في تحقيق الحريّة والكرامة الإنسانيّة والسّلام الكوني من خلال الثقافة.

إنّنا نحتاج إلى الدّبلوماسيّة الثقافيّة في معركتنا لأجل حماية التراث الإنساني الذي يتعرّض اليوم إلى التّخريب والنّهب، فقد شنّ حملة «الجهل المقدّس» حربهم على الثّروات الرّمزيّة للإنسانيّة جمعاء في الموصل وتمبكتو لؤلؤة الصّحراء وليبيا وتدمر، محاولين نشر الخوف في إرادة الشّعوب التي تريدُ التّعايش والسّلام. ولذلك فإنّ من مهمّات الدّبلوماسيّة الثقافيّة حماية المقدّرات التراثيّة للإنسانيّة. وقد شهدت مدينة بون الألمانيّة تدشين برنامج اليونسكو لحماية التراث الثقافي بإنشاء حملةِ «متّحدون من أجل التراث» إيمانًا من المجتمع الدّولي بأنّ التّراث ليس مجرّد صروح أثريّة باقية من إبداع الأجداد أو مخزونًا ذهنيًّا تتناقله الشّعوب فيما بينها، ولكنّه مكوّن رمزيٌّ يسمح بالحوار بين الثقافات المتنوّعة ويحفظ التّقارب فيما بينها ويُعزّز فرص السّلم العالمي. وقد انخرطت دولة قطر في هذه الحملة لإيمان قيادتها وشعبها بأنّ حماية التّراث شأن عالمي

يهمّ الإنسانيّة، كما أنّني أعتبر أنّ حماية التراث قضيّة شخصيّة، حتّى أنّي توّجتُ قبل أشهر بجائزة «رجل التراث العربي 2016»، وهو تتويج يُحمّلني مسؤوليّة مضاعفة للعمل على تعزيز حماية التراث الإنساني.

ليست الدّبلوماسيّة الثقافيّة شأنًا معاصرًا بل تمتدُّ جذورها في حوامل ثقافيّة كثيرة متّنت الصّلات بين الدّول والشّعوب وحقّقت مبدأ الاحترام المتبادل، وتُعدُّ الهديّة من بين هذه الحوامل حيثُ جسّمت منذ قرون إرادة التّواصل بين الشّعوب حتّى أصبحت رمزًا للتّقارب، ولنا في الهدايا بين شارلمان وهارون الرّشيد خير مثالٍ على درجة المبادلات الثقافيّة التي كانت تعبّر عن تقدير الدّول لثقافات بعضها البعض، وعن احترامها للمعارف الثقافيّة التي شكّلت ما يسمّى بـ«ثقافة الأشياء المشتركة»، وكم ساعد «اقتصاد الهدايا» على تقارب الشّرق بالغرب، وأشاع التّسامح بين الشّعوب على اختلاف عقائدها وثقافاتها.

إنّنا أمام فنّ إدارة العلاقات الثقافيّة بين الأمم، فالدبلوماسيّة الثقافيّة قوّة ناعمة تحتاج إلى قناعة تامّة بجدواها، وميزة هذه الدّبلوماسيّة الثقافيّة أنّها تتعالى عن تقلّبات السياسات وتتمسّك بالقيم الإنسانيّة التي تحفظ الخصوصيّات وتُراعي الحقوق الثقافيّة للأقليّات وتضمن تواصُلًا بنّاء بين الجميع. ولذلك فنحن مدعوّون إلى تحسين أداء تبليغ الثقافة في جميع الأوساط ومخاطبة الأفراد والجماعات المحليّة بالشّكل الذي يسمح لها بتقبّل مضامين الثقافة وأنواعها لتكون في خدمة التّنمية المستدامة».

جامعة بيجين

وتأكيدًا لهذه المعاني التي اختتمتُ بها محاضرتي في برلين كان من البديهيّ أن تكون الصين بحضارتها العظيمة ودورها العالمي الراهن وعلاقاتها المتينة بالثقافة العربية وموقعها المتميّز في مختلف المحافل الدولية محجًّا لأي مرشّح جدّي لمنصب مدير عام اليونسكو. فالقراءة الجيوستراتيجية التي تأخذ الثقافة بعين الاعتبار تفرض أن تكون الصين وجهة مميّزة يُعرض عليها البرنامج الانتخابي ويُصغى بعمق إلى وجهة نظرها. كانت رحلتي إلى الصين في شهر أكتوبر من سنة 2016 التي صادفت الاحتفال بالسنة الثقافية القطرية الصينية. وقد أطلقت الصين مبادرة بناء الحزام والطريق سنة 2013 إحياء لطريق الحرير الذي ربط بين الحضارتين العربية والصينية وتوسيعها لتكوّن شبكة واسعة بين الشرق والغرب، وللعرب في هذه الشبكة موقع همزة الوصل. بيد أنّني وفاءً مني لخطّتي القائمة على محاورة الأكاديميّين وأهل الفكر وأجيال الطلّاب الجدد، دخلتُ الصين من بوابة جامعة بيجين. وهذه محاضرتي التي ألقيتها أمام جمع غفير من بنات هذه الجامعة وأبنائها:

«يسعدني أن أكون بينكم اليوم، أتنفّس هواء الثقافات التي آمنتْ عبر العصور بقيمة التعايش وتبادل المعارف، ويسرّني أن أنقل لكم تقدير صاحب السموّ الشيخ تميم بن حمد آل ثاني أمير البلاد الذي عزّز العلاقات الثنائيّة بين البلدين على المستويات السياسيّة والاقتصاديّة والثقافيّة وراهن على الدّور المشترك لكلّ من دولة قطر وجمهوريّة الصين الشّعبيّة في نشر الحوار بين شعوب العالم.

لقد حافظ البَلدان على العروة الوثقى التي جمعت العرب بالصين منذ قديم الزّمان، حيثُ كان العرب على اتّصال وثيق بالصين، فتبادلوا معها العلاقات التّجاريّة والثقافيّة إلى حدود مرحلتنا الحاضرة، وكم تعدّدت الشّواهد على مدى عمق هذه الصّلات رغم ما عرفته الحضارة الإنسانيّة من مدّ وجزر في مستوى الصّلات بين الشّعوب، إلّا أنّ العلاقات العربيّة الصينيّة ظلّت محافظة على ثوابتها بل تطوّرت عبر الزّمان من خلال تأثير متبادل سمح للشّعوب بأن تُدرك المعنى العميق للتقارب وأن تعيشه في واقعها وتؤمن بجدواه.

وتزداد سعادتي اليوم لأنّني أترشّح لإدارة منظّمة اليونسكو العتيدة، فأرى أساسها الفكري والقيمي مبثوثًا في العلاقات العربيّة الصينيّة التي أدركتْ منذ قرون معنى احترام الثقافات أيًّا كانت الاختلافات، حيثُ أسهم التنوّع في إثراء الحضارتين العربيّة والصينيّة على السّواء. وشكّل «طريق الحرير» الذي ربط الصين بالعرب منذ أكثر من ألفي عام الجذر القديم للتراث المشترك بين الحضارتين الصينية والعربيّة، وأعتقد أنّ مبادرة «بناء الحزام والطريق» التي أطلقتها الصين عام 2013 جاءت لإحياء طريق الحرير القديم وطريق الحرير البحرية حيثُ تشغل المنطقة العربيّة حيّزًا مهمًّا في تنفيذها، وقد ضمّت اليونسكو «طريق الحرير العظيم» إلى قائمة التراث العالمي لما لعبه من دور تاريخي في تطوير العلاقات الاقتصاديّة والثقافيّة لشعوب المنطقة.

وإنّني أجد في الصّين التّعبير الأمثل للتنوّع الثقافي سواء في داخل تركيبتها الاجتماعيّة أو في علاقتها بالعرب أيضًا، وهو ما يجعل الصينيين أكثر تفهّمًا لمدى أهميّة دور اليونسكو في هذه

المرحلة بالذّات حين يتعلّق الأمر بضرورة توسيع دائرة الحوار الثقافي لأجل إحلال السّلام في العالم.

لقد ظهر تأثير الصين جليًّا في الحضارة العربيّة الإسلاميّة، فكم من فنّان صيني عمل في الشّرق حتّى أنّ التّحف الصينيّة بلغت العالم العربي والإسلامي وأثّرت في الناس فأقبلوا عليها بل زيّنت بعض المساجد بزخارفها، وكم من فنّان عربي تأثّر بالأساليب الفنية التي شاهدها في التحف الصينيّة أو بلغته عن طريق الفنّانين الصينيين. ولاشكّ فإنّ العرب قدّروا مكانة الصين منذ القديم، فقد ذكر العلّامة ابن خلدون الصين باعتبارها من أهم الأمم التي اشتهرت بكثرة صنائعها، فقال: «انظر إلى بلاد العجم من الصين.. كيف استكثرت فيهم الصنائع، واستجلبتها الأمم من عندهم»، وكتب المؤرّخ أبو الفدا أنّ «أهل الصين أحذق الناس في الصناعات» وأنهم «أحذق خلق اللّه تعالى بنقش وتصوير، بحيثُ يعمل الرّجل الصيني بيده ما يعجز عنه أهل الأرض». وكلّها شواهد على احترام العرب للإسهام الحضاري الصيني في حياة الإنسانيّة.

وإذا كانت العلاقة العربيّة الصينيّة قائمة على الحوار فإنّ أبهى صورة تجسّد هذا الحوار الخلّاق هي رحلة ابن بطوطة، وهو واحدٌ من أشهر الرّحالة في العالم إلى الصّين، الذي يعود له الفضل في تقديم الصّين للعالم العربي والعالم الغربي على السّواء حتّى أنّ كتابهُ «تحفة النّظار في غرائب الأمصار وعجائب الأسفار» تُرجم من العربيّة إلى الصينيّة، فساهم مساهمة جبّارة في مجالات تبادل الثقافة بين الصين والعرب.

وصف ابن بطوطة حياة أهل الصّين، واعتبرهم «أعظم الأمم»، ورأى بلادهم «أأمن البلاد وأحسنها حالا للمسافر»، وأشاد بتسامحها الدّيني، إذ «لكلّ مدينة من مدن الصّين شيخ للمسلمين»، وأورد مدى اهتمام أهلها بالفنون والثقافة قائلًا: «أمّا التّصوير فلا يُجاري أهل الصّين أحد في إحكامه من الرّوم ولا من سواهم فإنّ لهم فيه اقتدارًا عظيمًا، ومن عجيب ما شاهدت لهم من ذلك أنّي ما دخلت قطّ مدينة من مُدنهم ثمّ عدت من القصر عشيًّا فمررت بالسّوق إلا رأيت صورتي وصور أصحابي منقوشة في الحيطان والورق موضوعة في الأسواق». ولا ينسى ابن بطوطة اقتدار أهل الصّين في الصناعات منذ القديم فهم «أعظم الأمم إحكامًا للصّناعات وأشدّهم إتقانًا فيها وذلك مشهور من حالهم».

ومن بدائع الحوار العربي الصيني ما تجلّى في تجربة مُوازية للرحالة الصيني «وانغ دا يوان» الذي ساهم في تعريف الصّينيين بالحضارة العربيّة من خلال رحلاته إلى أكثر من بلد عربي في القرن الرابع عشر، حيثُ عرّف الصّينيين بمعلومات عن البلدان العربيّة وكان له دور في تطوير العلاقة بين الصين والعرب. وتعتبر هذه الرحلات صنفًا من أصناف الحوار الثقافي، وهي لم تقتصر على العصر الوسيط بل تمتدّ إلى الآن، وليس أدلّ على ذلك من تخصيص دولة قطر هذه السنة 2016 لتكون السنة الثقافية للصين تعبيرًا عن تقديرها لدور العلاقات الصينيّة القطريّة وتأكيدها على أهميّة الثقافة في تمتين التقارب بين الشّعوب، وقد تشرّفت بتدشين هذه الفعاليّة حين كنتُ وزيرًا للثقافة والفنون والتراث، وأكّدت على أنّ السنة الثقافيّة الصينيّة القطريّة تشكّل

فرصة ثمينة للتفاعل بين قطر والثقافات الأخرى، وأنّ العلاقات الثقافيّة قوّة دافعة للتّعاون في جميع المجالات ومنها المجال الاقتصادي.

إنّنا اليوم أحفاد ابن بطوطة و«وانغ داي وان» اللّذين رسما خارطة طريق الحوار الثقافي، ونحن متشبّثون بهذا الميراث الخصب وساعون لتجديده في كلّ وقتٍ. ففي كلّ مرحلة زمنيّة تحتاج الإنسانيّة إلى دفق جديد كما تحتاج العلاقات بين الشّعوب إلى تجديد التفاعل، وحتّى المنظّمات الدوليّة لا تستغني عن هذا المبدأ، لذلك اخترت أن يكون شعار حملتي للترشّح لإدارة منظّمة اليونسكو هو: «نحو انطلاقة جديدة»، وهي انطلاقة تستعيد المبادئ الرئيسيّة التي أرساها مؤسسو اليونسكو. وقد تيقّنت من خلال عيشي في الحواضر العربيّة والعالميّة أهميّة التنوّع الفكري والثقافي في الفترات التي عملت فيها في المجال الدّبلوماسي، وأدركت من خلال تكويني العلمي في مصر ولبنان وفرنسا وأمريكا بأنّ الثقافة تجدّد الإنسان والمجتمعات، وما أحوجنا اليوم إلى تجديد رؤانا وعلاقاتنا حتّى نرسّخ قيم التّسامح وحقوق الإنسان ونعتز بانتمائنا إلى الإنسانيّة بقدر اعتزازنا بانتمائنا إلى أوطاننا فندافع عن الإنسان أينما كان وكيفما كانت ثقافته مادام مؤمنًا بالقيم المشتركة وحريصًا على تمتين حصون السّلام.

إنّكم تقدّرون أهميّة الثقافة بوصفها قوّة ناعمة وتدركون من خلال تجربتكم التاريخيّة العميقة في بناء الدّولة والحضارة على السّواء معنى «إعمار العقول»، كما تدركون أنّ العالم يحتاج اليوم إلى المُثل العليا التي لا سبيل إلى تحقيقها بدون الثقافة واحترام الآخر، وهو ما طالبتُ به المجموعة الدّوليّة حين انتشر الإرهاب

في العالم ليضرب الإنسانيّة في تراثها العظيم، فناديتُ في فرنسا وجنوب إفريقيا وتونس بإنشاء يوم عالمي للثّقافة ضدّ الإرهاب. وأجدّد دعوتي من هنا، كأنّما أراها ثابتة وممتدّة ثبات وامتداد سور الصين العظيم.

لقد طالت يد الإرهاب التُّراث الإنساني لتُزعزع إيماننا المشترك بهذه الوحدة الصمّاء للقيم النبيلة، ونالت من معالم ومواقع كانت شاهدة على ذهنيّة الحوار والتفاعل بين الشّعوب حتّى تمحو من ذاكرتنا وذاكرة الأجيال القادمة معنى التّسامح والاختلاف بين الشّعوب حيثُ ينبع التّكامل الحضاري من التنوّع وليس من التّطابق والتشابه، ومن العقول المستنيرة بتعدّدها وليس بالعقل الواحد الذي يكرّس رؤية واحدة للعالم فيسجن الإرادة البشريّة في مسلك واحد للتفكير وللسلوك. وتنتظر اليونسكو خطوات قادمة لسنّ القوانين التي تحمي التّراث المادّي وغير المادّي للإنسانيّة وتُجرّم كلّ من يعتدي عليه باعتبارها الحاضنة الشّرعيّة لحماية التراث العالمي.

وإنكم تعلمون جيّدًا أنّ «إعمار العقول» لا يكون إلّا من خلال التربية والتّعليم. وإني على يقين من أنّ الصين تقدّر أيّما تقدير معنى محاربة الأميّة ونشر التّعليم فقد خاضت في تاريخها الحديث معركة التّعليم وسعت إلى نشره في كلّ مكان من ترابها المترامي الأطراف ليبلغ المواطن الصيني ويصبح قوّة فاعلة في بلده، وإنّي لأنتمي بدوري إلى بلد يؤمن بقيمة التّعليم وهو بلد داعم لمشاريع كبرى في هذا الاتّجاه ومنها مبادرة «علّم طفلا» التي سمحت بتعليم أكثر

من 10 ملايين طفل في العالم. وإنّي حريص كلّ الحرص على إيلاء التربية والتعليم مركز الصّدارة في برنامجي حتّى تواصل اليونسكو مجهوداتها في هذا المجال، وتعمل في المستقبل على تسخير كافّة الوسائل التكنولوجيّة لمقاومة الانحسار التعليمي وخلق شراكات جديدة فيما بين الدّول وأفضل الجامعات في العالم لتمويل الالتحاق بالمدارس لفائدة ملايين الأطفال في المناطق المحرومة حتّى تكون المعرفة هي السبيل الأمثل لمحاربة الجهل الذي يُحوّل الطّاقة الكامنة في الإنسان إلى أداة هدم بدل أن يجعلها أداة للبناء الحضاري. ألم يقل المثل الصيني: «الحجر الكريم بلا فائدة حتّى تصقله، الرّجل بلا فائدة حتّى يتعلّم»؟

وكلّما سعينا إلى تنشيط التربية والتعليم فإنّنا نقترب من تحقيق التّنمية المستدامة وتوفير القوى العاملة، وإذا كانت التنمية المستدامة تهدف إلى تلبية احتياجات الحاضر فإنّها لا تُهمل احتياجات الأجيال القادمة بل إنّها تنهض على تمكين الدّارسين للتقنيات والمهارات والقيم لتنمية المجتمع، ويتطلّب هذا المسار إعادة النّظر في مناهج التعليم ورسم سياسات جديدة تقوم على إنشاء شراكات مع القطاع الخاصّ ليكون التّعليم سبيلًا للتنمية المستدامة، ويسهم في إعطاء المواطنين الوسائل الكفيلة بتذليل المصاعب في حياتهم اليوميّة ويساعد القادة السياسيين أيضًا على اتّخاذ القرارات الصّائبة لأجل بناء عالم قابل للاستدامة.

وأعتقد أنّ التجربة الصينيّة في هذا المجال جديرة بالتّناول، وهي تسترعي انتباه العالم بأسره، فقد استطاعت الصين أن تحقّق

الأهداف الإنمائيّة للألفيّة فحققت تقدّمًا في التعليم الابتدائي الشّامل وتشجيع المساواة بين الجنسين وحماية صحّة الأطفال والنّساء حتّى غدت نموذجًا عمليًّا لتكريس التنمية المستدامة. وإنّي على يقين من أنّ نجاح التجربة الصينية يهب الأمل للدّول النامية حتّى تنسج على منوالها وتعتمد على مقدّراتها الذّاتيّة في تحقيق التّنمية.

إنّنا نحيا جميعا اليوم مرحلة حساسة من تاريخ الحضارة الإنسانيّة، مرحلة تتطلّب إحلال التّفاهم الدّولي القائم على الحوار بين الثقافات، وهو تفاهم مشروط بتبنّي نزعة إنسانيّة جديدة يتحقّق فيها مفهوم العالميّة من خلال الاعتراف بالقيم المشتركة في سياق تنوّع الثقافات. وإنّي أعتبر أنّ الصين تلعب دورًا مميّزًا في تكريس هذا المسار لإرثها التاريخي القائم على الإيمان بقيمة التبادل الثقافي ومكتسباتها الحاضرة التي تربط الثقافة والتربية والتعليم بالتنمية المستدامة.

فلنعمل سويًّا على تحقيق توازن جديد في العالم يقوم على احترام الثقافات ويغرس المعرفة في عقول جميع البشر، ويعيد للإنسانيّة أمل مشاركة جميع البشر في بناء حضارتها».

وإثر هذه المحاضرة وما أثارته من نقاش ثريّ أعلمني رئيس قسم اللغة العربية في جامعة بيجين بالرغبة في ترجمة كتابي «على قدر أهل العزم» إلى اللغة الصينية، فكان ذلك بشارة لأنّ الكتاب وإن كان سيرة فكرية فهو عندي بطاقة هوية للمترشح إلى منصب مدير عام اليونسكو وبيان انتخابيّ أظن أنّه يقدّم هذا المرشّح إلى الناس أحسن تقديم.

حوار في جامعة غانا

وكان لا بدّ من الانتقال من بلدان تمثّل حضارات كبرى مثل الحضارة الشرقية في الصين والحضارة الغربية في روما وبرلين إلى قارّة المستقبل، إفريقيا السمراء الزاخرة بالطاقات والإمكانات والوعود. وقد اخترتُ في زيارتي إلى غانا في شهر مارس من سنة 2017 أن ألتقي جمهرة من طلّاب جامعة غانا بعقد لقاء حواري معهم. فهذه الجامعة التي تضمّ حوالي أربعين ألف طالبة وطالب، وتضمّ معهدًا للدراسات الإفريقية منحتني فرصة ثمينة كي أنصت إلى وجهات نظر الطلبة الأفارقة وأستمع إلى رؤاهم وأتعرّف إلى طموحاتهم، فجاءت أسئلتهم دقيقة ذكية في شأن أهمية التعليم لمستقبل إفريقيا وأبانت تساؤلاتهم عن رغبة في أن يكون دور اليونسكو دعمًا وإرشادًا أكبر فأكبر. وقد لاحظت أنّ الجزء المخصص للتعليم في برنامجي الانتخابي كان أكثر المحاور لفتًا لانتباههم واهتمامهم، وهو ما أسعدني بما أنّني فكّرت منذ وضع التصورات الأساسية لبرنامجي الانتخابي في تخصيص تمويلات للتعليم في البلدان التي تفتقر افتقارًا شديدًا للبنى التحتية والموارد البشرية قصد النهوض به لأداء دوره الثقافي والتنموي المستدام.

في قمة أوراسيا

إنّ توجّهي نحو الجامعة باعتبارها حاضنة التغيير الحضاري وإلى العلماء والأكاديميين والنّخب بصفتهم مرجعيات ثابتة للتقدم وصنع المستقبل ليس أمرًا عرضيًّا، فعلاوة على أنّني ما

زلت مقتنعًا بأنّ تلاقح العقول هو الذي يُنتج المعنى الإنساني فإنّ ما أولاه برنامجي الانتخابي إلى العلماء والنّخب كان قائمًا على رؤية تعتبر العلم والجامعة والتعليم رافعات للتنمية بجميع أبعادها. وهو ما سعيتُ إلى بيانه في محاضرة قدّمتها في 22 مارس 2017 بعنوان حرصتُ على أن تكون دلالته قوية معبّرة وهو: الجامعة ولّادة التغيير الحضاري. كان ذلك خلال قمة أوراسيا للتعليم العالي التي تضمّ الجامعات الأوروبية والآسيوية لتبادل التجارب والممارسات الجيدة ومناقشة أقوم السّبل لبناء المناهج والبرامج التعليمية والبحث في إمكانات أوسع للتعاون العلمي. وهذا نص المحاضرة:

«يسعدني في البداية أن أعبّر عن بالغ اعتزازي لحضوري بينكم للخوض في مشاغل التعليم العالي، والتّحدّث إلى نخبٍ من مختلف الدّول والمشارب الفكريّة، ومن جامعات متنوّعة أدركتْ أنّنا في زمن المراجعات الكبرى والتفكير الجماعي لأجل غد أفضل للأجيال. ويتزامن حضوري مع قيامي بحملتي الانتخابيّة للترشّح لمنصب مدير عام اليونسكو، ولا يخفى عليكم ما وفّرته اليونسكو للجامعيين من حظوة وتقدير واهتمام منذ تأسيسها، إذ يظلّ الجامعيّون المرجع الفكري للتقدّم في قضايا تمسّ التعليم والثقافة والعلوم، وأعتقد أنّ دورهم المستقبلي سيتضاعف لمدى ارتفاع الحاجة إلى العقول أمام التحدّيات الجديدة التي يشهدها المجتمع الدّولي، وقد أوليتُ في برنامجي مكانة مهمّة للأكاديميين والعلماء والنُّخب المثقفة لتكون اليونسكو حاضنة لهم أكثر من أيّ وقت مضى.

وعلى امتداد حملتي الانتخابية لمنصب المدير العام لليونسكو، كنتُ مصرًّا على زيارة الجامعات والحديث مع الطلبة وهيئة التدريس. بدأت بزيارة جامعة قطر ثم جامعة غرب إفريقيا في أوغندا، فاتحاد جامعات البحر الأبيض المتوسط التي تجمع ما يزيد عن 90 جامعة من 22 دولة، ثم جامعة بيجين في الصين، وجامعة غانا ومركز الدراسات الإفريقية، ومعهد الدبلوماسية الثقافية في برلين بألمانيا، ومعهد أوسلو للسلام في النرويج وغيرها. وها أنا اليوم أتحدث إليكم تحت مظلة مؤسسات التعليم العالي الأوروآسيوية.

لنتذكّر معا كلمات أتلي وهو واحد من الآباء الأوائل لليونسكو: «لحسن الحظ لا ينجب عالمنا أولئك الذين يدقُّون طبول الحرب ويحرقون لها البخور فحسب، بل إنَّه يُنجب أيضًا أولئك الذين يفكِّرون في السلام والذين يؤسِّسون لفلسفة السّلم ويضعونه موضع التنفيذ»، وإنّي لأعتقد اعتقادًا راسخًا بأنّكم من الذين يفكّرون في السّلام ويؤسّسون لفلسفته، فقد كانت الجامعة وماتزال فضاء حقيقيًّا لنشر قيم السّلام ومحضنة للأفكار، وستظلّ اليونسكو محتاجة إلى مقترحاتكم وبدائلكم بالقدر الذي تحتاجون فيه اليونسكو لتكون المظلّة السامية والنبيلة لتجسيد تطلّعاتكم من أجل خير الإنسانيّة.

لقد عرفتُ في حياتي الجامعيّة جامعات عديدة، إذ درستُ في كلية دار العلوم بمصر وجامعة سان يوسف بلبنان وجامعة السوربون بباريس وجامعة ستوني بروك بالولايات المتحدة الأمريكيّة، وتكوّنت لديّ فكرة واسعة عن تجارب التّعليم العالي في دول

متنوّعة الثقافات، وهو ما يجعلني أعتبر لقاءكم اليوم فرصة للتباحث الجدّي بشأن مستجدّات التعليم العالي ومشاكله وآفاقه، فالتنوّع في المقاربات من شأنه تقديم بدائل عميقة للأوضاع التعليميّة في العالم. ولسنا نغالي حين نعتبر أنّ التعليم العالي يشكو من أزمات متتالية ومتفاوتة بحسب الدّول والمجتمعات، ولكنّه معنيّ دائمًا بالإصلاح والمراجعة للخروج من أزماته العميقة دون أن نغفل عن أنّ هذه الأزمات في مختلف أبعادها وعناصرها لا تهمّ الجامعة فقط بقدر ما تمتدُّ إلى المحيط بمكوِّناته الاقتصادية والاجتماعية والسياسيَّة حيثُ إنّ الجامعة جزء لا يتجزّأ من المجتمع، ومن ثمّ يستتبع إصلاحها إصلاح محيطها.

انخرط قطاع التّعليم العالي منذ سنوات في إعادة ترتيب أولويّاته وفق أهداف جديدة تساير المستجدّات العالميّة، ولا شكّ فإنّ التّوجّهات الجديدة نهضت على وعي دقيق بأهمّيّة نشر الفكر التّربوي الجديد، وغيّرت أساسًا في مفهوم «الجامعة». وفي هذا الصدد، كنت قد أشدتُ منذ سنتَين في كتابي بعنوان «على قدر أهل العزم» بالتوصيات التي نشرتها منظمة اليونسكو في كتيّب بعنوان «المعارف السبع الضرورية لتعليم المستقبل» حرره الفيلسوف الفرنسي إدغار موران بمعية مجموعة من خبراء التربية والتعليم من شتى بلدان العالم. وأذكر من جملة التوصيات التأكيد على تعليم المواطنة العالمية كي تشعر الأجيال القادمة بالاشتراك في البعد الإنساني لكل البشر دون تفرقة بين جنس أو دين أو عرق. وما من شك أنّ التقانة المعاصرة والعولمة الاقتصادية والثقافية تدفع في

هذا الاتجاه لتبني الجسور بين الشعوب عوضًا عن وضع الحواجز وتشييد الجدران بينها.

إنّ التّأكيد على الطّابع الاقتصادي للتنمية سيضرّ الجامعة كثيرًا فلا يمكنها أن تصبح «ولّادة مشاريع اقتصاديّة» دون أن تكون «ولّادة للتغيير الحضاري» وهذا مكْمنُ الخطر لأنّ التّغيير الحضاري هو في جوهره ثقافة موصولة بجذورها.

ذلك أنّ الثقافة هي رهان أساسي في هذا التّغيير والجامعة مسؤولة بدرجة أساسيّة عن رفد المجتمع بالفعاليّة الثقافيّة لتنمية حركيّة التّغيير فيه، بدل أن تقتصر على تخريج باعثي مشاريع تقنويّين لا يستطيعون خارج الاختصاص الضيّق فكّ شفرة التّواصل الاجتماعي والحضاري، فيلبّي التّخرّج احتياج السّوق الاقتصاديّة دون أن يلبّي أيضًا احتياجًا اجتماعيًّا لقوى المواطنة ولقيم حقوق الإنسان والحريّة والاختلاف والمدنيّة، وهي مثُلٌ عليا طالما دافعت عنها اليونسكو باعتبارها صمّام أمان للمجتمعات.

أدّى إفراغ الأجيال من الإشباع الثقافي إلى تغلغل الفكر المتطرّف الذي وجد طريقه إلى العقول بسبب قصور مناهج التعليم عن تأسيس الفكر النّقدي وترسيخ القيم المثلى التي تؤمن بالعيش المشترك وحقّ الاختلاف، ولا نغالي حين نعتبر أنّ الإرهاب في جزء منه هو ثمرة بغيضة من ثمار إفلاس المناهج التّعليميّة. لذلك يتوجّب مراجعة مناهجنا التّعليميّة بتعزيز الفكر النّقدي فيها. وقد سبق أن ناديتُ بذلك في لقاءاتي بالجامعيين من مختلف أنحاء العالم، لأنّ تجفيف ينابيع الإرهاب يبدأ من وضع سياسات تعليميّة

جديدة تراهن على مناهج منتجة للمواطنة الكونيّة بدل إنتاج أنماط تفكير جامدة لا تنظر إلى المستقبل قدر نظرها إلى الماضي، ولا تنظر إلى التقارب بين الشّعوب والقواسم المشتركة قدر نظرها في الخلافات التي تؤجّج الصّراع الحضاري.

إنّنا نعيش اليوم في عالم كوسموبوليتي ولا معنى لإثارة الجدل بشأن امتلاك واحتكار المعرفة، فالعلم ليس له وطن، كما أنّ «عقول العالم» تعمل بهدف توسيع دائرة المعرفة في سياق تبادل التّجارب والخبرات والاستفادة من كلّ الوسائل العلميّة المتاحة أينما وُجدت. إنّنا ندعو إلى تقاسم ثمرات البحث العلمي وتحسين المحاصيل حتّى نحقّق الأمن الغذائي فيساهم التعليم العالي في التنمية المستدامة، ونضمن بذلك تمكين النّاس أينما وجدوا من أبسط شروط الحياة. فتطوير العلوم سيساهم في القضاء على الفقر، وهو الرّكن الأساسي للنّضال من أجل ضمان حقوق الإنسان وكرامته، وتلعب الجامعة دورًا أساسيًّا في تحقيق هذه الغاية.

ويتعزّز دور الجامعة كلّما حافظت على طابعها الاستشرافي في بلورة تصوّر شامل لمجتمع الغد. إذ تُؤدّي الرّؤية السطحيّة لإصلاح النّظام التّعليمي الجامعي إلى تحويل المعرفة إلى مجرّد خبرات براغماتيّة خالية من أيّ مضمون أخلاقي وإنساني بدعوى الجامعة المعولمة في حين أنّ الرّهانات الثابتة للجامعة هي تصدّر طليعة التّعبير عن المجتمع واستشراف آفاقه وهو ما يتطلّب تكريسًا لمفهوم الحريّة الأكاديميّة لأنّ مبدأ استقلالية الجامعة دعامة أساسية للإصلاح. ويُعتبر تطبيق مفهوم استقلالية الجامعة ضمانة

رئيسيّة لأداء الجامعي لمهماته الأكاديمية وكذلك للتخلص من قبضة الثقافة البيروقراطية والقناعات الجاهزة، وتشجِّع الاستقلالية التنوّع في المناهج الدراسية بين الجامعات المختلفة وبما يتناسب مع قدرات كل جامعة وإمكانياتها البشرية وحاجة مجتمعها. وإنّني من المدافعين الجادّين عن الحقوق الكاملة لقيادات الجامعات في إدارة الجامعات وفي تحديد المناهج وطرق التدريس ووضع مقايس الجودة والتنافس، ويتطلب تحقيق الاستقلالية تحوّلًا جذريًا في مفهوم القيادة والإدارة والتخطيط والعمل بمستوياته المختلفة.

سيظلُّ التَّعليم العالي محرّكًا من محرّكات التنمية الشاملة وأحد أقطاب التّعلم مدى الحياة وستظلّ الجامعة مكانًا للتّعلم والعلم بامتياز، وهي كذلك مكان للثّقافة التي تتخلّص من الضّغوط السياسيّة والإيديولوجيّة لترفع منسوب الحوار بين الثقافات وتوسّع مساحة التّسامح الذي يمثّل شرطًا أساسيًّا في التّعايش بين الأمم على اختلافها».

وجه البشرية المُشرق

لا أرغب في الإسهاب بعرض كل المحاضرات التي ألقيتها عبر جامعات كثيرة في العالم، لكنّ القصد من وراء هذا الفصل هو بيان الأهمية التي أوليها على المستوى الشخصي والمهني للتعليم ولحصونه في الجامعات وفي غيرها من المؤسسات التعليمية والبحثية. انطلقتُ من فكرة أنّ الجامعة ولادة التغيير وحاضنة المستقبل، وكذلك من أنّني بحاجة للاستماع لهذه الأجيال اليافعة

وإدراك ما يسعون إليه وما يريدونه للأزمان القادمة. إنّهم نبض المستقبل، ولا غنى لمرشح لمنصب المدير العام لليونسكو عن الإصغاء بانتباه لوجهات نظرهم، بل أحيانًا تكييف البرنامج الانتخابي تبعًا لمقترحاتهم ورؤاهم.

انتقلتُ من الدوحة إلى بوردو وبرلين وبيجين وأكرا وإسطنبول وغيرها من الحواضر في كلّ القارّات لتكون رؤيتي عالمية على قدر عالمية منظمة اليونسكو، وسعيتُ بكل جهدي أن أجتنب المركزية سواء كانت المركزية الأوروبية أو الشرقية أو غيرها، فإذا كان هذا العالم قوس قزح من الحضارات، فعلى المترشح لليونسكو أن يتنفّس هواء كل الثقافات دون استثناء ودون تمييز.

وما زالت إلى اليوم وجوه الطلبة تمرّ أمام مخيّلتي: طالبة صينية، وطالب ألماني، وطالبة غانية، وطالب إيطالي مع طالبة تركية مع طالب قطري... يمثّلون من وجهة نظري مستقبل البشرية ووجهها المشرق.

الفصل السابع

دفتر الرحلة
يوميّات الحملة الانتخابيّة

حين أقفُ اليوم متأمّلًا سنتَين من الأحداث والوقائع واللقاءات اليومية التي شكّلت مفردات الحملة الانتخابية تتداخل في ذهني ذكريات ثرية وخبرات إنسانية عميقة. فأنا أستعيدُ ما رأيت وسمعت وقلت في مناطق كثيرة من هذا العالم الرّحب إذ زرتُ زهاء ستّين دولة من الدول التي تكوّن المجلس التنفيذي لليونسكو.

في هذه اللقاءات نكتشف أشباهًا لنا في الإنسانيّة تتنوّع مكانتهم ومناصبهم ومهامّهم واختياراتهم وتوجّهاتهم ولكنّهم جميعًا يمدّون الأيدي للتعرّف إليّ ويفتحون أبوابهم كي أتحاور معهم من أجل البيت الإنساني المشترك الذي نسمّيه اليونسكو.

تختلف المصالح من دولة إلى أخرى وتتعدّد وجهات النظر لدى هذا المسؤول أو ذاك ولكنّ الرغبة في استكشاف الآخر واستضافته بالابتسامة الدبلوماسية المألوفة وبالأسئلة الضمنية تمثّل حافزًا لاستكشاف المُخاطَب والتعرّف إليه. وثمّة قاعدة ذهبيّة في

هذا علّمتني إياها الأيام وتجربتي في عالم الدبلوماسية. إنّها قاعدة قد تبدو غريبة ولكنّنا عند تأمّلها نجدها عنوانًا للنجاعة. فقد جرّبتُها فصحّت. وهذه القاعدة مستمدّة من ذاك التعبير القديم: «تكلّم لأعرفك!» بأيّ لغة نطقتَ فمخاطبك سيذهب من اللفظ إلى المعنى الذي سيرسخ في الذهن ويؤثّر في النفس.

قاعدتنا هي أن تكون أنت وليس، كما تتوهّم، أن تكون من يريد منك مخاطبك أن تكون. فليس الحوار بين البشر، كما هو شائع في كثير من أدبيّات تدريب السياسيّين على التعامل مع الجمهور العناية بالهيئة والمظهر، مناورةً وتصنّعًا وقوالب جاهزة وتوصيات تصرّفها بحسب المقامات. فهذا الضرب من الحوار قد صيغ ضمنيًّا بلغة الحرب والغزو، غزو قلوب الآخرين وعقولهم. وهي حروب تتطلّب جهدًا في الفصل بين ما نُظهر وما نُضمر.

لكنّ نظرتي إلى الدبلوماسية أبسط من هذا وأشدّ تعقيدًا في آن واحد: إنّها عندي تيسير للتواصل بين بشر مهما علت منزلتهم، ولا أحد في هذا التواصل أذكى من الآخر. لذلك، ثمّة سرّ إمّا أن يوجد وإمّا ألّا يوجد. وهذا السرّ هو أن تجد القَبول لدى الآخر سواء اتّفقت معه أو اختلفت في هذه الفكرة أو تلك وفي هذا التفصيل أو ذاك. وكثيرًا ما نهمل هذا الجانب البسيط لأنّه غير قابل للتحديد الكمّي فهو كالروح التي تسري في الأفكار واللغة تلهم المخاطَب وتشدّه إلى المتكلّم في غير تصنّع أو تكلّف.

وإنّي لمؤمن بأنّ من كانت قدوته الخيرَ والعمل الصالحَ دون نفاق أو مواربة لواجد حتمًا ذلك القَبول لأنّك حين تكون صادقًا

إنّما تخاطبُ الأساس الإنسانيّ الكامن في كلّ واحد من بني البشر. فمن القلب إلى القلب يكون التخاطب وليس من اللّسان إلى الأذن.

لست أدري ما سيراه المختصّون في الاتصال في مثل هذا الموقف من صواب أو خطأ، ولا أعرف كيف سيتقبّله أهل الدبلوماسية هنا أو هناك، ولكنّني متأكّد أنني في تجربتي تصرّفت على هذا النحو عن وعي وبحسب السليقة ولكن ليس عن سذاجة فكانت النتيجة دائمًا مخصبة. إذ يزرع هذا الأسلوب بيني وبين المخاطبين الذين تعاملتُ معهم شجرة صداقة كثيرًا ما تزهر فتورق فتزكو ثمارها. وسبب هذه الصداقة أنّ السياقات المختلفة والظروف المتنوّعة منذورة إلى الزوال في حين أنّ لقاء البشر باق ولا ريب.

لقد انطلقتُ في حملتي مستندًا إلى تصوّري هذا للتواصل والاتصال فوجدتُ نفسي أنسج شبكة علاقات جديدة بأُناس لا أعرف إلّا مناصبهم وصفاتهم دون أشخاصهم ولكنّني كنت أتوجّه إلى الإنسان فيهم لأنّهم يحملون بالضرورة من العمق الإنساني ما يسّر لي مهمّتي. وكنت في أحايين أخرى أسقي شجيرات صداقة قديمة أستعيدها لأراها تكبر أكثر فأكثر.

واعتقادي أنّ تصوّري هذا للتواصل والاتصال، بما فيه من بعد إنساني حميم أقرب إلى تلك النواة المثالية للإنسان التي تحجبها في أحايين كثيرة المصالح العابرة والخلافات الظرفية، يلتقي عميقًا بما انبنت عليه منذ البداية قِيم اليونسكو ومبادئها، إنّها استثمار في المعنى الإنساني وترقية للنفوس والعقول بالفن والتعليم والعلم

ورموز التراث البشري رغم أنّ الرهانات السياسية كثيرًا ما تُنسي بعضنا جملة هذه القِيم السامية والمبادئ الرفيعة.

خرائط المعنى والجغرافيا السياسيّة

إنّ هذا الخيط الناظم لحملتي الانتخابية التي أستعيد اليوم بعض فصولها وتفاصيلها هو ما يتبقّى في ذهني بعد سنتَين من العمل الدؤوب واللقاءات المثمرة. فلئن أغنى منّي النّفسَ فقد أكّد لي خطّتي وأسلوبي في التعامل. والحقيقة أنّ هذا المنطلق بعمقه الإنساني ليس كافيًا في حدّ ذاته إذ يتطلّب تخطيطًا وترتيبًا يخرج به من حيّز النية والعزم إلى حيّز الفعل والعمل.

كان عليّ لتحقيق هذا الانتقال أن أدرس خريطة العالم لا لأصبح جغرافيًّا بل لأتثبّت على الخارطة من توزيع البلدان الأعضاء في المجلس التنفيذي الذين سينتخبون المدير العام الجديد. بدا لي الأمر جدّيًّا لطابعه المصيري ولضرورة إحكام الخطة كما كان يقول لي مستشاريّ. فأنت إذ تواجه الخارطة ترى تنوّع العالم العجيب وتكتشف أسماء دول نسيتها في غمرة الأيام والأعمال وتتثبّت من موقعها في أرض الله الواسعة.

تجول ببصرك من اليمين إلى اليسار، تتوقّف في الوسط لتقسّم العالم إلى مناطق كبرى متّخذًا من مكانك حيث أنت في الدوحة، سرّة عالمك، مقياسًا للقرب والبعد. تتوقّف أحيانًا في نوع من اللامبالاة أمام بلدان تعرفها معرفة جيدة ولكنّك تتأمّلها كما لو أنّك تراها أول مرة.

فاتنة هذه الخرائطُ التي تصوغ صورة الأرض بتلك الأشكال والألوان، تقرؤها بالطول والعرض، يحثّك مستشاروك على أن تركّز النظر إلى البلدان والمجموعات الجغرافية التي تعنيك في حملتك باسم النجاعة والسرعة والبرغماتية ولكنّني في حقيقة نفسي الباطنة كنتُ أستعيد دهشة الطفل وهو يرى الخارطة بشساعتها لأول مرة.

البداية من الدوحة، سرّة العالم

ومن دهشة الطفل وذكرياته كان لا بدّ لي أن أعود إلى الواقع ومقتضياته. وكان القرار: أن أنطلق من سرّة العالم بالنسبة إليّ ومن مرجعيّتي الجغرافية فيه، أي الدوحة.

بدأ كلّ شيء يوم 6 مارس 2016 الذي اخترته موعدًا للإعلان الرسمي عن ترشّحي وتقديم برنامجي الانتخابي، كان الاجتماع مع ممثلي السلك الدبلوماسي المعتمدين في قطر بمقرّ وزارة الخارجية القطرية. فالدوحة تحتضن سفارات جلّ دول العالم تقريبًا وقنصلياتها ولكثير من هؤلاء السفراء والممثلين وزنٌ وازن في الساحة الدبلوماسية الدولية. أمامهم ألقيتُ كلمتي وقدّمتُ تصوّراتي.

لم أكن بالنسبة إليهم اسمًا جديدًا فأنا أنتمي منذ أمد طويل إلى السلك الدبلوماسي وأتقن أساليب خطابه وتعاملتُ مع أعضائه بما مكّنني من ربط علاقات مميزة مع الدبلوماسيين سواء في بلدي أو في العالم، فأنا منهم وإليهم. فعلاوة على تواصلي الدائم معهم وربّما بسبب ما قام بيني وبينهم من صداقة، كم مرّة سعى الواحد منهم إلى أن أستقبل رئيس بلده عند زيارته الرسمية إلى الدوحة.

لقد عملتُ سفيرًا لمدة تفوق عشرين عامًا قضيّتها متجوّلًا عبر العالم قبل العودة إلى بلدي، فنسجتُ صلات وعلاقات مع كثير من السفراء المعتمدين في الدوحة ومع وزراء دولهم حتى قبل مجيئهم إلى الدوحة. وهذا الرصيد الحاصل من العلاقات الدولية والدبلوماسية أسهم أيّما إسهام في نجاح حملتي الانتخابية والنتيجة المشرّفة التي حققناها، وكان يمكن أن تُكلّل بالنجاح لولا الظروف التي سيطّلع عليها القراء في صفحات هذا الكتاب.

ومن باب إرجاع الفضل إلى أهله، أقرّ أن الكثير من السفراء أدّوا أدوارًا رئيسية في ضمان تصويت دولهم لي. وكم كنتُ أودّ أن أذكرهم بأسمائهم ودولهم، ولكنّ حرصي على ألّا أحرجهم يحول دون ذلك.

خطاب الترشّح

لقد حمل خطابي إلى الدبلوماسيّين المعتمدين في الدوحة أهمّ ما دعاني إلى الترشّح وجعلتُ منه رسالة كنت أريد أن يبلّغها السفراء إلى حكوماتهم كي يتّخذوا قرار دعم ترشّحي عن علم ببرنامجي وتفاصيله، وفيما يلي نصّ «خطاب الترشّح في لقاء السفراء»:

«أعبّر لكم في البداية عن سعادتي البالغة للالتقاء بكم في هذه اللّحظة التّاريخيّة التي أتقدّم فيها للتّرشّح لإدارة منظّمة اليونسكو، ولا يخفى عليكم أنّني لست بعيدًا عنكم أو عن الدّوائر الدّبلوماسيّة، فأنا قبل كلّ شيء ابن الأمم المتّحدة، وابن اليونسكو فلست غريبًا عنها ولا هي غريبة عنّي، وتعلمون جيّدًا مدى علاقتي بالدّبلوماسيّة

حيثُ أمضيتُ سنوات عديدة في المجال الدّبلوماسي ومثّلت بلدي في أكثر من دولة، وهو ما جعلني قريبًا منكم أيضًا وتربطني بكم علاقات وثيقة لأنّنا نحمل الوعي المشترك بأهميّة الدّبلوماسيّة اليوم في إحلال التّوافق العالمي.

ولئن اقتضت الضّرورة اليوم أن ألتقيكم وأتحدّث معكم باعتباري مرشّحًا لليونسكو فإنّه لا يفوتني أن أذكّركم بأنّني أنطلق من هذه الأرض التي نشأتُ فيها متجذّرًا في حضارتها المجيدة بما قدّمته للإنسانيّة من علماء ومفكّرين مستنيرين لم يبخلوا بعلمهم في شتّى المجالات للتقدّم بالإنسان. وتعلّمتُ فيها معنى الانفتاح على الحضارات فجُبتُ الآفاق، في أمريكا وآسيا وإفريقيا وأوروبا حتّى أصبحتُ أتنفّس هواء جميع الثقافات. ولعلّ أبرز خصلة يكتسبها الدّبلوماسي هي توسّع أفق انفتاحه على الآخر، وقبوله بالاختلاف والحوار لأجل تحقيق التّواصل بين الأمم.

إنّني أبوح لكم في هذا المقام الذي يسمح بالألفة، بأنّ كياني مزيجٌ من هذه الحضارات المتنوّعة التي سعت إلى خدمة الإنسان، واشتركت قيمها في نُبل الرّسالة التي رفعتها اليونسكو ألا وهي تحقيق السّلم العالمي، ولا شكّ أنّكم تبادلونني هذه الرّؤية لأنّنا نقف جميعًا على أرضيّة واحدة، وهي السّعي إلى تحقيق التّقارب بين الشّعوب وتمكين الأجيال من حقّها في التّعليم والثقافة والعلوم لتكسب رهان التّنمية المستدامة.

ولا أُغالي حينَ أقولُ لكم بأنّ الدّبلوماسيّة تلعب دورًا جوهريًّا في بلوغ هذا الرّهان، فهذه القوّة النّاعمة من شأنها أن تبثّ القيم

الإنسانيّة الكفيلة بدفع الشّعوب إلى التّعايش وقبول التنوّع وبناء غد أفضل للإنسانيّة، لذلك أعتقد أنّكم خيرُ من يبلّغ حكوماتكم بترشّحي لليونسكو وبطلب دعمها لي كي أكون خير ممثّل لهذه الرّهانات التي نتقاسمها دون أدنى شكّ.

إنّ ترشّحي لهذا المنصب يكتسي أكثر من معنى وله أكثر من هدف. إذ يمثّل إشراف دبلوماسي من بلد عربي على حظوظ هذه المنظّمة، لأوّل مرّة في تاريخها، فرصة لأبناء العالم العربي الإسلاميّ خصوصًا وللبلدان النّامية عمومًا لبلورة تصوّرات ومشاريع مستقبليّة تنهض بواقع هذه الشّعوب، وهي فرصة مثاليّة أيضًا للبلدان المتقدّمة ولليونسكو لتأكيد روح التّعاون المشترك ووحدة المصير البشري بما يمثّل جسرًا بين الحضارة العربيّة والحضارات الأخرى.

ويهدف هذا التّرشّح إلى تحقيق انطلاقة جديدة لليونسكو تهتدي بالمُثل العليا للآباء المؤسسين الذين أنجزوا مدوّنة القيم والوسائل التي شكّلت قوّة أخلاقيّة وعمليّة دافعة للمبادرات لصنع السّلم العالمي، وما أحوجنا اليوم إلى ترسيخ هذا المنهاج الذي يتطلّب تجديدًا في هذه المرحلة الحساسة من تاريخ الإنسانيّة.

ففي هذه المرحلة الدّقيقة التي تشهد فيها الإنسانيّة تراجعًا للحوار وتناميًا للأفكار المتطرّفة وتدهورًا في نمط عيش شعوب كثيرة بسبب استفحال النّزاعات والحروب وشُيوع الكراهيّة بدل الاحترام والتّقارب، يُصبحُ لزامًا علينا أن نقدّم بدائل جديدة تنبع من قوّة الاقتراح للعلماء والمثقفين والباحثين في شتّى المجالات.

تتحمّل اليونسكو اليوم مسؤوليّة كبيرة في مجال التّعليم، فقد قطعتْ أشواطًا لا بأس بها في دعم تدريس الأطفال، وأعبّر لكم عن اعتزازي بتجربة بلدي في مجال التّعليم حيثُ استطاعت من خلال مبادرة «علّم طفلًا» وبشراكة مع اليونسكو أن تموّل تدريس الملايين، وأعتقد أنّ الاستمرار في هذا النّهج من شأنه أن يُثمّن رسالة اليونسكو في توفير التّعليم لكلّ أطفال العالم المحرومين، وأن يسمح بتعليم المرأة للرقيّ بمكانتها في المجتمع، فلا تنمية مستدامة دونَ مشاركة النّساء المتعلّمات، ولن تتحقّق هذه الرّسالة إلّا بفضل تحسيس الدّول بأهمية بناء شراكات مع المؤسسات للحدّ من الانقطاع المدرسي وتوفير حقّ التّعليم لجميع النّاس.

ومن المؤكّد أنّ اليونسكو تحتاج إلى العلماء في جميع مبادراتها لأنّهم يشكّلون القوّة الدّافعة والعقل المستنير الذي يظلّ ينير سبيل الإنسانيّة للرقيّ والتقدّم، لذلك فإنّنا سنعمل بشراكة مع المجموعة العلميّة الدّوليّة، وستكون اليونسكو بيتًا للعلماء والخبرات من كلّ أصقاع الأرض. فمثلما وهبت الحضارة العربيّة في السابق العلم للإنسانيّة فإنّني على يقين أنّ الخيرات الرّمزيّة والمادية التي يسمو بها الإنسان لم تكن إلّا حصيلة مشاركة جميع الحضارات، ولهذا علينا أن نتيح لكلّ الكفاءات العالميّة فرصة إبداع المنتجات العلميّة والمعرفيّة للتصدّي لمشكلات التّنمية في جميع البلدان من خلال البحث التّطبيقي والتّكنولوجي.

إنّ تأكيدنا على التّنمية المستدامة لا يقترن فحسب بالمجال الاقتصادي أو البيئي، وإنّما تمتدّ جذور التّنمية إلى ما هو أعمق،

ونعني به ترسيخ الحقوق والكرامة لكلّ من الرّجل والمرأة، ولا يمكن لنا أن نعزّز هذه القيم إلّا بإشاعة الحوار بين الشّعوب على قاعدة الإيمان بالتنوّع الثقافي ودعم الخصوصيّات الثقافيّة، وينبغي على اليونسكو أن تواصل مهمّتها في تحقيق «السّلم الثقافي» من خلال تعهّد «مدوّنة القيم المشتركة» التي ناضلت الإنسانيّة لأجل بلوغها باعتبارها القاسم المشترك للسّلم العالمي. وعلينا أن نعلن عن ضرورة توفير المساواة في نيل فرص التّنمية، لذلك لا مجال لتهميش البلدان النّامية بل سندعم مبادراتنا في إفريقيا وفي أمريكا الجنوبيّة دونَ أن نهمل سكّان الجزر.

وإذا كان التّراث العالمي هو «العلامة المميّزة» لليونسكو فإنّ ما يحدث اليوم من هجمات تدميريّة للتراث الإنساني في سوريا والعراق وليبيا يهدف أساسًا إلى محو الذّاكرة الإنسانيّة وتسليط الفكر الهمجي للمتطرّفين الذي يخطّطون للتّطهير الثقافي. ولئن سارعت اليونسكو بالتّنديد بهذه الهجمات وبادرت إلى تشكيل حملة عالميّة لنشر الوعي بأهمية التراث العالمي والدّعوة إلى صيانته، فإنّنا نعتبر أنّ اليونسكو هي المكان الثّابث والشّرعي لصياغة قوانين تحمي التراث الثقافيّ البحريّ والتراث الإنسانيّ المادّي وغير المادّي وتجريم المُعتدين عليه.

إنّ ترشّحنا لليونسكو بقدر ما يؤكّد على البعد التّجديدي للمبادرات العالميّة لأجل تفعيل المثل العليا للإنسانيّة فإنّه لا يتناسى دورنا المستقبلي في النّهوض بالمنظّمة نفسها وفي جعلها أكثر إشعاعًا وأكثر حضورًا في جميع أنحاء العالم ولدى شرائح اجتماعيّة واسعة ومن بينها الشباب الذي نعوّل عليه كثيرًا في ترسيخ

القيم المشتركة، فقد تأكّد لنا أنّ اليونسكو بذلت خلال سبعين عقدًا مجهودات جبّارة في سبيل الإنسانيّة إلّا أنّها ما تزال إلى الآن لا تحظى بالإشعاع المطلوب، وهو ما يدفعنا إلى استخدام كافة الوسائل الرقمية المتاحة ليبلغ مدى المنظّمة أوسعَ طيفٍ جماهيريٍّ ممكن، وتحقّق دورها والتزاماتها. ولكنّ هذا الدّور لن يترسّخ إلّا بفضل إدارة رشيدة وشفافيّة عالية.

ينبغي علينا اعتماد الحوكمة من خلال حسن استغلال الموارد البشريّة والماليّة وتركيز المقاربة الجماعيّة وفق الآليّات الحديثة حتّى نتقدّم بأداء اليونسكو التي تشكو في المرحلة الراهنة من نقص في الإمكانات المادية، وذلك ما يدفعنا إلى العمل على زيادة الموارد واستقطاب التّمويلات من شتّى المصادر الرّسميّة والمدنيّة لأنّ المئات من المؤسسات في العالم لها أهداف تتوافق بالكامل مع الأهداف النّبيلة لليونسكو في خدمة الإنسانيّة. وسيدفعنا هذا التوجّه إلى العمل الميداني لمتابعة سير المبادرات والمشاريع وتوثيق الصّلة بالدّول وحثّها على مزيد دعم المنظّمة الأمر الذي سيجعلنا نبذل قصارى جهدنا لندعم فاعليّة دور الولايات المتّحدة الأمريكيّة، وغيرها من الدّول التي بدا دورها فاترا في المرحلة الأخيرة.

إنّ هذه الرّؤية تتطلّب دعمًا وجهدًا مشتركًا، أعتقد أنّكم لن تبخلوا بتقديمه لما فيه من مصلحة للإنسانيّة جمعاء. كما تتطلّب عزمًا وإرادةً حتّى نتابع التقدم المنجز في تحقيق طموحات وآمال شعوب العالم، ونطوّر هذه المنظمة الفتية، لتواصل رسالتها من أجل غد مشرق للإنسانية.

وإنّي سعيد بحضوركم اليوم لا لتشهدوا إعلاني للترشّح لليونسكو فحسب بل لتبلّغوا حكوماتكم وشعوبكم بعزمنا على تحقيق انطلاقة جديدة للمنظّمة.

ولا يفوتني أن أعلمكم بأنّ بلدي وقيادتي تدرك تمام الإدراك أهميّة هذا الموقع والمتطلّبات التي يقتضيها على من يتبوّأه والمسؤوليّات الجسيمة على عاتق من يتقلّده. وما كان لبلدي أن يرشّحني لو لم يتوفّر أمران، أوّلهما ثقة القيادة في شخصي وفي قدرة المرشّح على تحمّل أعباء هذه المسؤوليّة من خلال ما يتمتّع به من كفاءات وإمكانات ثقافيّة وتعليميّة تولّدت من خبرته في تحمّل المسؤوليّات وما مرّ به من تجارب على المستويات المحلية والعربيّة والدّوليّة.

وثانيهما استعداد بلدي لدعم المرشّح بكلّ الوسائل المتاحة بعد نجاحه لخدمة الأهداف النبيلة لليونسكو في التعليم والعلم والثقافة.

لقد تعاملتم معي كسفراء لبلدانكم، ولمستم عن قرب إيماني بالعمل الإنساني وبأهداف اليونسكو بما يجعلكم قادرين على معرفتي حقّ المعرفة، وهذا ما يتيح لي دعوتكم مجدّدًا إلى دعم هذا الترشّح وحثّ حكوماتكم عليه».

لقد كان وقع الانطلاق من الدوحة في لقاء علني مع السفراء لتقديم برنامجي الانتخابي لليونسكو كبيرًا إذ رأوا فيه نوعًا من التبجيل والتعويل على رصيد علاقاتنا المتين السابقة لدعم ترشّحي.

لم يكن وقتها قد ترشّح أحد لانتخابات المدير العام لليونسكو باستثناء الدبلوماسي اليمني أحمد الصياد الذي تنازل لصالحي بعد فترة وجيزة.

الكويت

من المواقف التي أذكرها بكثير من التقدير والتي تدلّ على طبيعة العلاقة بين قطر والكويت شعبًا وقيادة وتشير إلى ترحيب الكويت بوصولي إلى سدة الإدارة العامة لليونسكو ما بدر من هذه الدولة الشقيقة قبل الانتخابات. عندما ترشّحت للإدارة العامة للمنظمة لم تكن دولة قطر عضوًا في المجلس التنفيذي وهو أمر محبّذ ويساعد على المتابعة ودعم الصلة المباشرة بأعضاء المجلس الذين سيصوتون لاختيار المدير العام.

وكانت دولة الكويت عضوًا في المجلس التنفيذي وتدوم عضويّتها أربع سنوات. وبمبادرة من الكويت فقد اقترحت أن تنسحب من عضوية المجلس التنفيذي كي تقوّي من حظوظ دولة قطر في إحراز العضوية كدولة خليجية أخرى مع سلطنة عمان التي تدعم بدورها المرشح القطري. وهو ما حصل بالفعل وحصلت قطر على عضوية المجلس التنفيذي. وقد كانت الكويت باستمرار من أقوى الدول الداعمة للمرشح العربي القطري حتى النهاية.

اتحاد الأدباء والكتّاب العرب: مناورة إماراتية مصرية بكلمة حق يراد بها باطل؟

في شهر أغسطس 2016 هاتفني صديق مصري عضو في اتحاد الأدباء والكتّاب العرب ينبّهني أنّ هناك خطة مصرية إماراتية لاعتبار المرشحة المصرية هي المرشحة الوحيدة عن العرب، وأضاف أنه سوف يتصل بي السيد حبيب الصايغ نائب رئيس اتحاد الكتّاب

العرب وهو من الإمارات العربية ليقترح عقد اجتماع للاتحاد بحضور جميع المرشحين العرب من مصر وقطر ولبنان وسيصوت الاتحاد لدعم مرشح واحد وسيحاول المراوغة لإقناعك أنهم سيدعمونك، وقد يكون هو نفسه لا يعلم بالتفاصيل، بينما الحقيقة أن الاتحاد تحت سيطرة مصر والإمارات وسيصوت غالبية أعضائه لصالح المرشحة المصرية، فرجاء منك عدم قبول الدعوة وهو ما سيبطل الخطة الماكرة.

وقد فوجئت بالفعل بعد أقل من يومين بالسيد الصايغ ليبدي تعاطفه معي وقناعته بأنني الأجدر وأنّ الاتحاد يرى أن وجود أكثر من مرشح عربي من شأنه أن يضعف حظوظ العرب وأضاف: نحن نعرف أنك أقوى المرشحين ونعرف أنك أول من ترشح وستكون الأغلبية معك. وبدا لي الاقتراح بالفعل ظاهره الرحمة وباطنه العذاب. شكرته على مساعيه الخيرة ووعدته أنني سأفكر في الأمر وسأرد عليه كتابة. وقد أضاف منبهًا أنّ هناك مرشّحَين من لبنان هما السيدة فيرا خوري والدكتور غسان سلامة. ورغم علمي أنّ الدكتور سلامة لم يحظ بدعم لبنان ولم يرشّحه رسميًّا إلا أنني لم أناقش الأمر معه واكتفيت بالوعد مجدّدًا بالرد عليه كتابة. وفي اليوم التالي وبناء على اقتراح صديقي الذي نبهني بما يخططون، توجهت للاتحاد بالرسالة التالية:

22/ أغسطس 2016

السيد/ الأمين العام لاتّحاد الأدباء والكتاب العرب، حبيب الصايغ المحترم

«صباح جميل عليك وعلى بلادك، وعلى أمة العرب، التي سنبقى نتغنّى بها، ونعمل من أجلها، ونسعى لوحدتها. هكذا كنّا ونحن صغار وشباب، ورغم ما اعترى الأمة من عوارض سنبقى مؤمنين بكل هذه القيم، ونعمل بكل إخلاص من أجلها.

أعلّـل النفـس بالآمـال أرقبهـا

مـا أضيـق العيش لـولا فسـحة الأمل.

لا شكّ لديّ في حسن نيّتكم، وصدق مقصدكم، ولكن واقعنا مرير لن تغيّره النوايا ولن يصلحه حسن المقاصد.

يعلم الله أن بلدي، وأني شخصيًّا، ما كنا نسعى لهذا الموقع لو لم تكن لدينا المعطيات التي توفر الكفاءة والخبرة والإمكانيات، التي تحقق للأمة الوصول إلى هذا الموقع المهم. ومن تكويني الثقافي والفكري الذي تعرفه أنت وذوو النوايا والأهداف النبيلة، أنني لا أفرق بين بلد عربي وآخر، فالمصلحة العربية العليا عندي فوق كل مصلحة، ولن أكون هناك لخدمة قطر والخليج فقط، فقطر والخليج، وبالذات قطر أكثر الدول عملًا وتفانيًا في تمويل وخدمة أهداف اليونسكو، وهي إنجازات طويلة يعرفها الجميع، عربًا وغير عرب. لذلك سيكون وقتي وجهدي مكرسين لخدمة مصر ولبنان وغيرهما من عالم العرب.

وتحاشيًا للإطالة أقول:

إننا تقدمنا للتصدي لهذا الموقع بعام ونصف العام قبل أي دولة أخرى لتحاشي التأخير وعواقبه.

وهل تتوفر لآخر من خدمة هذه المنظمة ما يتوفر لديّ! ليس غرورًا بل تقريرًا لواقع: أعلى الشهادات من أهم الجامعات، وسفيرًا لمدة 21 عامًا كرّستها لخدمة قضايا أمتي في أهم عواصم العالم، و15 عامًا وزيرًا للثقافة، كرستها لخدمة الثقافة العربية، وعلاقات دولية يشهد بها الجميع، ورئاسة لمنظمات دولية ومؤلفات بلغات متعددة، و13 وسامًا من دول عدة، وغير ذلك كثير في خدمة الأمة والعالم. كفاءة وخبرة أتاحها لي الله والوطن والعمل المتواصل. وإننا، أنا وأنت ومن هم في جيلنا، نمثل الجيل المثقف في الخليج، الذي يؤكد أن الخليج ليس مالًا فقط، بل هو تاريخ مجيد، ومستقبل باهر، وينتسب لأمة عريقة هي الأمة العربية، يؤمن بحضاراتها، وبماضيها العريق، ويتطلّع للمشاركة في بناء مستقبلها الواعد إن شاء الله، رغم ما يعتري الأمة من أمراض ـ إن شاء الله ـ عارضة. فلا ترددوا في دعم أحد أبناء الخليج المخلصين لأمته العربية أن يخدم هذه الأمة، ويخدم العالم في منظمة دولية ذات أهداف نبيلة في التعليم والعلوم والثقافة. ويسرني أن أؤكد لك وللأخوة المخلصين من أمثالك، أنني أحظى بتجاوب من العالم، أكثر بكثير مما كنت أتوقع، وأني وبتوفيق الله، وبدعم أمتي العربية المجيدة، سأصل وسأرفع رأس الجميع عاليًا، خدمة للعرب وللعالم.

تحياتي لك، ولأدباء العرب الكرام»

د. حمد بن عبدالعزيز الكواري

وممّا أثلج صدري أنّ ردود أفعال جل الأدباء والمثقفين العرب كانت مساندة لي وداعمة لترشحي. فبعد بضعة أيام، نشرت صحيفة القدس العربي (15 سبتمبر 2016) مقالًا بعنوان «دعوات للتوافق حول مرشح عربي لرئاسة منظمة «اليونيسكو» وتأكيد على حظوظ الدكتور حمد الكواري لنيل المنصب». وقد جاء في المقال ما يثبت جدارة المرشح القطري حسب مصادر مختلفة، وأكتفي بالاقتباس التالي:

«واعتبر الكاتب التونسي وعضو اتحاد الأدباء العرب فاروق الأندلسي في تصريح لـ«القدس العربي» أن دعوة الأمين العام للاتحاد العام للأدباء والكتاب العرب حبيب الصايغ إلى الوقوف خلف مرشح واحد «لضمان فوز عربي مشرف لرئاسة منظمة الأمم المتحدة للتربية والثقافة والعلوم (اليونيسكو)» موقف لا يمكن أن يُقال عنه إلا أنه يجهل الحقائق. وشدد على أن الموقف يبدو ظاهريًّا بريئًا بل محمودًا، لكن إذا علمنا أن وزراء التربية العرب المجتمعين في تونس يوم 17 مايو/ أيار 2016 في إطار المنظمة العربية للتربية والثقافة والعلوم (الأليكسو) حسموا الأمر وصوتوا على اختيار الدكتور حمد الكواري مرشحًا عربيًّا لذلك المنصب الدولي المرموق، نُدرك أن دعوة الاتحاد المُوجهة إلى أربعة مرشحين غريبة. كانت حصيلة الاقتراع تأييدًا من الأغلبية للدكتور الكواري، عدا مصر التي لها مرشحة لهذا المنصب ولبنان الذي له مرشحان! بينما اختارت الجزائر الاحتفاظ بصوتها.

وشدد المصدر على أن هذا القرار لم يأت من فراغ فللمرشح الخليجي الدكتور الكواري خصال مُميزة، فهو دبلوماسي مخضرم

ومثقف غير تقليدي يحمل فكرًا مُتنورًا عبر عنه من خلال كتبه المنشورة وآخرها كتاب «على قدر أهل العزم» الصادر هذه السنة بالعربية والفرنسية والإنكليزية، وهو يتحدث ويكتب بثلاث لغات، فضلًا عن إلمامه الواسع بالتراث الإنساني المادي وغير المادي. وعليه كان متوقعًا أن تميل كفة الترشيحات بشكل واضح لصالحه، وهو ما يفتح الطريق أمام نجاحه في الفوز بالإدارة العامة لليونيسكو خلفًا للبلغارية بوكوفا، ليكون أول عربي يتولى هذا المنصب منذ إنشاء المنظمة في 1945.

ويشدد فاروق الأندلسي المتحمس لتسمية الكواري الذي حظي مؤخرًا بإجماع خليجي لدعم ترشحه ورفع الأمر إلى جامعة الدول العربية، إلى أن الوقت حان بعدما دار منصب المدير العام لليونسكو دورة جغرافية مديدة عبر مناطق العالم، لدور العرب الآن لتولي هذا المنصب الرفيع. وأكد أنه ليس من المسموح أن يغرق العرب مرة أخرى في صراعاتهم ومشاحناتهم الصغيرة، ليهدروا هذه الفرصة التاريخية، مثلما أهدروا فرصًا سابقة في منظمات دولية ذات وزن. وأشاد في هذا الصدد بموقف المرشح اليمني الدكتور أحمد الصياد الذي أعلن منذ أشهر انسحابه دعمًا للمرشح العربي الدكتور الكواري. واعتبر أن المرشح القطري والخليجي هو أيضًا مرشح لعدة دول إسلامية ويحظى بتأييد دول آسيوية ومن ثمّ من الأفضل أن يتم التوافق عليه حتى لا يخسر العرب فرصتهم وأملهم في الحصول على المنصب.

وكانت دول مجلس التعاون الخليجي أعلنت مؤخرًا دعم المرشح القطري وزير الثقافة السابق والمستشار في الديوان

الأميري الدكتور حمد بن عبد العزيز الكواري مرشحًا لها لمنصب مدير منظمة الأمم المتحدة للتربية والعلم والثقافة. وكشف نائب الأمين العام للجامعة العربية، أحمد بن حلي، أن مجلس التعاون الخليجي أبلغه بأن القطري حمد بن عبدالعزيز الكوراي هو مرشح المجلس لمنصب مدير عام (اليونسكو)».

وزير الثقافة مرشّحًا لليونسكو

كنتُ آنذاك، وأنا أقدّم ترشّحي أشغل منصب وزير الثقافة والفنون والتراث. بيد أنّ نشاطاتي كلّها منذ اللقاء مع الدبلوماسيين المعتمدين في الدوحة أضحت مصطبغة بأشكال مختلفة بذاك الترشّح لليونسكو. وبالفعل، ففي الثامن من مارس 2016، أي بعد يومين من اللقاء مع الدبلوماسيين، شاركتُ في حفل بمناسبة اليوم العالمي للمرأة، حرصتُ فيه على أن أحيّي نساء بلادي والعالم وأحدّثهنّ عن برنامجي الانتخابي.

لقد صارت حياتي العامّة وأحاديثي في مختلف المنابر موقّعة على توقيت الحملة الانتخابيّة الآخذة في التصاعد على التدريج. فلم نتعلّم في قطر من قيادتنا إلّا الجدّ إذا عزمنا على أمر والإخلاص لما استقرّ عليه رأينا بعد درس وتمحيص. فعلى قدر أهل العزم تأتي العزائم...

وصادف أن عملت اليونسكو على جمع الجهود حول التراث وتوعية الرأي العام والشباب بأهميته تحت شعار «متحدون من أجل التراث»، فوجدتُها فرصة مناسبة كي أبرز المكانة التي أوليها

شخصيًّا للتراث الثقافي في وجهَيه المادي وغير المادي. فقد سبق لي أن بذلت جهدًا موفّقًا لتسجيل الصّقارة والقهوة العربية والمجلس في القائمة التمثيلية للتراث الثقافي غير المادي للإنسانية في منظمة اليونسكو.

ولئن كانت هذه اللقاءات مناسبات عرضية لم تكن ضمن ما خطّطت له فقد تفاعلتُ معها باعتبارها مناسبات لعرض ترشّحي وتقديم جوانب من برنامجي الانتخابي بحسب هذه المناسبة أو تلك. والواقع أنّ ما قمتُ به منذ إعلان ترشّحي في 26 مارس 2016 تحت شعار «نحو انطلاقة جديدة» كان قائمًا على معايير وخطّة مرنة للاتصال المباشر بمختلف الفاعلين والدول الأعضاء في المجلس التنفيذي لليونسكو. وكانت البداية مع سيّدة القارة السمراء وبلد الزعيم مانديلا. وكان وصولي لجنوب إفريقيا يوم 14 أبريل 2016.

الانطلاق من جنوب إفريقيا

من حسن الصّدف أنه حتى قبل أن أكون مرشحًا لليونسكو، زارنا في الدوحة الرئيس السابق لجنوب إفريقيا السيد جاكوب زوما، وكنتُ في استقباله في المطار. ولمّا نزل من الطائرة وقدّمتُ له نفسي فوجئتُ أنّه قد اطّلع على سيرة حياتي وعلّق قائلًا إنّها سيرة طويلة وثرية، وأنّ ما سرّه فيها بوجه خاص أنني كنتُ القائم بأعمال الرئيس للجنة مكافحة العنصرية (أبرتايد) في الأمم المتحدة، وأضاف: «هذا يشرّفك وأسعدني جدًّا».

وعند الإعلان الرسمي عن ترشيحي ارتأيتُ أن تكون أوّل زيارة لي خارج قطر ذات مغزى ودلالة. فخطر ببالي تعليق الرئيس زوما وقرّرتُ أن تكون جنوب إفريقيا بالفعل بداية الرحلة. ولهذا الانطلاق من إفريقيا دواع ومبرّرات. فالمجموعة الإفريقية ذات وزن كبير في المكتب التنفيذي لليونسكو. ومكانة جنوب إفريقيا في القارة السمراء، واقعًا واعتبارًا، مكانة متميّزة علاوة على نجاح التجربة الجنوب إفريقية في جمع قوس قزح اللغات والثقافات والأجناس، وما يرمز إليه الزعيم نلسون مانديلا من توق إلى الحرية والتسامح في آن واحد. فإفريقيا بهذا المعنى في عمل اليونسكو مجال جغرافي وثقافي مهمّ سواء من جهة ربط التنمية بالثقافة أو من جهة كون قضاياها الخصوصية مدعاة إلى تطوير تصوّرات اليونسكو نفسها وبرامجها حول مشكلات إنسانية عامة.

من ذلك، على سبيل الذكر لا الحصر، مشكلة اللغات الإفريقيّة الشفاهيّة وغياب العناية بتدوينها والتخطيط اللغويّ لها الأمر الذي يجعلها عرضة للزوال ممّا يفقد الإنسانيّة الكثير من رموزها وثقافتها المحلّيّة ويطرح مشكلات خصوصيّة في الحفاظ على التنوّع الإنسانيّ. فمثل هذه القضايا الخطيرة مدعاة إلى التفكير والسعي الى وضع برامج خصوصيّة لإفريقيا وغير إفريقيا لتوثيق اللغات المتنوّعة المهدّدة بالانقراض ورسم السياسات الكفيلة بحماية هذا المخزون الثقافيّ للذاكرة الإنسانيّة.

وقد التقيتُ في جوهانسبورغ بمجموعة من سفراء العالم وألقيتُ كلمة مثّلت أوّل بيان انتخابي لي خارج الدوحة. وخلال

إقامتي، زرتُ مؤسسة مانديلا حيث التقيتُ بابنته ودار بيننا حديث اتّسم بدلالات فكرية وثقافية كبيرة لما حمله والدها من رؤية وتجربة سياسية موفقة.

وبالإضافة إلى إلمامي بملفّ جنوب إفريقيا عن قرب في الأمم المتحدة، فقد شاءت الأقدار أن تكون سفارة جنوب إفريقيا في حيّ كي دورسيي بباريس مجاورة لسفارتنا، وكانت المظاهرات الاحتجاجية الصاخبة ضد الفصل العنصري متتالية تلفت الانتباه.

واليوم لا شك أنّ المرء يسعد بنجاح تجربة جنوب إفريقيا وبالدروس المستخلصة منها في المقاومة السلمية والإصرار على الحق والتوق إلى الحرية، وهي مبادئ وقيم مثّلت في جزء كبير منها جانبًا من رؤيتي لقيم اليونسكو وبرنامجي الانتخابي.

سلطنة عُمان

في 8 مايو 2016 زرتُ عُمان، ولم يكن ذلك لطلب الدعم إذ كانت عُمان تعلم بترشيحي قبل الآخرين وكان لها موقف مشرّف من البداية إلى الدورة الأخيرة من الاقتراع. وأذكر أنّ وزير الثقافة والتراث السيد هيثم بن طارق آل سعيد قال لي بعد أن علم بنيّة الترشيح إنّ عُمان كانت تفكّر بالفعل بالترشح، لكن طالما أنّك تقدّمت فإننا نعتبرك مرشح عُمان كذلك.

واستمرّت عُمان صامدة وثابتة على موقفها الداعم لترشيحي رغم ضغوط مصر ودول الحصار، وبما أنها من بين دول المكتب التنفيذي التي يجوز لها التصويت، فقد منحتنا صوتها في الدورات

الخمس، وهو ما يعكس صلابة العلاقات الثنائية القطرية العُمانية.

والواقع أنّ الموقف العماني ليس بالمستغرب. فهذا البلد معروف ضمن المنظومة الخليجيّة باعتداله وتميّز مواقفه واحترامه للمبادئ الأصيلة لمجلس التعاون الخليجي وسعيه الدائم إلى ترسيخ الأخوّة الخليجيّة والامتناع عن المساس بمصالح الأجوار والأشقّاء والعمل الدؤوب على استجلاب المصالح ودرء المفاسد. وهذا من طبيعة الشعب العماني وسماحته المشهود بها.

جامعة القدّيس يوسف اللبنانية

ومن اللقاءات ذات المغزى، الاجتماع السنوي يوم 12 مايو 2016 لخريجي جامعة القديس يوسف الذي حضره في الدوحة حضرة الأب الدكتور سليم دكّاش رئيس الجامعة. وقد أعلن في نهاية الاجتماع عن اعتزاز الجامعة بترشح أحد خريجيها لمنصب المدير العام لليونسكو وأنّها تدعم هذا الترشّح. وكان من بين الحضور كل من السفير اللبناني في قطر والسفير الفرنسي، وذلك قبل أن تقوم الدولتين بتقديم مرشحيهما.

وكم أسعدني أن تتبنّى إحدى الجامعات التي نهلت من علم أساتذتها الأفاضل ترشّحي ولو رمزيًا. فهذه الجامعة العريقة علاوة على دورها في تكويني وبناء شخصيّتي المعرفيّة هي من أبرز جامعات الشرق كلّه في صرامة التكوين وجدّيّة القائمين عليها ودورها في تخريج النخبة اللبنانيّة والعربيّة. وقد مثّل موقفها من ترشّحي رصيدًا رمزيًا أعتزّ به أيّما اعتزاز.

الفاتيكان

يمثّل يوم 5 يونيو 2016 محطة رئيسة ذات دلالة في المسيرة الانتخابية، وهو اليوم الذي زرت فيه مدينة الفاتيكان والتقيت سماحة البابا فرانسيس. كانت رئيسة مؤسسة قطر صاحبة السمو الشيخة موزا بنت ناصر قد دعتني لمرافقتها إلى روما وحضور مقابلتها مع سماحة البابا ضمن اتفاقية التعاون المُبرمة بين المكتبة الوطنية القطرية ومكتبة الفاتيكان الشهيرة إذ تمّ توقيع الاتفاقية بين المكتبتَين قصد تبادل الخبرات والمخطوطات والمؤلّفات القيّمة خدمة لمجتمع المعرفة الذي نصبو إليه في دولة قطر.

لقد كان لهذا اللقاء رمزيّته الخاصّة لما لهذه الشخصيّة من مكانة اعتبارية على الساحة العالميّة. وقد أحطتُ سماحته علمًا بترشيحي لمنصب المدير العام لمنظمة اليونسكو وأهداني ميدالية تذكارية.

كينيا

بعد ترشيحي رسميًّا بثلاثة أسابيع، ولقائي بالسفراء في الدوحة، فُوجئت بمكالمة من السفير الكيني بالدوحة يعلمني أنّ سعادة وزيرة الخارجية آنذاك أمينة محمد في الدوحة وأنّها ترغب في زيارتي. أسعدني هذا الخبر نظرًا إلى أني كنت على وشك السفر إلى كينيا فعرضتُ عليها أن أقيم لها مأدبة غداء في البيت، فطلبت بلطف أن تكون المأدبة بعدد محدود من الحضور.

وكانت المفاجأة السارة الثانية أن قدّمت لي كتابًا رسميًّا بدعم

كينيا لترشيحي قبل أن أطلب ذلك. فشكرتها ووعدتها بزيارة كينيا في أقرب فرصة.

وشاءت الظروف أن تُعيّن السيدة أمينة محمد رئيسة جديدة لمؤتمر الأمم المتحدة للتجارة والتنمية (اليونكتاد) الرابع عشر خلفًا لي بعد انتهاء ولايتي. وكما هو معلوم كنت آنذاك رئيسًا لليونكتاد في الدورة الثالثة عشرة منه وبالطبع تنتهي ولايتي التي تدوم أربع سنوات بتسليم الرئاسة إليها.

انعقد مؤتمر الأمم المتحدة للتجارة والتنمية الرابع عشر في نيروبي عاصمة كينيا. وفي الجلسة الافتتاحية التي تبدأ بكلمة من رئيس الدولة تليها كلمتي لتسليم رئاسة المؤتمر إلى السيدة أمينة محمد، لم يخطر ببالي، من باب احترام الأعراف وعدم الخلط بين المقامات، أن أستغلّ الفرصة لإعلان ترشيحي. غير أنّني التقيت مباشرة قبل الجلسة بالوزيرة التي طلبت مني الإشارة خلال كلمتي إلى ترشيحي لليونسكو وقالت إنها ستتولى باقي الأمر دون أن أدرك نواياها. فما كان منّي إلّا أن أشرت باقتضاب إلى أنّ بلادي رشّحتني للإدارة العامة لليونسكو دون أن أطلب دعم البلدان الحاضرة. واكتفيت بإعطاء الكلمة إلى السيدة أمينة التي أضحت رئيسة المؤتمر. ففُوجئت خلال كلمتها، بعد شكري على رئاسة المنظمة، بإعلانها أنّ كينيا مقتنعة بقدرات الدكتور الكواري وأنّها تعلن رسميًّا دعمها له.

وقد بلغني بعد ذلك أنّ سفير مصر ووزير التجارة الحاضران في المؤتمر قد احتجّا على موقفها فردّت عليهما بأنّ ما عبّرت عنه أمام الملأ إنّما هو موقف سياديّ لا يقبل التعليق.

وقد التقيت على هامش المؤتمر بالرئيس الكيني أوهورو كنياتا الذي أشاد بالعلاقات الثنائيّة وأكّد دعم بلاده لترشيحي.

ومن عادتي خلال الأسفار، أن أبتعد بعض الشيء عن الرسميات لأتأمل الطبيعة وأختلط بالناس وأتعرّف على ثقافات مختلفة عن ثقافتي إيمانًا منّي بأنّ ذلك لممّا يفتح واسع الآفاق. وهذا ما دفعني إلى القيام برحلة استكشافية للمحمية الوطنية الكينية الشهيرة مازاي مارا والاختلاط بقبائل المازاي التي تعيش على تربية الحيوانات وما يتطلّبه ذلك من تنقل حسب المواسم بحثًا عن الكلإ والماء.

لقد شاهدت في هذه المحمية العظيمة الطبيعة الخلابة وزرت قرى المازاي حيث يعيش الناس وفق تقاليدهم القديمة دون كهرباء ولا أي مظهر من مظاهر الحياة الحديثة. والحقيقة أنني انبهرت بتنوع الحيوانات وأعدادها الكبيرة، ومن حسن حظي أنّ زيارتي وافقت موسم الهجرة فرأيت طوابير طويلة من فيلة وزرافات وغزلان وأسود وقردة وطيور بكل أنواعها وأحجامها وألوانها تتنقّل من مكان إلى آخر. إنّها الطبيعة العذراء الخلابة من صنع الخالق دون أن تمسسها يد المخلوق.

أوغندا

من المؤسف أن تُعرف أوغندا لدى الرأي العام العالمي بالرئيس عيدي أمين دادا الذي حكم البلاد من 1971 إلى 1979، وانتهى به المطاف لاجئًا في المملكة العربية السعودية حيث توفّي في جدّة سنة 2003، ويقدّر المؤرّخون أنّ ما يناهز ثلاثة آلاف مدنيّ قُتلوا

خلال حكمه العسكري الباطش. ومن المؤسف أيضًا أن تُعرف أوغندا بعمليّة مطار عنتيبي التي دُمّر خلالها جزء من القوات الجوية الأوغندية وحُرّرت الرهائن من أيدي المختطفين.

لكن بعد جنوب إفريقيا وكينيا، كانت محطّتي الإفريقية الثالثة في أوغندا ولم يكن في ذلك الوقت مرشّح غيري. تجاوبت البلدان الإفريقيّة بحفاوة معي، والأرجح أنّ علاقاتي الشخصيّة مع الزعماء والشخصيات الإفريقية كانت تمهّد لزياراتي فكنت أجد استقبالًا حارًّا وديًّا بدءًا من المطار.

ورغم الصعوبات الاقتصادية التي تشهدها أوغندا فإنّ البلد غنيّ بموارده الطبيعيّة وتراثه. واللافت أنّ المسؤولين حدّدوا لي مقابلة مع الرئيس يوري موسيفيني في اليوم الثاني من زيارتي، يوم 9 سبتمبر 2016، بمجمّع القصر الرئاسي في كمبالا. وقد جلب انتباهي جمال هذا المجمّع بمعماره وحدائقه. وقد أحسستُ عند لقاء الرئيس بالارتياح. فلم تكن مثل هذه اللقاءات مع الرؤساء، بحسب البروتوكول، تتجاوز عادة ربع ساعة، بيد أنّني فوجئت برغبة الرئيس موسيفيني في إطالة المقابلة والتوسّع في تجاذب أطراف الحديث.

وقد دار الحديث أول الأمر على نحو مقتضب مختصر حول الترشّح لليونسكو، ثم سرعان ما انتقلنا إلى تبادل وجهات النظر في شأن قضايا دولية وأخرى تتّصل بمنطقة الخليج. فأبدى الرئيس اهتمامًا بالغًا بالخليج معربًا عن رغبته في تطوير علاقات بلاده مع دوله.

دام اللقاء زهاء الساعة وحين خرجتُ من الاجتماع مع الرئيس وجدتُ البهو يعجّ بالزائرين الذين تأخّرت مواعيدهم، فشعرتُ ببعض الحرج.

وإلى جانب هذه المراسم سمحت لي زيارة أوغندا بالاطّلاع عن كثب على الثقافة الأوغنديّة وعلى التراث الشعبي لهذا البلد الإفريقي. فعلى عكس ما كنت أعتقد ويعتقده البعض مازالت الممالك حية في أوغندا وتمثل جزءًا مهمًّا من الثقافة الوطنيّة. فقد دُعيت إلى التعرف على هذا الجانب الثريّ والساحر من التراث الأوغندي وحضرت احتفالية على شرف الملكة الأم بمملكة تورو وابنها الملك الذي يبلغ 24 سنة من العمر.

ويُلاحظ الزائر اعتزاز الأوغنديين بثقافتهم، وشخصيًّا فُتنتُ ببساطة هذه الثقافة وبعدها الإنساني. وممّا أمتعني فيما رأيتُ وسمعتُ تلك الألوان البهيجة للملابس التقليدية وأنغام الموسيقى الإفريقية ودقات الطبول.

لقد جئت إلى أوغندا من أجل الحصول على دعمها في الحملة الانتخابية، وسألت من استقبلني في المطار عمّا تشتهر به بلادهم، فأجابني بأن تشرشل نعتها بلؤلؤة إفريقيا، وهي تُعرف ببحيرة فيكتوريا ثاني أكبر بحيرة في العالم، وبمنبع النيل. كان الناس في الماضي يبحثون عن منبع النيل ويعتقدون أنّ مياهه تأتي من ذوبان الثلوج في الجبال إلى أن اكتشف الرحالة البريطانيون المنابع ما بين (1856-1876م)، إلّا أنّ هناك من يؤكد أنّ الرحالة والجغرافي العربي محمد الإدريسي كان قد اكتشفها قبل ذلك سنة 1160م.

«آه على سرّك الرهيب

وموجك التائه الغريب

يا نيل يا ساحر العيون...»

أثار ذكر النيل في ذهني من الأشجان ما لا يتّسع له المقام، تذكّرت أرض الكنانة التي قضيت فيها سنوات من أجمل سنوات شبابي حيث كان الشعراء يقولون في النيل أعذب القصائد ويحوّلها الملحّنون والمغنون إلى أعذب الألحان. لم أتردّد في اتخاذ القرار وعزمت على زيارة منبع النيل فذهبت بالفعل إلى مدينة جنجا لزيارة بحيرة فيكتوريا والاستمتاع بمناظر فائقة الجمال عند منبع هذا النهر الخالد. كانت ذكريات مرحلة الدراسة الجامعية بشخصيّاتها وأحداثها وأحلامها تتراءى أمامي على سطح البحيرة ثم تنساب باتجاه سيل النيل.

وأحبّ أن أختم حديثي عن رحلتي إلى أوغندا بحادثة طريفة. فقد كنت في الفندق، في الدور السابع عشر تحديدًا، قبيل مغادرتي للبلاد أتجاذب أطراف الحديث مع بعض الأصدقاء الأوغنديّين. وبغتة بدأ كلّ شيء تحتنا يتحرّك وشيئًا فشيئًا قويت الحركة. رأيت الرعب على الوجوه الحائرة الخائفة. ودون أن أشعر وجدتني أطمئن من معي مؤكّدًا أنّه زلزال رغم أنني لست خبيرًا بالزلازل. وأضفت بشيء من الوثوق أنّه زلزال بقوّة 5,6 على سلّم ريشتر. لا أدري إلى اليوم لم نطقت بهذه الدرجة مدقّقًا وإن أعلنت جهات رصد الزلازل بعد ذلك أنّ قوّته كانت فعلًا كما ذكرتها. لا أدري فيما فكّر فيه من كانوا معي بعد مغادرتي لكنّهم لا شكّ ظلوّا متعجّبين من علمي الذي لم يكن علمًا بل مجرّد فراسة.

وبدل أن يطمئنّوا ولو بعض الاطمئنان رأيت الرعب يسري في أوصالهم والهلع يرتسم على وجوههم. فما كان منّي إلّا أن بادرت بدعوتهم إلى النزول على السلالم بهدوء حتّى يمرّ الزلزال.

وكنت أوّل الواصلين إلى الدور الأرضيّ بسبب اضطرابهم اضطرابًا كبيرًا والجزع الذي انتابهم.

لقد كان موقفًا إنسانيًّا مثيرًا إذ تأخّر أكثرهم حرصًا على الفرار بجلده لأنه فقد الهدوء المطلوب في مثل تلك الحالات كما تأخّر من فكّر بنفسه فدافع عن فسح طريق السلّم له مفكّرًا بنفسه أكثر من التفكير في غيره.

دول الكاريبي

انطلاقًا من قناعتي بأنّ اليونسكو في خدمة التعليم والتراث لا سيّما في البلدان التي تحتاج إليه والبلدان التي تواجه صعوبات في الحفاظ على تراثها، ركّزت على الدول التي توصف بأنّها صغيرة. فقلّما يُوليها المرشحون للمناصب الدولية أهمية. وقد أثبتت الأيام صحّة هذا التوجّه.

من ذلك أنّني دعوت مسؤولي دول الكاريبي ومجموعتها إلى زيارة قطر. فزار الدوحة بالفعل في نوفمبر 2016 رئيس وزراء جمهورية سان كيتس ونفيس، تيموتي هاريس وهو يترأس كذلك منظمة دول شرق الكاريبي. وقرّرت زيارتها كلّها دون استثناء رغم بعد المسافات ومشاقّ السفر. فحللت بالفعل في جزر أخرى ليست

أعضاء في المكتب التنفيذي لليونسكو إذ كنت أسعى إلى تجنيد كل أعضاء مجموعة دول الكاريبي.

وممّا بقي في ذاكرتي من هذه المساعي أنّ تيموتي هاريس لدى زيارته للدوحة صرّح بأنّ الكوّاري «أكثر المرشحين كفاءة» لمنصب المدير العام لليونسكو نظرًا إلى «تميّزه الأكاديمي» و«خلفيّته الدبلوماسيّة الناجحة».

ومن أول البلدان التي زرتها أنتيغوا وبربادوس بعد أن كنت قد استقبلت في الدوحة رئيس وزرائها غاستون براون ووزير خارجيّتها اللّذين تجنّدا لدعم ترشّحي حتى آخر دورة، وكانا على قناعة بجدوى برنامجي لاسيما المشاريع الصغرى ذات الجدوى الميدانية الفعّالة في مجال التعليم.

وزرت سان كيتس ونفيس والتقيت مجدّدًا برئيس وزرائها والوزراء المعنيين بالتعليم والثقافة. ويبدو أنّ هذه الدولة الصغيرة لا تحظى باهتمام دول الخليج بوجه خاص ودول العالم عمومًا. وأتذكّر أنّ المسؤولين فيها رتّبوا لي إقامة في فندق في الأدغال كي أتعرّف على المنتجع وجماله الطبيعي. والحقّ أنّ الطريق ضيّق ودون إضاءة وكان لي علم بالمشاكل التي تحدث فيه، لكنّني اعتبرت تلك الرحلة ضربًا من المغامرة والمجازفة فالهدف من الزيارة يستحقّ العناء.

وإثر وصولنا وجدنا أنّ مقرّات سكني وسكن الوفد المرافق في شقق متباعدة فلم نكن نشعر بالراحة والاطمئنان. وكان يفترض أن نعود إلى المدينة للقاء عشاء مع رئيس الوزراء لكنّ وعثاء السفر

حالت دون ذلك فاتصلت به وطلبت اللقاء للغداء في اليوم الذي يليه.

وقد زرنا ترينيداد وتوباغو بلد السير نايبول الحائز على جائزة نوبل في الأدب لسنة 2001، وقد لاحظت الامتنان والعرفان لدى المسؤولين الذين صرّحوا لي أنّهم لم يتعوّدوا أن يزورهم كبار المسؤولين في المنظمات الدولية وأنّ زيارتي لهم تنمّ عن احترام يثمنونه كلّ التثمين. ولعلّ هذا ما يفسّر استماتتهم في دعم ترشّحي رغم الضغوطات الشديدة التي تعرّضوا لها لاسيّما من المرشّحة المصرية ومن دولة الإمارات.

ومن الدول التي زرتها كذلك في المنطقة وحظيت فيها بالحفاوة والترحاب جمهورية غرانادا رغم أنها لم تكن عضوًا في المجلس التنفيذي وإن كانت ترأس «مجموعة الكوميكاس» أي مجموعة دول الكاريبي. وقد نصحنا الأصدقاء بزيارتها. فلم نجد إلّا حسن القبول. فممّا يدلّ على حرص مسؤوليها الالتقاء بنا أنّ رئيس الوزراء استقبلنا في بيته يوم أحد وأبدى تفهّمه لمساعينا وإعجابه ببرنامجي الذي عرضناه عليه، فكانت زيارة مفيدة لحشد الدعم.

دول أمريكا الوسطى

توجّهت، بعد تنقّلي في دول الكاريبي، إلى أمريكا الوسطى لزيارة بلدان المجلس التنفيذي فيها وهي نيكاراغوا والمكسيك والسلفادور وباراغواي وجمهورية الدومينيكان. وقد شعرت بالتجاوب مع شخصي وبرامجي لدى مجمل بلدان أمريكا الوسطى.

قبل زيارة نيكاراغوا حرصت على ترتيب زيارة مع الرئيس أورتيغا زعيم السندينيّين، وقد سبق أن التقيته أكثر من مرّة عندما كنت مكلّفًا بمهام في الأمم المتحدة في أمريكا. كان البرنامج يقتضي الوصول صباحًا والمغادرة مساءً إثر مقابلة بعض المسؤولين. ولمّا قابلت الرئيس أورتيغا تذكّرت أنه كانت لي معه صورة وهو باللباس الثوري أيام السندينيّين، بحثت عنها وهي مسجلة في جوالي ولمّا عرضتها عليه سُرّ بها جدًّا، وهو ما ساعدني على إضفاء روح صداقة يسّرت الحوار بيننا. كان اللقاء خارج القصر الرئاسي، وكلّما أردت الاستئذان من الرئيس أورتيغا، كان يصرّ على بقائي، ويؤكّد لي بشكل قاطع دعمه لي وقناعته ببرنامجي لليونسكو. دار جلّ الحديث حول أسفه لما يعيشه العرب من أوضاع، وكان يشير إلى أيام عبد الناصر عندما كان للعرب قيمة ووزن على الساحة الدوليّة، وكان يطمح لتطوير العلاقات العربية مع أمريكا اللاتينيّة لكنّ الولايات المتّحدة تحول دون ذلك، وهو يرى أنّ تطويرها يخدم مصلحة الطرفين لاسيّما دعم المواقف الثنائيّة في المنظمات الدولية.

ومن نتائج لقاءاتي في نيكاراغوا أنّني تلقّيت رسالتين خطيتين رسميّتين تؤكّدان دعم ترشّحي. لكنّ الضغوط الشديدة التي تعرّضت لها نيكاراغوا جعلتها تغيّر موقفها وتعلن رسميًّا أنّها ستصوّت لمصر وهي الدولة الوحيدة في أمريكا الوسطى التي غيّرت موقفها جهرًا على الأقل.

ومن التفاصيل الجديرة بالذكر أنّ رئيس إحدى دول أمريكا الوسطى الداعمة بثبات لترشحي كان شديد الحرص على تصويت دولته لي لدرجة أنّه وعد بإرسال ابنه قبيل الانتخابات، وجرت اتصالات معهم وترتيب قدومه إلى باريس قبل الانتخابات بأسبوع. وقبل وصوله بيوم فوجئنا باتصال مع مستشاري الذي تربطه به علاقة ليبلغه اعتذاره وأنّ دولتهم غيرت موقفها ولن تصوت لقطر بل لمصر ثم لفرنسا. وبعد الاعتذار فسّر أنّ إحدى دول الحصار مولت لهم مشروعًا استثماريًّا قيمته 6 ملايين دولار، مضيفًا أنّه بالنسبة لدولة فقيرة مثل دولته فالمبلغ كبير وعليهم الالتزام بخدمة مصالحهم. وقد تفهّمت موقفه، ورغم خسارة الصوت سررتُ في قرارة نفسي بأن أكون سببًا في خير دولة محتاجة.

أمّا الباراغواي فهي من الدول التي تكونت لي معها علاقة وطيدة عبر الزمن قبل زيارتي لها بحثًا عن الدعم. وقد سبق أن كلّفني صاحب السموّ أمير دولة قطر في شهر يونيو من سنة 2012 بتمثيل سموّه في حفل مرور 200 سنة على استقلال البلاد. وسمحت لي الزيارة بعقد علاقات صداقة استمرّت مع مرور الزمن وكان لها دور إيجابي في الإعداد لزيارتي قصد حشد الدعم لترشحي. وأعترف أنّ لسفير الباراغواي في الدوحة أنجل باشيني دورًا كبيرًا في إعداد اللقاءات والزيارات بفضل متابعته الشخصيّة للحصول على الدّعم الكتابي إلى أن بلغ المقصد. وقد حرص السفير على الحضور خلال زيارتي وتكرّم بترجمة كلمتي خلال المؤتمر الصحفي في العاصمة أسونسيون.

المكسيك

خلافًا للعديد من الدول الأخرى، أعطت المكسيك البرنامج حقّه من الدراسة وتصرّفت بطريقة احترافيّة إذ شكّلت مجموعة من المسؤولين لمناقشة البرنامج وتفاصيله.

كان الاجتماع الأول في وزارة الخارجيّة ترأسه نائب وزير الخارجيّة وكانت ممثّلة فيه كل الجهات المعنيّة باليونسكو كي يناقش كل مسؤول الجانب المتعلّق بصلاحيّاته.

أسعدني هذا الترتيب لأنه منحني الفرصة كي أتحدث مع المخاطب المعني وتقديم تحليلي ورؤيتي. دام الاجتماع أكثر من ساعتين ناقشنا خلاله البرنامج من كلّ جوانبه. ثم حُدّد لي موعد مع المسؤول عن العلاقات الخارجية والمسؤول عن المنظمات الدوليّة لاستكمال باقي النقاط.

كان السؤال الأول حول عدد المرشحين العرب وتساءل المسؤولون المكسيكيون لماذا لم نُجمع على مرشّح واحد لتسهيل مهمة الاختيار والتصويت للمرشّح العربيّ. فقدّمت وجهة نظري في هذه المسألة إذ اعتبرتُ الأمر إيجابيًّا وليس سلبيًّا كما كانوا يرون. فبما أننا نطالب من المجتمع الدولي الإقرار بأنّ هذه الدورة هي دورة العرب فمن حقّ أعضاء المكتب التنفيذي أن يتعرّفوا على أكثر من مرشّح عربي وأكثر من برنامج ليختاروا من يرونه أفضل لإدارة المنظمة. فلو جئنا بمرشّح واحد لقيل لنا من حق مسؤول عربي إدارة المنظمة لكنّنا غير مقتنعين بهذا المرشّح تحديدًا. لذلك فإنّني أرى أنه من صالح المنظمة وجود أكثر من

مرشّح. لقد فوجئ المسؤولون المكسيكيّون بهذا التحليل الذي لاقى استحسانهم.

وممّا يدلّ على الاهتمام الكبير للمكسيك بممثّل اليونسكو أنّ هناك مسؤولة كانت منشغلة خارج العاصمة أثناء زيارتي لكنّها أصرّت على مقابلتي. ولمّا كان الوقت ضيّقًا جدًّا حدّدوا لي موعدًا معها في المطار حيث قابلتها. فركّزت أسئلتها على موقفي ومقترحاتي بشأن الأزمة المالية لليونسكو وتحدّثنا كذلك عن دور المرأة وأهمية إنصافها في العالم.

ومن طريف ما حدث لنا في الطريق إلى المكسيك أنّنا غادرنا نيكاراغوا جوًّا في المساء في طائرة صغيرة لا تتوفّر فيها وسائل الراحة. وكان من المنتظر أن تدوم الرحلة خمس ساعات لنصل في منتصف الليل إلى وجهتنا. بيد أنّه حصل لنا ما لم يكن في الحسبان. إذ يبدو أنّنا مررنا من طريق جوّيّة معروفة يستخدمها المهرّبون فما إن دخلناها حتّى طلبت السلطات الجويّة المكسيكيّة من قائد الطائرة النزول في مطار صغير مخصّص لتفتيش طائرات التهريب. وما إن علم المسؤولون بالمطار بصفتي وتأكّدوا من شخصي حتّى استقبلونا باحترام لائق بل بحفاوة ظاهرة فوفّروا لنا وسائل الراحة وقاموا بعملهم على أكمل وجه إذ فتّشوا الطائرة تفتيشا دقيقا قبل أن يسمحوا لنا بمواصلة الرحلة إلى العاصمة مكسيكو التي وصلناها في الواحدة والنصف صباحًا ليبدأ يومنا بلقاء رسميّ مبرمج في الساعة الثامنة والنصف. لقد كان السفر شاقًّا لكنّ نتائج اللقاءات جيّدة.

البرازيل

كانت زيارتي للبرازيل في شهر مايو 2017، وقد رُتّبت ترتيبًا جيّدًا للقاء المسؤولين غير أنّه حدثت مفاجأة غيّرت نتيجة الزيارة ومسارها، فعند وصولنا إلى الفندق ليلًا في برازيليا تمهيدًا للزيارات التقينا بمجموعة من الأصدقاء الذين تكفّلوا بوضع برنامج اللقاءات والزيارات، فإذا بهم يعلموننا أنّ إحدى الصحف نشرت قبل يومين قضية يُتّهم فيها الرئيس ميشال تامر بالفساد. فأصبحت هذه القضيّة محور اهتمام الرأي العام حتّى أنّ البرلمان البرازيليّ قرّر عقد اجتماع يحضره كلّ أعضاء الحكومة والبرلمان. فأفسد هذا الحدث الطارئ البرنامج كلّه ولم يكن الوقت يسمح بإعادة ترتيب الأمور للعودة إلى البرازيل مرة أخرى. لذلك اكتفينا بلقاء مسؤولين في وزارتي التعليم والخارجية ولقاء آخر مع نائب رئيس البرلمان الذي قابلَنا على عجل على هامش الاجتماعات الماراتونية الجارية وقتها. ومن البديهيّ ألّا تكون النتائج بالمستوى المأمول فتركنا مهمة المتابعة للأصدقاء في السفارة.

الصين

جاءت زيارتي إلى الصين ردًّا على دعوة رسميّة من القيادة الصينيّة لتقديم برنامجي. وهو ما حصل بجهود سعادة سفير الصين في قطر. ومنذ البدء أقول بوضوح إنّها من أنجح الزيارات التي أدّيتها خلال الحملة الانتخابيّة.

كانت سنة 2016 السنة الثقافية الصينية القطريّة وزرت خلالها الصين واستقبلت في الدوحة وزير الثقافة الصيني السيّد لوه شوقانغ

ممّا وطّد العلاقات بين وزارتي الثقافة في البلدين. وبما أنّ الزيارة كانت تبعًا لدعوة رسمية فقد كانت الاستعدادات جيدة إذ انطلقت بلقاء وزير الثقافة الصينيّ بمكتبه في بيجين بحضور المسؤولين عن الثقافة والتعليم. فقد أُبلغت من وزارة الخارجيّة عن عزم الصينيّين تشكيل لجنة صينيّة مشتركة من الخبراء المهتمّين بالثقافة والتعليم والعلوم برئاسة شخصيّة صينيّة يُطلق عليها في الصين «مستر يونسكو» لمعرفته بتفاصيل العمل فيها.

وقد كان بالفعل لقاءً استثنائيًّا نُوقشت فيه كل قضايا اليونسكو من علاقة الصين باليونسكو والأزمة المالية وبرامج التعليم والثقافة والعلوم، وكان أعضاء اللجنة متحمّسين لسماع وجهة نظري وبرنامجي.

وبعد اللقاءات المتعدّدة خلوت بالمسؤول المذكور أي «مستر يونسكو» وكان قد أعلمني بأنه يرغب في تقديم نصائح لي شخصيًّا. لم يخف في البداية رأيه في شخصي إذ وجد لديّ قوّة في الإقناع ووضوحًا في الرؤية معتبرًا أنّني تناولت في برنامجي وردودي على استفسارات اللجنة كل المسائل. وتلخّصت نصيحته لي في أنّني إذا كنت أشكّ في عدم تجاوب أحد أعضاء اللجنة ودعمه لي فيمكن ترتيب لقاء معه للجلوس إليه وإقناعه بوجهة نظري فهذا سيكون مفيدًا لي.

أمّا النصيحة الثانية فهي ضرورة تخصيص وقت كاف للمندوبين في اليونسكو واهتمام كبير بهم. فهذا ضروريّ رغم زيارتي لكلّ دول المجلس التنفيذي واقترح عليّ أن أخصّص الأشهر الأخيرة

لباريس ومقرّ اليونسكو لمقابلتهم والتحدّث معهم وإقناعهم بجدوى ترشّحي.

لقد كانت هذه النصائح على بساطتها الظاهرة صادقة مفيدة فعملت بها بالفعل.

وحرصت خلال زيارتي إلى الصين على زيارة جامعة بيجين حيث ألقيت محاضرة لقيت قبولًا لدى الطلبة والمسؤولين. وممّا سرّني أنّه في نهاية المحاضرة بادرني رئيس الجامعة بمشروع يتمثّل في ترجمة كتابي «على قدر أهل العزم» إلى اللغة الصينيّة.

بنغلاديش منطلق الرحلة إلى جنوب شرق آسيا

في 27 ديسمبر 2016، بدأت زيارة جنوب شرق آسيا بالتوجه إلى بنغلاديش. وكان هذا البلد من الدول التي بادرت بالدعم المكتوب قبل الزيارة.

كنت أرى أنّ من ترتيباتي خلال الحملة زيارة البلدان التي جهرت بالدعم وأكدته لأنها أجدر وأحقّ من غيرها. أبلغني المسؤولون عن زيارة بنغلاديش أنه سيكون لي لقاء بروتوكوليّ مع رئيسة الوزراء الشيخة حسينة واجد ثمّ لقاءات مع الوزراء المعنيين أي التربية والتعليم والثقافة. وعندما التقيت بالسيدة المحترمة كان لقاءً وديًّا يعكس العلاقات بين البلدين وقد حضره مجموعة من المسؤولين في القصر. ودار الحديث بالأساس على اليونسكو ولاسيما وضع المرأة والتعليم والشباب، وكلّما استأذنت للخروج أبقتني لمزيد الحديث بحضور وزير الخارجية.

وعند نهاية اللقاء دعاني وزير الخارجية إلى جولة جميلة على النهر في دكّا، ثم أقام مأدبة غداء في وزارة الخارجية حيث تفطنت إلى انّني كنت على سابق معرفة بالوزير. وطلبت منه، عند اللقاء الرسمي على الغداء، أن تتفضّل دولة رئيسة الوزراء بتحرير خطاب دعم رسمي وتسليمه لي لأهميّة مثل هذا الإجراء. ولم أجد منه إلّا التفهّم والدعم وحصلت على الخطاب في اليوم نفسه.

والحقّ أنّ من أسباب نجاح هذه الزيارة ونتائجها الجيّدة ما قام به سفير قطر في بنغلاديش وسفير بنغلاديش في الدوحة من جهود ودعمهما المتواصل لترشيحي بترتيب الزيارة وتسيير التواصل بين البلدين في هذا الملف.

من القصص ذات المغزى والتي لا أنساها وذات علاقة ببنغلاديش. قبل الدورة الأخيرة الانتخابات قرر سعادة الشيخ محمد بن حمد آل ثاني نائب رئيس الوزراء وزير الخارجية الذي حضر قبل الدورة الأخيرة ليلتقي بالداعمين لشكرهم وحثهم على الاستمرار في التصويت للدورة الحاسمة. ومِمَّن اقترحت مقابلته رئيسة وفد بنغلادش السفيرة (فرحانة) لأن موقفها وموقف بلدها مشرفا. فلبت الدعوة وجاءت لمقابلة سعادة الوزير بحضور كل الوفد بما في ذلك سعادة وزير التربية وكنت طبعا من الحاضرين، فعبر سعادة الوزير عن شكره لبنغلاديش عن دعمها وعبر عن رجائه الاستمرار بالدعم في الدورة الأخيرة والحاسمة فردت السيدة فرحانة وقد فاجأنا ردها ولم يخطر قط ببالنا (لا فضل لي في الدعم فهو بتعليمات من بلدي، ولكني أؤكد لكم شخصيا أنني

لو تلقيت تعليمات مخالفة فسأقطع يدي ولن أصوت لغير الكواري لا من أجله ولكن من أجل الفقراء) وأصبنا بالدهشة والإعجاب بهذا الموقف الرائع.

سريلانكا

سريلانكا من الدول التي أعلنت دعمها لي مبكّرًا. فكانت زيارتي لها على سبيل الشكر وتأكيد الدعم. وقد عكست حفاوة استقبالهم لي حرصَهم على العلاقات الثنائية.

وتُوّجت الزيارة بمقابلة رئيس الدولة التي نظّمها مجموعة من الأصدقاء السريلانكيّين الذين سعوا لترتيب الزيارة. وكان وقتها رئيسًا جديدًا يرغب في زيارة قطر وتوطيد العلاقات. وهو ما حصل بالفعل بعد مدّة. لذلك لم تكن الزيارة تتمحور فقط على الترشّح لمنصب المدير العامّ لليونسكو بل كانت فرصة لدعم العلاقات الثنائية خدمة لمصالح البلدين.

نيبال

كانت نيبال بدورها متجاوبة مع الترشيح القطريّ ممّا مكّنني من مقابلة رئيسة الجمهوريّة ورئيس الوزراء والوزراء المعنيّين كما أنّني استمتعت برحلة استكشافية لجبال الهيملايا. فما كانت رحلتي إلى النيبال لتمرّ دون انتهاز الفرصة، وأنا المولع بالطبيعة، لارتياد جبال الهيملايا الشاهقة. ما الخبر كالعيان فقد كانت هذه الجبال لمن يراها ويسير في مسالكها رقية العين تقطع الأنفاس وتفتن العقول وتثري الوجدان.

وقد أكدت فخامة الرئيسة بيديا ديفي بهانداري، رئيسة جمهورية نيبال دعم بلادها لترشحي، وذلك خلال استقبالها لي في العاصمة كاتماندو. وأعربت فخامتها عن اعتزازها بعمق العلاقات بين البلدين، وتطلعها لزيارة قطر خلال الفترة المقبلة. وأضافت أن دعم نيبال للمرشح القطري مديرًا عامًّا لليونسكو يأتي تعبيرًا عن تقديرها للتعاون بين البلدين في دعم الترشيحات في المنظمات الدولية وتقديرًا للعلاقات الممتازة بينهما، وإقرارًا لما يتمتع به المرشح القطري من كفاءة وخبرة لقيادة المنظمة الأممية. وعبرت رئيسة جمهورية نيبال عن شكرها لدولة قطر على استضافتها للعمالة النيبالية، مشيدة بالمعاملة الحسنة التي تحظى بها في القطاعين العام والخاص.

من جانبي أكدت لفخامتها أهمية التعاون والعمل معًا من أجل إعادة اليونسكو إلى سابق عهدها ومواجهة التحديات التي تواجهها خدمة لأهدافها النبيلة. وأشرت إلى الدور البناء للجالية النيبالية في قطر وإسهامها في مسيرة التنمية.

ثم بعد المقابلة الرئاسية التقيت بمعالي رئيس وزراء نيبال السيد باشبا كمال داهال الذي أكد بدوره دعمه لي.

وكنت قد التقيت سعادة السيد براكاش شاران مهات وزير الخارجية وسعادة الدكتور دهانيرام باودل وزير التعليم ومساعديه في جلسة عمل حول رؤيتي للنهوض باليونسكو ومواجهة التحديات التي تعترض المنظمة، خاصة الدور المحوري للتعليم ودوره باعتباره قاعدة أساسية في التنمية ومواجهة الإرهاب.

باكستان

كنت أحتاج لزيارة باكستان لحشد الدعم وقد تمكّنت من مقابلة رئيس الجمهورية ورئيس الوزراء في هذا الإطار.

لقد كنت المرشح الوحيد الذي زار معظم دول المجلس التنفيذي لليونسكو ومجموعة إضافيّة أخرى من الدول الداعمة. وحالفني الحظّ كي أقابل أصحاب القرار من رؤساء دول ووزارات مثلما هو الحال في باكستان. وقد أكّد لي رئيس وزراء هذا البلد أنّه اطّلع على البرنامج واعتبره مميّزًا. بيد أنّ باكستان كانت مرشّحة بدورها لمنصب دولي رفيع فطلبت تأجيل دعم التصريح بدعمها لترشيحي إلى شهر مايو. وعند لقائي بوزيرة الدولة للثقافة والاتّصالات والتراث الوطني مريم أرتوزيب أعلنت خلال محادثاتنا عن دعمها لي.

لقد كان دعم باكستان ثابتًا وإن كان خافتًا لرغبتهم في عدم معاداة المنافسين. من ذلك أنّ المرشحة المصرية كانت في زيارة إلى باكستان قبل وصولي بأسبوعين لكنّها لم تقابل الرئيس ولا رئيس الوزراء وتردّد في الأوساط الدبلوماسية أنه تم نقل السفير المصري في باكستان بعد هذه الحادثة.

ومن طريف ما أذكره في باكستان أنّ معظم الصور التي التقطناها خلال الرحلة اعتمدنا فيها على الهاتف الجوّال. وقد كنا نعرف أنّ الإجراءات تقتضي تسليم الهواتف لدى دخول الأماكن الرسميّة فاحتطنا لذلك بحمل أكثر من هاتف جوّال معنا.

الهند

عندما زرت الهند التقيت بالوزراء المعنيين فلاحظت رغبة في الاطّلاع على البرنامج. ومن أقوى الدلائل على ما أقوله أنّ اللقاءات التي أجريتها تميّزت بطابع فني معمّق وحوارات مطوّلة. لكنّني لم أحصل على دعم علني رغم أنّ الصحافة الهنديّة ضغطت على أصحاب القرار بما أنّ الرأي العام الهنديّ كان يدعو إلى دعمي.

ولسياق الزيارة دور في كل ما جرى. فقد جاءت بعد الحصار مباشرة وهي أول دولة أزورها إثر إعلان الدول الأربع ضرب الحصار. وأعتقد أنّني حين أعلنت عن هذه الزيارة قد ارتكبت خطأً. إذ حبّرت مقالات نُشرت في الهند دعمًا لترشيحي ممّا جعل دول الحصار تجنّد كلّ إمكانيّاتها ضدّ المرشح القطريّ. والأرجح أنّ الصفقة قامت على تصويت مصر للهند في إحدى المنظمات الدولية مقابل تصويت الهند لصالحها في اليونسكو رغم تجاوب الحكومة معي خلال الزيارة. وفي هذا السياق المتوتّر المحكوم بحشد دول الحصار للحكومات المختلفة ضدّ كل ما يأتي من قطر والعمل على تبادل منافع الصفقات السياسيّة كانت الهند الدولة الوحيدة التي لم تمنحني دعمها ثمّ صوتها.

العودة إلى إفريقيا من بوّابة زامبيا

مباشرة بعد الحصار في تاريخ 5/ 6/ 2017 أصبحتُ أتحرّك بحذر لاسيّما بعد زيارة الهند والضغوط الهائلة التي شاهدتها على

الدول كي تتخلّى عن دعمي. فقرّرت زيارة بعض البلدان الإفريقيّة. وكان ذلك منذ الأسبوعين الأولين من يونيو.

أردت أن يكون وصولي إلى موزمبيق في نهاية الأسبوع لأبدأ النشاط في بدايته وإذا بمستشاري ريتشارد يقول لي إنه تلقى مكالمة من الرئاسة في زامبيا يعبّرون عن رغبة فخامة الرئيس إدغار لونغو في استقبالنا. بدا لي الوقت ضيقًا حسب تخطيطنا. فأعلمنا المسؤولون الزامبيّون أنّ الرئيس مستعدّ لمقابلتي في منزله خارج العاصمة.

ولمّا كنت في طائرة خاصّة تسمح لي بالتنقّل بحريّة أكبر، لم يكن بوسعي رفض هذه الدعوة الصريحة من شخصيّة إفريقيّة بهذه المكانة الاعتباريّة.

وصلنا إلى زامبيا يوم الأحد في آخر النهار وكان في انتظارنا فريق الرئاسة لمرافقتنا لمنتجع الرئيس خارج العاصمة.

والحقّ أنّه خامرتني تساؤلات عدّة عن دعوة الرئيس لي وحرصه على لقائي. فزامبيا لم تكن عضوًا في المجلس التنفيذي لليونسكو ولا يحق لها التصويت.

توجهنا عبر الغابات الإفريقية الخضراء نحو المنتجع وعند وصولنا وجدنا الرئيس في انتظارنا. جرى اللقاء معه بحضور مستشاريه وبدأ بالإجابة عن الأسئلة التي خامرتني وأنا في الطائرة. ذكر لي أنني ربّما استغربت من رغبته في لقائي، فرددت بالإيجاب. فأوضح أنّه بلغته أخبار عنّي إيجابيّة من رؤساء أفارقة. وأضاف أنّ لديه قناعة أنّني أفضل محاور يسمع منه في مسألة يرغب منّي في مساعدته في فهمها. وزاد هذا الحكيم الإفريقي المسألة توضيحًا

بأنّ المسألة لا علاقة لها بالانتخابات إذ أكّد أنّه يدعّمني لأنّني قريب من القارّة الإفريقيّة ووجودي في اليونسكو سيخدم إفريقيا ولا ريب.

قال لي إنه منذ بدأ الحصار في شهر يونيو حتى الآن، تاريخ لقائنا، وهو يتابع الوضع دون أن يفهم هذا التحوّل المفاجئ ووصفه بالسريالي حسب تعبيره. «فأنتم أشقاء وفي منظمة إقليمية واحدة كان يمكن أن تكون البيت الذي تُحلّ فيه هذه الإشكاليّة دون الوصول للساحة الدولية». أجبته بأنّها أزمة مختلقة دون مبرّر، وهي أوّل أزمة أغلقت أبواب الحوار بين دول شقيقة تنتمي لثقافة واحدة. واستطردنا في تفاصيل عديدة وأخذ الحديث يتشعّب. وفي آخر اللقاء سألني سؤالًا بدا له محيّرًا لخّص به موقفه من مسألة الحصار على قطر: «هل تطالب دولة لا تعجبها برامج بي بي سي، على سبيل المثال، بإغلاق القناة؟» وواصل: «أنا أشاهد الجزيرة بالإنكليزية ومعجب بها ولا أقبل ولا أفهم طلب دول إغلاق قناة فضائية من هذا القبيل».

شكرته على دعوته الكريمة ومحاورته الشيّقة الرصينة وموقفه الودّيّ من شخصي ومن بلدي.

الموزمبيق

الموزمبيق من الدول التي أزورها لأول مرة. وقد لفت انتباهي تطوّر البنية التحتية وحالتها الجيّدة في هذه البلاد علاوة على جمال الفندق الذي أقمنا فيه على شاطئ البحر وهو في الأصل قصر من القصور القديمة.

كانت لي لقاءات مع وزيري التربية والثقافة، لكن اللقاء الأهم جرى مع وزير الخارجية. ولئن كنت قبل الحصار حين أزور بلدًا ويعلمني المسؤولون بدعمهم لمرشّح آخر، أجيب بأنّ ذلك موقف سيادي نقدّره ولي من الدعم ما يكفيني، فإنّني غيّرت هذا الأسلوب بعد الحصار وتأليب الأشقّاء المصريّين ودول الحصار ضدّ الترشيح القطريّ.

طرح علي وزير خارجية الموزمبيق مجموعة من الأسئلة رددت عليها فشعرت بارتياحه. وأضاف أنه يعلم أنّ وضعي ممتاز وأنّ هناك مجموعة من الدول الإفريقية تدعّمني وأنّ هذه الدورة هي دورة العرب، ولديه قناعة تامة بجدّيّة ترشّحي نظرًا إلى خبرتي ونوعيّة البرنامج الانتخابيّ الذي لم ير لدى منافسيّ نظيرًا له. وأضاف: «لكني أريد أن أكون صريحًا، هناك توصية من الاتحاد الإفريقي بدعم المرشحة المصرية لأن مصر عضو في الاتحاد، لذلك أعلمك أنّنا سنصوت لمصر في البداية، كما أعلمك أننا سنصوت لك في الدور الثاني».

كنت أرى أنه لو كان اتّخذ هذا القرار وهذا الموقف قبل الحصار لقبلته على أساس أنه موقف سيادي، لكن نظرًا إلى شراسة الهجوم المصري على ترشيحي قلت للوزير: «هل تريدني أن أقول إنّه موقف سيادي وننهي الحديث؟» كان سؤالي بخلفيّته القانونيّة وأسلوبه الدبلوماسي محرجًا على قدر صراحة مخاطبي. فأعرب عن رغبته في سماع رأيي فقلت: «منطقيًّا في اليونسكو خمس مجموعات جغرافية ولو صوّتت كل مجموعة لمرشّحها لاقتصر

النقاش على خمسة ممثّلين عن كلّ مجموعات. إضافة لذلك فإنّ مصر ليست عضوًا في المجموعة الإفريقيّة في اليونسكو بل هي على غرار بلدان إفريقيّة أخرى مثل تونس والجزائر والمغرب تنتمي مصر إلى المجموعة العربيّة. ونظرًا إلى إجماع الدول على ترشيح عربي فعليكم اختيار مرشح من المجموعة العربية» وأضفت: «هل تسمح لي بالقول إنك تناقض نفسك» كان يصغي بانتباه فقال: «كيف؟» أجبته: «تقول إنّني أفضل المرشحين واطّلعت على أدبياتي وقلت إنّ برنامجي هو الأفضل وإنّ سفيركم في اليونسكو يُوصي بالتصويت لي، وأتساءل إذا ما كُلّفت بتشكيل حكومة في الموزمبيق فهل تختار فريقك من جارك في الحيّ أم من الأكثر كفاءة؟»

كان مقتنعًا بردّي وطلب مقابلتي في الفندق في المساء لاستكمال الحديث ولمّا التقينا مساءً استرسلنا في الحديث وقال لي إنّه مقتنع بجدارتي. وانتقل الحديث إلى العلاقات الثنائية بين البلدين لاسيما ما يوجد من شبه بين الموزمبيق وقطر فكلاهما منتج للغاز الطبيعي المسال وكانت الموزمبيق تسعى إلى لاستفادة من الخبرة القطرية. وفي نهاية المحادثة ربّت على كتفي قائلًا: «أليس التصويت سريًّا في اليونسكو؟» أجبت «نعم» فكان آخر قوله: «إذن أفهم ما تريد...».

جزر الموريس

جزر الموريس جزر جميلة جدًّا تجلب السوّاح للاستمتاع بمناظرها وشواطئها وطبيعتها الغناء. وعندما قصدتها في إطار

حملتي تفاجأنا بالحجز إذ كان فندق «الفورسيزن» يقع في إحدى الغابات يبعد مسافة ساعة ونصف بالسيّارة عن العاصمة. ورغم جماله الأخّاذ فهو غير عملي لمن كان وقته محدودًا. فكان علينا تحمّل وعثاء السّفر.

زرت فخامة الرئيسة أمينة غريب في القصر الرئاسي وقد رافقتني في جولة في حدائق جميلة. وأثناء حديثنا أعلمتني أنّها لا تملك القرار بل هو بيد رئيس الوزراء لكنّها وعدتني بنقل صورة إيجابيّة عن مسعاي وبرنامجي.

والتقيت في اليوم التالي بوزراء التربية والثقافة والخارجية. وكانت المحادثة مع وزيرة الخارجية مماثلة لما دار مع وزير خارجيّة الموزمبيق. وسألتني عن ساعة رحلة عودتي ثم استأذنت لإجراء مكالمة وعادت طالبة مني تأخير الرحلة لأنّ رئيس الوزراء راغب في مقابلتي ومَدّي برسالة للقيادة القطرية.

ذهبت إلى رئيس الوزراء الذي لم يُطل الحديث حول اليونسكو مكتفيًا بالإشارة إلى ما دار بيني وبين وزيرة الخارجية لكنه كان يريد أن يحمّلني رسالة شفويّة إلى القيادة القطريّة أي إلى صاحب السموّ الأمير الشيخ تميم بن حمد آل ثاني ومعالي رئيس الوزراء. كان مفاد رسالته أنّ بعد الحصار مباشرة حدث انطباع بأنّ جزر الموريس تنحاز ضدّ قطر وذلك تبعًا لبيان صادر عن نائب رئيس وزراء جزر الموريس. فقال موضّحًا موقف بلاده: «نحن أصدرنا بيانًا تصحيحيًّا لهذا التصريح، فنحن على الحياد ونقدّر موقف قطر». إذن كانت الرسالة إلى القيادة القطرية تؤكّد أنّ نائب رئيس الوزراء لا يمثل إلا

نفسه وقد أصدرنا بيانًا مؤكّدين أنّنا لا ننحاز إلى طرف ضدّ الآخر. شكرته على رسالته ونقلتها إلى المسؤولين في بلدي.

تركت الموزمبيق وجزر الموريس ولديّ اقتناع بأنهما سيصوّتان لصالحي.

وختامها روسيا

كان لسعادة السفير سعود بن عبد الله آل محمود ولسعادة السفير الروسي في الدوحة نورماخمد خولوف دور جيّد في الإعداد لزيارتي إلى روسيا. فقد زرت روسيا في شهر نوفمبر 2016، وقابلت خلال الزيارة وزير التعليم ووزيرة الثقافة ووزير الخارجية تباعًا. ومن أهم ما تمخّض عنها تشكيل لجنة روسيّة تتكوّن من كلّ الأطراف المعنيّة باليونسكو أجريت مع السادة أعضائها مقابلة مطوّلة في وزارة الخارجية الروسيّة في موسكو. وقد تبيّن لي إلمامهم الجيّد بالملفّ ورغبتهم الصادقة في الإصغاء إلى موقفي من توظيف في اليونسكو وأزمتها المالية ومن المسألة الثقافيّة. فشعرت بارتياح أعضاء اللجنة ورئيسها للإجابات التي قدّمتها إليهم. وإنني إلى اليوم أشعر بالامتنان لسعادة السفير سعود آل محمود وسعادة السفير الروسي في الدوحة نورماخمد خولوف لدورهما في ترتيب الزيارة وإنجاح مساعينا.

وممّا يجدر ذكره أنّ السفير الروسي في اليونسكو لم يكن يخفي اقتناعه ببرنامجي وارتياحه لشخصي.

جولات وانتظارات

لا شكّ أنّ القارئ الكريم يرى بوضوح من خلال هذا العرض المقتضب لأبرز محطّات جولاتي بين أرجاء المعمورة ما تطلّبه ترشّحي من جهد بدني وذهنيّ ومن وقت سخيّ وحرص على شفافيّة التعامل مع الآخرين.

لقد كنت منذ البداية قد أخذت المسألة بالجدّيّة المطلوبة بقطع النظر عن النتائج المحتملة. فلم يكن الأمر شخصيًّا إلّا بمقدار ما يرغب فيه المرء من تتويج مسيرة طويلة في الدبلوماسيّة والثقافة بوضع التجربة الحاصلة منهما في خدمة المجموعة الدوليّة. ولكنّ المسألة عندي أوّلا وقبل كلّ شيء تشريف المجموعة العربيّة التي أتيحت لها فرصة مشاركة البشريّة الحديثة في تسيير شأن ثقافيّ وتربوي وتعليميّ وعلميّ لها فيه تاريخ مجيد وحاضر مفعم بالآمال لتكون في قلب المدارات العالميّة للأسئلة التي تتعاون الإنسانيّة اليوم على طرحها والمشكلات التي تعمل على مواجهتها.

وهذه المسألة، في وجه ثالث منها أخرناه في الذكر لأهمّيّته وإن كان هو البدء والأصل، ترتبط بدور قطر الثقافيّ الدوليّ. فما أنا إلّا سليل ابن الجزيرة العربيّة والشاعر الجاهليّ الذي قال:

وما أنا إلّا من غزيّة إن غوت
غويتُ وإن ترشد غزيّة أرشدُ

فبلدي الذي اختارني إنّما كان يقصد إلى أن يكون في موقع متقدّم من الإسهام في العمل الكونيّ والإنسانيّ الهائل الذي

يشمل مهامّ منظّمة عتيدة مثل اليونسكو. ولم يكن ذلك منه ادعاء أو مطالبة بدور لا يستحقّه. فقد عملت قيادة بلدي طيلة عقود على بناء دبلوماسيّة نشطة حديثة ودعم الثقافة الراقية ونشر التعليم وتشجيع العلماء والباحثين وحماية التراث داخل قطر وفي مختلف أرجاء العالم. لذلك كان ترشيحي إلى منصب المدير العام لليونسكو نتيجة طبيعيّة لجهد كريم سخيّ متواصل في خدمة مهامّ اليونسكو السامية حين فرض منطق الأشياء أن يكون أحد أبناء الثقافة العربيّة على رأس اليونسكو. ورغم ما وقع إثر الحصار الجائر من مناورات ضدّ مرشّح قطر فإنّني لا أحبذ أن أستسلم إلى المقولة الرائجة عن اختصاص العرب في إضاعة الفرص. فطريق العمل الجادّ الخيّر النيّر ممتدّة دائمًا وتحتاج دومًا إلى الإصرار وطول النفس والمثابرة.

هذا ما تعلّمته من قيادة بلدي ولا يمكنني اليوم إلّا أن أدعّمه بأنّنا قوم إذا عزمنا على النجاح فإنّنا محقّقوه رغم كلّ شيء.

وفي خضمّ المنافسة تحصل أحيانًا بعض المواقف التي تظلّ حاضرة في الذاكرة سواء لإيجابياتها أو لسلبياتها. وللتاريخ، أذكر موقف مندوبة إحدى الدول الشقيقة التي كنت سأحترمها أيما احترام لو جاءتني وقالت بصريح العبارة إنّها ستصوّت لصالح المرشحة الفرنسية لأسباب موضوعية تتعلق بدواعي الدولة، وهو ما حدث لي مع كثير من الأصدقاء المندوبين الذين عبّروا لي عن مواقفهم الشخصية المساندة لي بينما كانت دولهم ترى غير ذلك. ففعلوا ما تستوجبه مصلحة بلدانهم وبقيت بيننا المودة والتقدير.

غير أنّ هذه السيدة لم تكتف بالوعد بالتصويت لي بل أظهرت أنها تتعاون مع فريق عملي وتسعى لإقناع دول أخرى للتصويت لصالحي، ولأجل ذلك كانت تلتقي معي بشكل دوري لتأكيد ذلك. ولكن بعد فترة وجيزة خامرني الشك في نواياها، وتأكد الظن من موقفها بعد أن علمت من مصادر موثوقة أنّ بلدها ومن منطلق موضوعي سيصوّت للمرشحة الفرنسية، وبعد أن شاهدت السفيرة تشكّك في أقرب الأشخاص الداعمين لي وفي مواقف دولهم وتنشر الأخبار التي تفيد أن هذه الدول لن تصوّت لي. ومن بين الدول التي شككت فيها سلطنة عمان رغم ثقتي بموقف عمان المعلن. كما شككت في موقف كينيا وسرّبت معلومات زائفة لزرع الشك في هؤلاء وغيرهم من الداعمين.

وقبل الانتخابات بأيام معدودة طلبت منّي مقابلتها في مكتبها فالتقيت بها وكانت معي زوجتي وسفيرنا في اليونسكو علمًا أن دورها قد اتّضح لي وقتها دون أن أظهر معرفتي بذلك. وإذا بالسفيرة تأخذ ورقة وقلمًا وتقول لي: أريد أن تملي عليّ قائمة الدول التي من المؤكد مائة بالمائة أنها ستصوت لك، وخاصة الإفريقية منها. ولمّا سألتها عن سبب طلبها أجابت أنها سوف تتصل بهم واحدًا تلو الآخر لتؤكّد عليهم ضرورة الدعم. عندئذ تدخلت زوجتي (أم تميم) وهي التي اعتادت عدم التدخل وقالت لها: هذا أمر غير مقبول. فهدّأت من روع زوجتي وقلت للسفيرة إنّ ذلك لن يحدث. ولمّا سألت عن سبب موقفي أجبتها أنني غير مجبر على تبرير موقفي.

هكذا انتهى اللقاء وكان آخر لقاء لي معها. ولم أشأ التصعيد معها محبّة وتقديرًا لبلدها الشقيق شعبًا وقيادة.

الفصل الثامن

مسافرون كُثر... والوجهة واحدة
المرشّحون والمنافسة على منصب
المدير العامّ لليونسكو

لقد تحاشيتُ خلال الحملة الانتخابية الحديث عمّن نافسني على إدارة اليونسكو. وهذا عندي من أخلاقيّات المنافسة والشهامة واحترام الآخرين. وأذكر في هذا الصدد حادثتين؛ فعندما التقيتُ بمستشار الرئيس الفرنسي بدعوة منه طلب رأيي في مرشّحتهم الفرنسية فقلت له لقد أبيتُ على نفسي ألّا أتحدث عن منافسيّ إلّا بالخير وهو ما يعني ربما أنّ رأيي لن يكون مفيدًا له. والحادثة الأخرى أنّ السيدة أزولاي طلبت أن تلتقي بي وأثنت خلال اللقاء على أخلاقيّات حملتي إذ لم تُذكر هي ولا غيرها من المنافسين بسوء.

لكنّ كل شيء انتهى الآن ويحقّ لي أن أقدّم شهادتي عنهم حتّى يكون القارئ على بيّنة من الرهانات وكيفيّة انتقاء المدير العام وما يجري أحيانا في الكواليس والملامح المطلوبة للوصول إلى

أعلى المسؤوليّات في اليونسكو. ومن نافل القول أن أذكّر بأنّني في حديثي هذا أبدي رأيًا أسعى إلى أن يكون موضوعيًّا وإن عبّر عن رؤيتي إلى المسألة. والواقع أنّه من الصعب الحديث عن الآخرين لأنّ للمسألة صلة بشخصيّات رشّحتها دول ولكن ما يسعفني في مثل هذا الحديث أنّ اللعبة انتهت وأسدل الستار على المسرح والممثّلين جميعًا.

ومن المفيد أن أذكّر القارئ أنّ انتخاب أيّ شخص كان على رأس اليونسكو لا يعود فحسب إلى كفاءته وقدراته الذاتيّة، فثمّة في هذا المسار تفاعل عوامل عديدة من بينها الصفات المميّزة لهذا المرشّح أو ذاك.

وما كان يمكنني أن أتجرّأ على الترشح إلى هذه المسؤولية الدوليّة الخطيرة لو لم أتمرّس بالعمل الدبلوماسي والغوص في دهاليزه سفيرًا لما يفوق عشرين عامًا ولو لم أشتغل وزيرًا لما يناهز خمسة عشر عامًا في فترتين متقطّعتين ضمن مشروع وطني لتحديث بلادي قطر قام على نخبة متحمّسة تحمل رؤية وإستراتيجيّة. فلم يكن ترشيحي لهذه المسؤولية مسألة تباه أو هوى وإنّما هو استكمال لمسار طبيعيّ داخل السياسة القطريّة منذ بداية التسعينات. فحمد الكواري المرشّح لليونسكو هو ابن هذا المسار التحديثي العقلاني والمكانة التي صارت تحتلّها قطر في المدار الإقليمي والعالميّ. وهذا عامل القوّة الأساسيّ في ترشّحي وبه أفسّر أيضًا التجربة كلّها بنجاحاتها وهي كثيرة وإخفاقها الأساسيّ المتولّد عن ظلم ذوي القربى وهو كما قال شاعرنا القديم «أشدّ مضاضة من وقع الحسام المهنّد».

منافسة ذوي القربى

فلنبدأ بالمرشّحين العرب بما أنّ الفرصة كانت مواتية بعد أكثر من نصف قرن من تأسيس اليونسكو كي يقود هذه المنظّمة الدوليّة عربيّ تأكيدًا للتداول بين القارات وترسيخًا لمبدأ التنوّع الثقافيّ الذي تعمل عليه المنظّمة نفسها.

وأبدأ بالتأكيد على فكرة راجت أيّام الحملة مفادها أنّ وجود أكثر من مرشح عربي سيقلّل من فرص العرب للحصول على الإدارة العامة لليونسكو. فقد أكّدنا على حق العرب في الإشراف على اليونسكو وعلى العكس ممّا يروّج فإنّ تعدّد الترشيحات في رأيي هو تكثير للفرص أمام المجتمع الدولي لاختيار الشخص الأنسب لتولّي هذه المهمّة وستكون التصفيات مصفاة لترشّح من يراه المجتمع الدوليّ الأفضل من بين المرشحين العرب.

لبنان

مرشحة لبنانية

إنّ لي مع لبنان علاقة خاصة حيث عُيّنتُ فيه أوّل قائم بالأعمال قطري في سبعينات القرن العشرين وتربطني علاقة وثيقة مع مسؤوليه وأنا من داعمي الثقافة في كل المحافل. ومن الصّدف الغريبة أنه في سنة 2015 وبعد ترشيحي مباشرة زار الدوحة دولة الرئيس تمّام سلام برفقة وزير الثقافة اللبناني السيد روني العريجي، وانتهزتُ الفرصة لإبلاغهما بالترشيح. وقد سُعدتُ جدًّا بحماسهما وبثقتهما في أدائي المهمة. وبعد مدة فاجأتني إشاعة مفادها

أن لبنان قد تُقدّم مرشحًا. وهو ما حصل بالفعل بعد عدة أشهر من إعلان ترشيحي. وقد شعر المسؤولون بالإحراج لكنّ للبنان وضعًا سياسيًّا خاصًّا يجعل من الصعب حصر القرار لدى شخص واحد. ومع ذلك بعثوا لي وزير الثقافة روني العريجي الذي جاء للدوحة لمقابلتي وأبلغني أنّ أسبابًا داخلية دفعتهم للترشيح لكنهم سينسحبون عندما يقتنعون بعدم وجود فرصة حقيقية لمرشّحتهم لأصبح المرشح الذي يدعمونه.

ومرة أخرى وقبل الانتخابات بأشهر التقيتُ مجددًا في منزلي في باريس بوزير الثقافة نفسه وكرر الالتزام بعد أن أكّدتُ له أنني مقتنع بأن لبنان لن تحصل على الأصوات التي تعكس مكانتها في العالم. فردّ أنهم سيتدارسون الأمر وسأكون مرشحهم لدى اليونسكو.

الحقيقة أنني تفاجأت بوجود المرشّحة اللبنانيّة في السباق. ووجه المفاجأة أن للبنان نخبة متنوّرة مهمّة وأسماء ذات صيت عالميّ تشرّف بلدها وتشرّف الثقافة العربيّة ولها من الكفاءة ما يسمح لها بأن تكون على رأس هذه المنظّمة الدوليّة، وإن كان المرشّح يحتاج إلى دعم مالي من دولته بعد الترشيح، وهذا ما لا يتوفّر لكثير من الدول.

وقد رشّح لبنان سيّدة تتمتع بخبرة كبيرة في اليونسكو ودراية بالعمل وآليّاته ومهنيّتها التي لا تنكر. لكنّ مشكلتها أنّها لم تمثّل بلدًا عربيًّا في اليونسكو بل عملت لمدّة عشرين عامًا نائبًا لسفير دولة سانت لوسي، وهو رجل أعمال لبنانيّ سعى إلى ترشيحها

عن دولة لبنان. وهو ما كان يعني أنّها خلو من أيّ سجلّ بالقضايا العربيّة. ورأيي أنّ أمرَين متكامليَن أضعفا من موقفها؛ أولهما عدم وجود وحدة لبنانيّة تساندها وثانيهما سعي دول أخرى إلى ترشيح لبنانيّ آخر هو غسّان سلامة.

ربّما ذهب في وهم أصحاب قرار ترشيحها إلى منصب المدير العام أنّ تجربتها في اليونسكو ورقة رابحة. فهي ابنة الدار بشكل من الأشكال. ولكن أيّ شكل هو؟ فقد كانت مساعدة للمندوب الدائم لدولة صغيرة قلّما يتداول اسمها لدى الناس وترتبط مواقفها بمواقف الولايات المتحدة الأمريكيّة وهي دولة «سانت لوسي». علاوة على هذا الضعف في تمثيل بلدها باليونسكو مباشرة فإنّها لم تبلغ يومًا رتبة مندوب دائم.

والرأي عندي أنّ عوامل فشل المرشّحة اللبنانية كانت بادية للعيان لا تحتاج إلى أيّ نباهة أو حصافة رأي في التقييم. لذلك لم أر أنها منافس قويّ لي أو ذات شرعيّة ثقافيّة عدا أنّها مرشّحة من دولة لبنان إحدى حواضر النهضة العربيّة. ولكن ذلك لا يشفع لها في موازين اللعبة المعقّدة التي كانت تدور أطوارها في الكواليس أحيانًا وعلى المكشوف أحيانًا أخرى.

والواقع أنّني رغم وعيي بهذه المسألة فإنني لا أخفي بعض الألم الذي تسبّب فيه الترشيح اللبنانيّ. لم يكن ألمًا مأتاه وجود منافس لي من لبنان وإن كنت أودّ أن يكون لبنان مساندًا لي. ففكري وتصوّراتي مزيج من ثقافتي القطريّة والخليجيّة ومن أفضل ما في الحواضر العربيّة أي لبنان ومصر علاوة على فرنسا وأمريكا.

فقد درست في جامعات هذه البلدان وتشرّبت ثقافاتها. بهذا المعنى كنت أعتبر نفسي لبنانيًّا.

وقد ربطتني بالسفير اللبناني في اليونسكو علاقة جيّدة وهو في الآن نفسه رئيس المجموعة العربيّة فيها. فهو رجل فاضل محترم لكنه بصفته دبلوماسيًّا كان منضبطًا ملتزمًا بسياسة بلاده.

ومصدر الألم الذي عبّرت عنه أنّني كنت واثقًا من أنّ لبنان لن يحصل على أكثر من ستّ أصوات ولن ينجح مرشّحه والحال أنّ لبنان مؤهّل للحصول على أكبر عدد ممكن من الأصوات. فهو بلد عريق في الحضارة مشعّ بنخبه الرائعة المميّزة وشعبه الموزّع في العالم المنفتح على جميع الثقافات حتى امتدّت شبكة اللبنانيّين المهاجرين في جميع الأصقاع. إنّها تركيبة نادرة بين لبنانيّي الداخل والخارج على نحو لا يعرف سرّه إلّا هم. علاوة على ذلك فلبنان عاصمة الكتاب العربي وعاصمة من عواصم الثقافة العالميّة. فكيف لبلد مثل هذا أن يحصل على ذاك العدد الضئيل المخجل من الأصوات في المنبر الأمميّ؟ إنّ لبنان قبل خوض أيّ منافسة انتخابيّة في اليونسكو وبقطع النظر عن المرشّح مؤهّل لضمان مكانة محترمة ولكن مرشحته لم تحصل في نهاية المطاف بترشيح غير مدروس إلا على ثلاثة أصوات فقط. وهذا لا ينفي أنّ لبنان الثقافة والمعرفة والفنون لم تتوافق مع لبنان السياسة وقراراتها.

ويشهد الله أنّني نصحت الإخوة اللبنانيّين وقلت لهم لا تضعوا لبنان في موقف صعب. ولكن تجري ريح السياسة بغير ما يستوجبه المنطق والنظرة الموضوعيّة للأمور.

مرشح إماراتي باسم لبنان

أحبّ هنا أن أتحدّث عن مرشّح لبناني آخر محتمل كان يمكن أن يكون منافسًا جدّيًا ذا حظوظ وافرة وهو الصديق غسّان سلامة الجامعي والسياسيّ. وقد ربطتني به علاقة جيّدة جدًّا بسبب الصديق المرحوم النائب والوزير اللبناني السابق نسيب لحّود. فلمّا أصيب لحّود بالسرطان الذي عانى منه لفترة طويلة كنت ألتقي مع غسّان سلامة في بيت الرجل لمواساته والاطمئنان على حالته الصحيّة. ومنذ ذلك الحين توثّقت عرى المودّة والتقدير بيننا.

وبعد تقديم ترشّحي اتّصلت بغسان سلامة لأعلمه بقراري فتمنّى لي التوفيق معتبرًا أنّ المسألة ليست يسيرة بل وجدتُ أنّ لديه موقفًا سلبيًّا من اليونسكو ويرى أنه لا جدوى منها. ولكن سرعان ما علمت من وسائل الإعلام بأنّه سيترشّح للمنصب نفسه. كان ذلك بمثابة المفاجأة بالنسبة إليّ فلم يشر ولو مجرّد إشارة إلى نيّته في الترشّح حين اتصلت به ولم يتصرّف معي بما تصرّفت أنا به معه تقديرًا ومودّة بين صديقين. لكن يبدو أنّ للمسألة وجهًا خفيًّا ينبغي أن أرويه.

فبحسب ما توفّر لديّ من معلومات أنّ دولة الإمارات كانت تدفع غسّان سلامة إلى الترشّح لليونسكو. وكان كثير من اللبنانيين المنصفين يعتبرون أنّ على لبنان أن ترشّح بالفعل غسّان بحكم ما ذكرته من خصال يتحلّى بها علاوة على أنّه معروف في فرنسا. وقد سعى عدد منهم إلى إقناع الجهات السياسيّة في لبنان بوجاهة هذا الطرح. وكانت الإمارات تدفع في هذا الاتجاه إذ منح معرض الشارقة للكتاب قبل شهر من المنافسة لقب رجل الثقافة لسنة 2017 لغسان

سلامة وكانوا يقولون إنّه مرشّح لليونسكو ويضغطون لجعل المسألة محسومة لصالحه. ورغم أنه لم يعلن هو ترشّحه ولم تصدر عن الدولة اللبنانيّة أيّ إشارة إلى ذلك فإنّني أرجّح أن الإماراتيّين كانوا يسعون إلى إيجاد غطاء من خارج لبنان لفرض هذا الترشيح. بيد أنّ خبرة غسان سلامة السياسيّة جعلته يصرّ على أن يكون ترشيحه من دولة لبنان ولكن يبدو أن الأوساط السياسيّة في لبنان اتجهت، فيما يبدو، نحو اختيار الدولة للسيّدة خوري لأسباب لا أعرف منها إلّا ما ذكرته. وقد ظهر اسم غسّان بعد ظهور اسم السيّدة خوري لا قبل ترشيحها نهائيًّا.

وفي تقديري أنّه طرح ترشيحه بطريقة قد تسيء له إذ تتنزّل المحاولات والضغوط الإماراتيّة في هذا المعنى. وقد وصلت المساعي إلى حدّ إقناعه بأن يكون ترشيحه من الإمارات نفسها مع ما يستتبع ذلك من دعم قويّ ماليّ وسياسيّ. فقانونيًّا يحقّ لأيّ دولة عضو أن ترشّح من تراه لمنصب المدير العام لليونسكو. ولكنّه تمادى في رفضه.

هل كانت الغاية الإماراتيّة من باب تقدير الرجل واعتباره ممثّلًا محتملًا للعرب على رأس اليونسكو؟ إذا علمنا أنّ الإمارات كانت من البلدان الخليجيّة التي تساند ترشّحي شخصيًّا بحكم أنّ قطر عضو فاعل في مجلس التعاون الخليجيّ وانتبهنا إلى أنّ السياق وقت بروز الضغوطات الإماراتيّة هو سياق الحصار الجائر على دولتي، أدركنا حقيقة المسعى الإماراتي، بل إنّ عرقلة دولة الإمارات الشقيقة لم تبدأ بعد الحصار...

ولا بدّ في هذا الصدد أن نشير إلى أنّ الكفاءة والسمعة الطيبة لا تكفيان في رحاب اليونسكو إذ يفترض أن يكون المترشّح مسنودًا من دولة لديها من الإمكانات الماليّة ما يسمح لها بدعم مرشّحها من خلال تمويل مشاريع اليونسكو. وهو ما لمسناه في نجاح المدير العامّ الياباني الأسبق كويشيرو ماتسورا.

مصر

الترشح

كان الترشيح المصري وازنًا مبدئيًّا بسبب موقع مصر ضمن خارطة الثقافة العربيّة فهي حاضرة من حواضر النهضة العربيّة وتجربتها العريقة نسبيًّا في الدبلوماسيّة الدوليّة. فلا ننسى أن من بين الأمناء العامّين للأمم المتحدة نجد بطرس بطرس غالي وأنّ وزير الثقافة المصري السابق فاروق حسني قد سبق له الترشّح للمنصب نفسه، ومرشح آخر لم يحظ بدوره بالنجاح. فللدبلوماسيّة المصريّة خبرة ما بلعبة المنافسات على هذه المناصب كان يمكن لها أن تكون سندًا قويًّا لمن يرشّح من مصر. ونرجع مآل الترشيح المصري إلى ضعف الدبلوماسيّة المصريّة في الظروف الحاليّة وتراجع دورها الإقليمي والدولي ولموقفها من حقوق الإنسان وقناعة الجميع بحاجتها إلى الدعم من اليونسكو بدل الإشراف عليها، إضافة إلى أسلوب الضغط الفجّ الذي مارسه الدبلوماسيون المصريون خلال الحملة.

حرصتُ كل الحرص أن أحظى بدعم مصر وأن أكون المرشّح العربي الوحيد إذ كنتُ أوّل المرشحين العرب وأعلنت ترشحي بسنة

قبل الآخرين. وقد جرت اتصالات غير مباشرة مع المصريين وكانت الأمور تسير في اتجاه الموافقة على المرشح العربي. ووصلتني رسالة غير مباشرة من وزير مصريّ عبر القائم بالأعمال مفادها أنّ هناك جهدًا كبيرًا في الدولة لإقناع القيادة بدعم المرشح القطري الذي درس في مصر وأطلق حملته منذ أكثر من سنة. لقد كانت أجواء التفاؤل سائدة وأبلغني وكيل الوزارة عن نجاح مساعيه.

واتصل بي القائم بالأعمال المصري في الدوحة وطلب مني مختلف الكُتب والإصدارات التي نشرتُها، وإذا بي أفاجأ بعد أسبوعين تقريبًا بالترشيح المصري بعد أخذ المطبوعات المذكورة. ومن المعلومات التي توفّرت لي أنّ موقف وزارة التعليم كان يشير إلى غياب فرصة النجاح لمصر بينما كان لوزارة الخارجية المصرية رأي آخر.

وقد أكّدت الأيام أنّ الملف انتقل بالفعل إلى الخارجية وجرى سحب مندوب مصر من اليونسكو، بل يبدو أن وزير الخارجية المصري أخذ على عاتقه إنجاح الترشيح المصري بعد فشل الترشيحين السابقين. ولعل هذا ما يفسر وجود الوزير المصري قبل الانتخابات في باريس صحبة وفد كبير وممارسته كل الضغوط والإغراءات لإنجاح المسعى المصري مصحوبًا بدول الحصار.

السودان: البشير يغير الموقف

وكم تؤسفنا الأساليب التي لجأ إليها المصريون أمام العالم أثناء الانتخابات وما استقدموه من أشخاص إلى باريس ضمن وفد كبير

جلب الانتباه وحضور وزير الخارجية قبل الانتخابات بأسبوعين وعقد اجتماعات متتالية ليلًا ونهارًا والضغط على السفراء ولا سيما المجموعة الإفريقية التي كان يلتقي بها مرارًا وتكرارًا. وأذكر أن السودان كانت من الدول التي ساندتنا منذ البداية، بل إنها تنافست مع المملكة العربية السعودية لعضوية المجلس التنفيذي وفازت بالمقعد لتقف إلى جانبنا اعترافًا منها وتقديرًا لترميمنا لتراث السودان الأثري. وتلقينا عدة رسائل دعم مكتوبة تؤكد ذلك. كما أن الرئيس عمر البشير أعلن في مؤتمر صحفي في القاهرة مساندته لنا. وكان المندوب السوداني في اليونسكو يؤكد ذلك خلال اجتماعات المجموعة الإفريقية المتكررة مع وزير الخارجية المصري. صوّتت لنا السودان في كل الدورات، وقبل الدورة الأخيرة أعلن المندوب السوداني في اجتماع المجموعة الإفريقية أن السودان غيّر موقفه ولن يصوت لقطر بهدف التأثير على المجموعة الإفريقية. وأبلغنا السفير شخصيًا اعتذاره وتأثره مبررًا الموقف السوداني بأنه نتيجة لضغوط سياسية واقتصادية من دول الحصار لايمكن مقاومتها. كان هذا الصوت يمثل خسارة كبيرة لأننا خسرنا الانتخابات بفارق صوتٍ واحدٍ فقط.

كما أذكر بأسف ما حصل بين الوزير المصري سامح شكري والسفير جورج جوديا سفير كينيا في اليونسكو. كانت كينيا من أوائل الدول الإفريقية بل أوائل الدول التي أعلنت رسميًّا دعمها لنا ولذلك تفاصيل يطول لسردها. يمثل كينيا في اليونسكو السفير جورج جوديا الذي تلقى تعليمات واضحة ومعلنة بدعمي.

وخلال مسيرة الحملة تكونت بينه وبيننا مودة وصار محاربًا بكل ما تعني الكلمة من معنى لنصرتنا، مسلحًا بتعليمات بلده ولكن أيضًا لقناعته الخاصة بأن حمد الكواري هو المرشح الأجدر بخدمة إفريقيا وذلك من خلال اطّلاعه على برنامجي ومتابعته للمناقشات والزيارات والاتصالات التي كانت تدور مع المندوبين الأفارقة وكان هناك شبه قناعة لدى الجميع أن حمد الكواري يمثل إفريقيا ودول الجنوب، ولديه مشاريع محددة لخدمة إفريقيا لم تطرح من قبل أي مرشح آخر... ومن ناحية أخرى علم الجميع أن وزير الخارجية المصري سامح شكري قد راهن على إنجاح المرشحة المصرية وإفشال المرشح القطري بأي شكل من الأشكال، ولم يكتف بالحملة التي قام بها من خلال اجتماع منظمة الوحدة الإفريقية وزيارة جل الدول الإفريقية، بل جاء إلى اليونسكو قبل الانتخابات بأسبوعين لفرض تصويت الأفارقة لصالحهم، وكان يجتمع يوميًّا بالسفراء الأفارقة ويتطاول عليهم بعبارات غير دبلوماسية. وكان السفير الكيني يتصدى له في كل اجتماع، وخلال العملية الانتخابية وبعد الجولات الأولى والثانية التي اتضح خلالهما أن أكثر الدول الإفريقية تصوت لقطر، انفجر الوزير المصري أمام الصحفيين مؤنبًا وصارخًا وبصوت عال بإهانة السفير الكيني، ورد عليه السفير جورج جوديا وأمام الجميع (لست موظفًا في الخارجية المصرية ونحن أعرف بمصلحة قارتنا ولن نغيّر موقفنا بالقوة أو بالضغوطات، وإن كان لديك ما تقوله فليكن مع الخارجية الكينية).

والجدير بالذكر كذلك أنّ الجميع كان يعلم أنّ دول الكاريبي

وأمريكا الوسطى قررت التصويت لفائدتي وظن المصريّون وذوو القربى من دول الحصار أنّ الحصار سوف يخدمهم. حصلت المرشحة المصرية على طائرة خاصة من إحدى دول الحصار وعليها شعارها لتقوم بجولة في هذه الدول يرافقها ممثل منظمة الوحدة الإفريقية في جنيف. وزارت بالفعل دول الكاريبي وأمريكا الوسطى لكنها لم تتمكن من مقابلة رؤساء الوزارات لإقناعهم بالتخلي عن مواقفهم الداعمة لقطر باستثناء دولة واحدة كانت في الأصل داعمة لقطر قبل أن يجري إغراؤها بمشروع اقتصادي ضخم. واتصلت هذه الدولة بي لتعتذر عن موقفها.

ومن باب الإنصاف أن نقول إنّ لدى السيّدة مشيرة خطّاب الخبرة والكفاءة المطلوبتين لهذا المنصب. وكانت موفقة خلال المناقشة رغم أنها أوّل المتكلّمين أمام المكتب التنفيذيّ وربّما كان يمكن أن تكون على حظّ وافر من النجاح لولا أنّ الملابسات التي صاحبت الترشيح والنهج المنفّر الذي سارت فيه الدبلوماسيّة المصريّة من قبيل إثارة الشغب في كواليس مبنى اليونسكو والضغط على المجموعة الإفريقيّة قد عملا ضدّ المرشّحة المصريّة.

ولكن علينا أن نشير إلى أنّ النتيجة التي حصلت عليها المرشّحة المصريّة يعود السبب فيها إلى دول الحصار (السعوديّة والإمارات أساسا). وهذا بديهيّ بما أنّ غريمها الأول الذي كان ينبغي إسقاطه بأيّ ثمن هو المرشّح القطريّ.

ولكن من أعجب الترشيحات العربيّة نجد الطبيب البيطريّ العراقي. فلا شيء في سيرته الذاتيّة يؤهّله لضمان حدّ أدنى من

الأصوات أو لترؤس منظّمة مثل اليونسكو. فهي سيرة طبّيّة في أحسن الأحوال لا تؤهّله للمنافسة على المنصب رغم لطفه الجمّ وخلقه الحسن.

والحق أن السفير العراقي باليونسكو لم يكن هو نفسه مقتنعًا. ولمّا أدرك خطأه انسحب قبل التصويت.

والواقع أنّ هذه المنافسة بين ثلاثة مرشّحين من العرب لم تكن إلّا من باب التضييق على المرشّح القطريّ فعليًّا. وقد أشرنا إلى ضعف الترشيحَين اللبناني والمصريّ والسياق الذي لم يكن ييسّر صعودها إلى كرسي اليونسكو. ولئن كنا نعتبر الترشيح اللبناني من باب سوء التقدير وكان الأجدر سحبه قبل التصويت تجنبًا للنتيجة الهزيلة التي حصلت عليها السيّدة خوري، فإنّ الترشيح المصريّ تضمّن تكتيكيًّا غايات أخرى. فقد كان من الواضح أنّ الحظوظ المصريّة ضعيفة وطريقة العمل غير مجدية والنتيجة ستكون سلبيّة. لكن ما بيّته المصريّون ومن والاهم دعاهم إلى مواصلة اللعبة إلى نهايتها. فالمطلوب إسقاط مرشّح قطر والتضييق عليه بالمنافسة على اقتطاع أقصى ما يمكن من الأصوات التي ستذهب إليه في صورة غياب منافس عربيّ. وهذا هو التكتيك الذي اعتمدته مصر تساندها دول الحصار الظالم.

ورغم أنّ توفيقهم فيما عزموا عليه كان محدودًا جدًّا فقد أحدثوا، وللتاريخ أقول هذا، شرخًا عميقًا في الكتلة العربيّة والإسلاميّة باليونسكو. وهي كتلة اعتادت التصويت بطريقة جماعيّة خصوصًا إذا كان الاتفاق قائمًا على مرشّح واحد. وهذا ما سيكون له انعكاسات

مستقبلًا تزيد الصوت العربي في المحافل الأمميّة خفوتًا والمواقف تشتّتًا وانفصالًا. وليس لنا إلا أن نردّد الآية الكريمة ﴿وَيَمْكُرُونَ وَيَمْكُرُ اللَّهُ وَاللَّهُ خَيْرُ الْمَاكِرِينَ﴾ (سورة الأنفال، الآية 30).

ومن المؤسف أنّ إعلام بلد الكنانة لم يكن في المستوى الذي تقتضيه مكانة مصر الثقافية من رصانة وموضوعية. فقد اتّهمني بشتى التهم، منها أنني من قبيلة إرهابية. ولا أحد في الخليج العربي يجهل قبيلة «البوكوارة» من تميم وهي من أعرق العائلات، وإنني لأفتخر بالانتساب إليها وقد اتّهمها الإعلام مدّعيًا أنّ معظم أفرادها من الإرهابيين. وإنه لأمر مؤسف أن يصدر هذا من إعلام بلد عظيم كنّا نكنّ له كل التقدير والاحترام وما زلنا. ونحن نعلم أنّ من اختلق هذه الاتهامات مجموعة من الإعلاميين الذين يسيؤون لمصر ومكانتها يوميًّا، وليست مصر العظيمة ولا شعبها العريق. بل من المضحكات المبكيات أنّ هذا الإعلام ذهب إلى أكثر من ذلك إذ قال إنّ شكلي يشير إلى أنني لست عربيًّا وغير ذلك من التهريج.

أمّ تميم

وأحبّ أن أشير إلى بعض ما بلغ إليه بعض الإعلاميين من الحقد والتشويه والتقوّل ومسّ الأعراض من خلال الإساءة إلى أقرب الناس إليّ؛ حرمي المصون «أم تميم».

فمن تقوّلاتهم وبذاءاتهم اتهامها بالجهل، وهي الجامعيّة، وضرب النقاب، وهي المرأة التي تجمع إلى التفتح آداب الحشمة. وزعموا أنّها إحدى زوجاتي الأربع تأكيدًا منهم على أنّني أعدّد

الزوجات ولا أكتفي بشقيقة الروح منذ عقود. وإمعانًا في الإساءة والتلميح إلى صلة لي ولها بالإرهاب ادّعوا أنّها شقيقة إحدى زوجات بن لادن.

لقد كانت هذه أهمّ سهامهم المسمومة في حملة ظالمة لا أخلاق فيها ولا احترام للنساء. لقد أثارت في نفسي مثل هذه المزاعم مشاعر متناقضة: منها السخرية من هذا الانحطاط الأخلاقيّ والكذب الصريح ممزوجة بكثير من الاستياء. فليست المشكلة عندي في إظهار ما قد يكون لدى «المنافس» من نقائص أو عيوب تمنعه من أداء مهامه في الخطة التي يترشّح لها ولكنّ المشكلة، كل المشكلة، في اتهامك بما ليس فيك لإثبات صفات موهومة أو زائفة يقصد بها المساس، من خلال عائلتك وذويك، بكفاءتك وجدارتك بالمنصب الذي عزمت على الحصول عليه.

لقد كان ردّي هادئًا مستمدًّا من طبيعة علاقتي بهذه المرأة التي اخترتها شريكة لي في حياتي فوقفت إلى جانبي دائمًا في مختلف محطات رحلتي في الحياة وشدّت من عضدي في الأوقات الصعبة بالاستشارة والنصح والمشاركة ممّا سهل مهمتي. وما كان لها أن تكون على هذا القدر من التأثير في حياتي الخاصّة والعامّة لولا ما تتصف به من ثقافة وحكمة وذكاء عقليّ ونفسيّ وقدرة على التنظيم وإيمان بقدراتي وكفاءاتي فعملت معي من أجل تحقيق أهدافي بما في ذلك حين قرّرتُ أن أضرب الدروب نحو اليونسكو. وتمثّل هذا الردّ في حضورها عددًا من الاجتماعات واللقاءات مع الضيوف. فما الخبر، خصوصًا إذا كان كاذبًا، كالعيان. فوجد كل من تعرّف عليها

ورآها معي في لقاءات عامّة أو خاصّة السيّدة الوقورة والجامعيّة المثقّفة التي تخاطب في سلاسة بأكثر من لغة. فهي تشرّف بحضورها كلّ مجلس وتشيع فيه بأدب جمّ عفويّ لا اصطناع فيه جوًّا من الصداقة والمودّة. فكان ذلك خير ردّ لإخراس الألسنة المتقوّلة.

وأذكر أنّني سُئلت مرّة عمّا إذا كنت متزوّجًا بأربع. وهو سؤال يعبّر، علاوة على ما بلغ الأسماع من خزعبلات المشوّهين، عن نظرة منمّطة للرجل الشرقيّ يرى فيها السائل ولا شكّ موقفًا سلبيًّا من النساء اللّاتي يتخذهنّ الرجل لمجرّد المتعة دون شراكة حقيقيّة في الحياة والروح. فكانت إجابتي العامّة بالإيجاب: «نعم، ولكنّني عادل بينهنّ!» وأضفت مبتسمًا: «وهنّ أمّ تميم واللغة العربيّة واللغة الإنكليزيّة واللغة الفرنسيّة».

وقد حضر معي خلال الأسبوع الأخير من الحملة أبنائي تميم وعمران وإيمان وكلهم من ثمرات تربية تلك المرأة التي لم تنج من ألسنة الظلم فرأوا في هؤلاء الشبّان الثلاثة من العلم والثقافة والمكانة والاستخدام الراقي للّغات العالميّة والتربية العالية ما أخرس تلك الألسنة. فازدادت أمّ تميم بهم تألّقًا ومكانة.

والحقّ أنّ كل ما حقّقتُه في حياتي من إنجازات ونجاحات مرتبط على نحو من الأنحاء بهذه السيّدة الرائعة. وهو ما لمسته كذلك خلال الحملة الانتخابية بصورة عامة وأيام الانتخابات خاصة. فقد كانت باستمرار إلى جانبي تمثّل السيدة الواثقة من فوزي والميسّرة لكل السبل لتخفيف الأعباء عني والحاضرة دائمًا عندما يستدعي الموقف حضورها.

واعتقادي الرّاسخ أن الخصوم أدركوا ما لأمّ تميم من دور وإسهام في مسيرتي نحو اليونسكو فوجّهوا إليها السّهام لإرباكي. بيد أنّ التعصّب أعماهم فنسوا أو تناسوا أنها ابنة مصر من أسرة عريقة ﴿وَلَٰكِن تَعۡمَى ٱلۡقُلُوبُ ٱلَّتِي فِي ٱلصُّدُورِ﴾ عن رؤية الحقّ.

مصادرة حب مصر من العرب

نحن نعلم علم اليقين مكانة مصر في الفضاء العربيّ وموقعها التاريخي والجغرافي السياسي والإستراتيجيّ، ولسنا نشكّك في الدور المصريّ المحوريّ لكنّ المسؤولين المصريّين لم يفهموا، بسبب ضرب من النرجسيّة والتمركز على الذات والنزعة القوميّة الضيّقة، أنّ حبّ مصر ليس حكرًا عليهم إذ من العرب من يعشق ثقافة هذا البلد وتراثه الفكري والروحي ويرغبون في خدمة مصر لأنّ في قوّتها قوّتهم وفي ضعفها ضعفهم بشكل من الأشكال. فالبعد الحضاري لمصر يتخطى حدودها الجغرافية وخاصة لدى العرب والمسلمين، فهو يتجذّر في نفوسهم ويرون في خدمة مصر خدمة للعرب جميعًا، بل إنّ الكثير منهم، وأنا من بينهم، تعلّم في مصر وتربطه صلة نسب وقرابة ومن الصعب منافستهم في حب مصر. وعلى مصر أن تدرك هذا البعد الحضاري وتقف إلى جانب من ترى فيه الكفاءة من العرب دون تمييز ولا ضيق أفق. أمّا إذا رشّحت مصريًّا فينبغي أن يكون من أبرز رجالها ونسائها، وهم كثيرون ممّن يتخطّون بعطائهم وفكرهم الجغرافيا المصرية كما ينبغي أن يختاروا الوقت المناسب الذي تكون فيه ظروف مصر السياسية والاقتصادية

مناسبة لمن ترشح، وفي هذه الحال سيقف كل العرب إلى جانبهم بالتأكيد، ولا يكفي أن يكون المرشّح مصريًّا دون كفاءة فيلحق الضرر بمصر أولًا وبالعرب لاحقًا، وهو ما نشاهده في الوقت الراهن على رأس بعض المنظمات الإقليمية حيث يعجز المسؤول الأول عن قراءة نص عربي على نحو صحيح.

وما لم يفهمه المسؤولون المصريّون أنّ البلدان العربيّة الأخرى تحمل كذلك ثقافاتها روافد تغذّي بها الثقافة العربيّة وتبحث عن موقعها لخدمة الإنسانيّة وهو ما يقوّي الموقف المصريّ كذلك لو كانوا يميّزون. غير أنّهم لم يدركوا هذه الحقيقة الموضوعيّة المتصلة بتاريخ البلدان العربيّة وتعدّد روافده وتنوّع مجالاته.

فهم يجهلون أو يتجاهلون أنّ مكانة مصر في العقول قبل القلوب وفي النظر الموضوعيّ قبل العواطف والمشاعر قد تخطّت أرض الكنانة نفسها بحدودها الجغرافيّة الحاليّة. فتأثير مصر الحديثة في التاريخين القومي والثقافيّ أكبر مما يتصوّرون وأكثر ممّا يقدّره أبناؤها لأنّهم ضيّقو الأفق ويفضّلون الاكتفاء بالنظر في مرآتهم بدل التأمّل في المرايا المتعدّدة حولهم.

ولسنا نستغرب أن يكون الإيمان بعظمة مصر ودورها وأهمّيتها لدى عربيّ من الخليج أو الشام أو المغرب العربي أكبر ممّا يتصوّره الأشقّاء المصريّون وهؤلاء العرب على استعداد لخدمة مصر، لو أتيحت لأحدهم الفرصة، بما لا يقدر عليه المصريّون أنفسهم أحيانًا. ولكنّ مصر هي المتضرّرة مباشرة من تفضيلها مصريًّا على عربيّ آخر لمجرّد جنسيّته وإن كانت كفاءته وسمعته أقلّ من شقيقه العربيّ الآخر.

ونتيجة هذا كلّه هو الإضرار بمصلحة مصر نفسها والعجز عن خدمتها وتعزيز مكانتها في مختلف المواقع. بل الأخطر من ذلك تشويه مصر نفسها وحرمان بقيّة العرب من حقّهم في أن يستندوا إلى مصر وتجريد العرب من محبّة مصر ومن الحرص على خدمة هذا البلد من أيّ موقع كان بما في ذلك اليونسكو. بل إنّ عظماء مصر ومنهم شاعر النيل حافظ إبراهيم أدرك أنّ حبّ مصر يتخطى حدودها ومواطنيها إلى كل الوطن العربي وقد جاء في مطلع قصيدة «مصر تتحدّث عن نفسها» التي لحّنها رياض السنباطي لتؤدّيها السيدة أم كلثوم:

كم ذا يُكابِدُ عاشِقٌ وَيُلاقي
في حُبِّ مِصرَ كَثيرَةِ العُشّاقِ
إِنّي لَأَحمِلُ في هَواكِ صَبابَةً
يا مِصرُ قَد خَرَجَت عَنِ الأَطواقِ
لَهفي عَلَيكِ مَتى أَراكِ طَليقَةً
يَحمي كَريمَ حِماكِ شَعبٌ راقي
كَلِفٌ بِمَحمودِ الخِلالِ مُتَيَّمٌ
بِالبَذلِ بَينَ يَدَيكِ وَالإِنفاقِ
إِنّي لَتُطرِبُني الخِلالُ كَريمَةً
طَرَبَ الغَريبِ بِأَوبَةٍ وَتَلاقي.

أوّل المرشّحين العرب: الدكتور أحمد الصيّاد

ولما كانت الأشياء تعرف بأضدادها فلا بدّ من الحديث عن بعض خفايا الترشيحات العربيّة التي كانت محتملة حتّى قبل الإعلان رسميًّا

عن المرشّحين. فربّما سمع الناس عن مرشّح يمني آخر سرعان ما انسحب من السباق قبل أن يبدأ رغم أنّه أوّل اسم عربي ظهر باعتباره مرشّحًا عربيًّا لمنصب مدير عام وكان يحظى باحترام العرب وأهل البيت في اليونسكو معًا. وأقصد رجلًا ذا مكانة كبيرة وشخصيّة معروفة في اليونسكو التي عمل فيها مدّة عشرين عامًا ووصل إلى منصب مدير مساعد. كان الدكتور أحمد الصيّاد أوّل من ترشّح لدورة 2017.

والواقع أنّ صفات الصيّاد مندوب اليمن في اليونسكو وقدراته كبيرة. فهو يتمتّع بالملامح المطلوبة لمثل هذه المسؤولية. ولكنّ الترشّح وإن كان للأفراد فإنّ للبلد الذي يرشّحه دورًا ينبغي الانتباه إليه. وكان من الواضح أنّ الظرف السياسيّ والاقتصادي الذي عاشته اليمن زمن الترشيح والمنافسة لم يكن ليساعد الصيّاد أو أيّ مرشّح يمني آخر لتحقيق مبتغاه.

وقد طرحت مشكلة الترشيح اليمني في مجلس التعاون الخليجي حتّى قبل الحرب. وللتاريخ أشهد أنّني كنت أحترم الرجل ولم أكن أرغب في أيّ نوع من الضغط عليه. ولكنّ دول الخليج تدخّلت لثنيه عن الترشّح بعد أن وافقت عليه الحكومة اليمنيّة وأعلنه الرئيس، وكان هذا التوجه في إطار دعم دول مجلس التعاون للمرشّح القطريّ آنذاك. فقد قوي الحضور الخليجي في اليمن ومن ضمنه قطر نفسها فعملت الدبلوماسيّة الخليجيّة للضغط في اتجاه انسحاب أحمد الصيّاد. وكان ذلك ممكنًا جدًّا. وقد رفضت ذلك معتبرًا أنّ الانسحاب لا يكون إلّا عن اقتناع من الشخص المعنيّ بالأمر وليس إملاء ولا تهديدًا. كان موقفي أن ندع الأمور تسير وما علينا إلا أن نتابع التطوّرات.

فزارني في الدوحة قبل الحصار بسنة صديق مشترك هو سفير السعوديّة في اليونسكو. وكانت علاقتي بالسعوديّة قويّة جدًّا ولدبلوماسيّتها دور في القرارات الأساسيّة داخل مجلس التعاون الخليجيّ. كان الحديث وديًّا كما تكون الأحاديث بين الأصدقاء وتناولنا في الأثناء مسألة ترشيح دولة قطر لي ووجود مرشّح عربيّ آخر هو الدكتور الصيّاد. فما كان من سعادة السفير السعوديّ إلّا أن اعتبر أنّ الحلّ في تجاوز هذا الإشكال هو أن ألتقي الصيّاد. وجدت الفكرة معقولة ومفيدة من النواحي جميعًا. فأنا لا أحمل عن صديق السفير السعودي إلّا فكرة جيّدة ولم أسمع عنه إلّا الخير.

وكان أن التقيتُ بالدكتور الصيّاد في باريس في بيتي تحديدًا. وكانت لنا جلسة مطوّلة دامت ما يناهز الساعتين. تحدثت فيها عن علاقتي باليمن وحبّي لهذا البلد وشعبه وعلاقاتي ببعض الوزراء وبالرئيس شخصيًّا في فترة من الفترات. فقد كان لي دور كبير في حلّ الأزمة اليمنيّة وتقريب وجهات النظر بين الفرقاء اليمنيّين في فترة الحرب الأهليّة. وامتنعت عن قصد عن التطرّق إلى اليونسكو والترشيحات من قريب أو بعيد ولم يقل هو شيئًا عن المسألة. فالتعرّف إلى الأشخاص في الدبلوماسيّة أهمّ من المسائل الظرفيّة العرضيّة.

لم أطلب منه شيئًا ولا هو طلب غير متعة الحديث والتعارف. كانت العلاقة الطيّبة مقصدنا فأهديته أحد مؤلّفاتي وأهداني هو أحد مؤلّفاته. أفليست صداقة الكتب خيرًا وأبقى؟

كان موضوع كتابه عن اليونسكو. قرأته فوجدت رجلًا عارفًا

بالدقائق معتدلًا في آرائه متوازنًا في مواقفه يحمل رؤية جديرة بالتفهّم والمناقشة مثرية للنقاش.

بعد ساعة أو بعض الساعة من مغادرته بيتي، وصلتني رسالة نصّيّة من أحمد الصيّاد كتب فيها «الآن عرفت لم ترشّحت لليونسكو وأنت الأجدر والأحقّ. ومنذ هذه اللحظة اعتبرني جنديًّا أعمل إلى جانبك لنجاحك». كانت رسالة مؤثّرة أكدت لي نبل معدن الرجل ورجاحة عقله وإدراكه للأمور. من يومها صار صديقي قبل الرسالة النصّيّة وبعدها بطبيعة الحال.

وكانت لنا لقاءات بعد ذلك تباحثنا فيها عن الصيغة لإعلان الموقف. فتكفّل هو شخصيًّا بإطلاع سفراء الخليج على رأيه في ترشيحي معلمًا إيّاهم بتنازله عن الترشّح مقتنعًا لصالحي لأنه صار يعتقد أنّ مرشّح قطر هو الأفضل. وممّا يدلّ على هذا الاقتناع الشخصيّ والنظر إلى المسألة من زاوية المصلحة العربيّة المشتركة أنّه وقف إلى جانبي وعمل لصالح ترشيحي فعلًا من يوم الرسالة النصّيّة التي أرسلها على هاتفي المحمول في باريس إلى يوم التصويت. فوجدت فيه صديقًا أمينًا ومخلصًا لقضية الثقافة العربية ولم يتردّد في أن يتحدّث عنّي بكل خير في مقابلات كثيرة حول انتخاب المدير العامّ لليونسكو.

لا شكّ أنّ العرب يتحمّلون مسؤولية جسيمة في إبعاد الثقافة العربية ومنعها من أن تحتلّ المكانة التي تليق بها في إدارة اليونسكو في دورة 2017. لقد تركّزت جهودهم على محاربة المرشّح الأقوى والتصويت لغير المرشح العربي في الدورة الأخيرة الحاسمة. ولذلك

من الإنصاف أن أقول إنّ العرب قبل غيرهم يتحملون مسؤولية تاريخية في إسقاط مرشحهم الأوفر حظًّا، وأملي أن يكون ذلك درسًا مفيدًا في المستقبل وألّا يخربوا مجددًا بيوتهم بأيديهم. وإنّني لأعتبر أنّ أيّ مرشّح عربيّ مخلص ستكون مصر بالضرورة محور اهتماماته ولن يكون أقلّ في خدمة مصر من أيّ مصريّ، وسوف نعود إلى هذا الجانب بالتفصيل في وقت لاحق.

مرشّحون من غير العرب

وقبل الحديث عن المرشّحة الفرنسيّة أحب أن أتحدّث عن ثلاثة مرشّحين آخرين هم الأذري والغواتيمالي والصيني، ثم المرشّح الإيطالي الذي انتهى به الأمر إلى سحب ترشّحه قبل الانتخابات.

من أطرف المرشّحين الذين تقدّموا للمنصب بشكل غير عقلاني البتّة مغنّ أذري لم يكن يتقن لا الفرنسيّة ولا الإنكليزيّة. فمن الطرائف أنّه يوم المناقشة وتقديم أسئلة إلى المترشّحين للردّ عليها في جلسة علنيّة كان «بلبل» الأذري كلّما سئل أجاب من ورقة أمامه إجابات لا صلة لها بالسؤال المطروح. حتى أنّ الحضور حين فهموا أنه عاجز عن الفهم طفقوا يغادرون القاعة.

أما المرشّح الغواتيمالي فقد كان رئيس جمهوريّة سابقًا. ولئن عبّر عن رغبته في الترشّح فإنّ جهله بالإنكليزيّة حال دون ذلك. وقد حاولت أن أتجاذب معه أطراف الحديث فوجدت أنه عاجز عن المحادثة. وانتهى الأمر معه بأن تنازل عن الترشّح وانسحب

واعدًا بدعمي. وقد أعلن بالفعل إثر انسحابه أنّه فعل ذلك لصالحي لقناعته بدعم دول أمريكا الوسطى والجنوبية للمرشّح القطري.

المرشّح الصيني

ومن أبناء اليونسكو الذين ترشّحوا أحد المسؤولين الصينيين، وهو السيد كيان تانغ المدير العام المساعد لشؤون التعليم في المنظمة. إذ قضى ما يناهز العشرين عامًا في هذه المسؤوليّة. ورغم أهمّيّة مثل هذه التجربة واحتمال اعتبارها نقطة قوّة فإنّها في الواقع كانت نقطة ضعف فادح. فحين سئل أثناء المناقشة سؤالًا في الثقافة أجابهم بأنّ خبرته في التعليم لا الثقافة، وهي زلة أظهرت للجميع حدود اختصاصه رغم أنه استدرك بسرعة قائلًا إنّه سيجيب وإن كان يقدّم لهم التقارير عن التعليم دون غيره. كان ذلك أمرًا مخجلًا لمرشّح إلى منصب المدير العام. وهذا في ظنّي من أسباب إخفاقه فقد كان أحاديّ الخبرة غير ملمّ بالمسائل التي تشتغل عليها اليونسكو.

ومن الأسباب التي عملت ضدّه كذلك مخالفته لقانون اليونسكو وأخلاقيّات العمل في هذه المنظّمة. فقد استغلّ منصبه في اليونسكو ليدعو السفراء للتباحث في أمر على صلة بمهمّته ومسؤوليّته ثمّ يتبيّن لهم أنّه يقوم بحملته الانتخابيّة، إذ استمرّ في وظيفته ولم يستقل متخذًا من اليونسكو منصة لحملته الانتخابية. لذلك لم يقم إلّا بجولات قليلة جدًّا معوّلًا على امتياز وجوده في موقع مسؤوليّة ولكن ما كان يظنّ أنه عامل قوّة لديه عاد عليه بالوبال. فالدبلوماسيّة تتطلّب الحنكة وتمييز الأشياء وليست انتهاز الفرص.

الإمارات ومرشح إيطالي

أما المرشّح الإيطالي فهو فرانشسكو روتالي نائب رئيس الوزراء ووزير الثقافة الأسبق وعمدة مدينة روما سابقًا، وكان زمن تقديم ترشّحه رئيس جمعية الصداقة الإيطالية الإماراتية. وإذا اعتبرنا أنّ إيطاليا هي البلد الذي يحتضن أكبر عدد من المواقع التاريخية المصنفة من اليونسكو ضمن قائمة التراث العالمي، ولها وزنها في عالم الثقافة والفنون على المستوى الدولي فإنّ المرشّح الإيطالي قد يجد صدى محترمًا لدى أعضاء المجلس التنفيذي. بيد أنّ الواقع غير ذلك، وما إن أعلن روتالي عن ترشّحه حتى هاجمه الإعلام الإيطالي بشراسة ليفضح مستواه الأكاديمي المحدود، ولمّا حاول المرشح الحصول على بكالوريوس من جامعة إيطالية بطريقة غير مقنعة تكثّفت هجومات وسائل الإعلام عليه إذ كادوا يتهمونه بتزوير شهادة جامعية. وما هي إلا أسابيع معدودة حتى أعلن انسحابه من السباق إلى اليونسكو. والمتابع لجهود روتالي قد يستغرب من طريقة تقديمه ترشحه وكأنما هناك من يدفعه دفعًا رغم عدم اقتناعه الشخصي. ففي شهر مايو 2016 زار العمدة الأسبق لمدينة روما ورئيس جمعية الصداقة الإيطالية الإماراتية أبو ظبي والتقى بالمسؤولين. ثم في سبتمبر 2016 زار محمد بن زايد آل نهيان الفاتيكان وروما حيث التقى بروتالي. وفي يناير 2017 حصل روتالي على البكالوريوس بنية الترشح مديرًا عامًّا لليونسكو. وكانت ردة الفعل الإيطالية سلبية بخصوص ترشحه الذي اعتبره الرأي العام متأخرًا ومتعثرًا وليس عليه إجماع. وبعد عدة أسابيع من اللغط وتحت الضغط الإعلامي والسياسي الإيطالي تراجع روتالي عن قراره.

المرشّحة الفرنسيّة أزولاي

التقيت السيّدة أزولاي مرتين قبل جلسة المناقشة، وهي المنافسة التي مكّنتها من الجلوس على كرسي الإدارة للعامّة لليونسكو بعد تسابق مثير ومتقارب في الجولة الأخيرة بيني وبينها. وكان اللقاءان بطلب منها. وقد لاحظت أنّ الفرنسيّين رغبوا في الأسابيع الأخيرة في الالتقاء بي. ولم أكن غافلًا وقتئذ عن نواياهم ومقاصدهم من وراء طلبات اللقاء هذه.

فقد كانت أزولاي باستمرار تشيد أيّما إشادة بحملتي الانتخابيّة. وإن كنت أستنكف ذكر أيّ شخص كان بسوء فإنّه يتعذّر عليّ ألّا أرى في ذلك مناورة سياسيّة فهي ترمي إلى إحداث انطباع بأنّ بيني وبينها مفاوضات حول الترشّح، وربّما أرادوا خداعي بالإيهام بأنّهم لا يحاربونني ويحترمونني فيحدثون بذلك في نفسي نوعًا من الاطمئنان، رغم علمي بالتنسيق التام بين وزارات الخارجية الفرنسية والمصرية ودول الحصار إذ كان وزراؤهم يلتقون بشكل مستمرّ وعلى مرأى منّا يوميًّا. وكان يمكنني أن أمتنع عن مقابلتها فأفشل ما تريد الوصول إليه بيد أنّ لي بدوري أهدافي من مثل هذه اللقاءات. والمبدأ الذي وطنت نفسي عليه هو ألّا أرفض الحديث مع أيّ من المرشّحين.

لقاء في الإليزيه: فرنسا واليونسكو

لن أدخل في التفاصيل حول قدرات المرشحة الفرنسية والمديرة العامة الحالية، فهذا أمر يمكن الرجوع إليه في المصادر الإعلاميّة. ولكنّني التقيت، بناء على طلبه عبر صديق مشترك، بالسيد أوريليان

لوشوفاليي مستشار الرئيس الفرنسي بتاريخ 25 سبتمبر 2017، بعد فوز ماكرون بكرسي الرئاسة وقبل انتخابات اليونسكو بفترة وجيزة. كان اللقاء حسب الدعوة في مكتبه في الإليزيه. وكان الهدف من هذا اللقاء طرح مجموعة من الأسئلة ليحصل المستشار على الإجابات. وبدأ السؤال الأول حول رأيي في المرشحة الفرنسية وقد أجبته أنني ألتزم من حيث المبدأ بعدم الحديث عن منافسيّ بما فيهم المرشحة الفرنسية، وهذا ينطبق على كل المرشحين الذين أحترمهم. واستأنفتُ قائلًا إنّ لديّ ملاحظات عامة أرغب في أن يستمع إليها. وأعترف أنّه كان مستمعًا جيّدًا إذ لم يقاطعني وأصغى إليّ بكل اهتمام فتكوّن لديّ انطباع أنّ الفرنسيين ربما يحاولون فهم الموضوع بجوانبه المختلفة لاتخاذ موقف. وقد أبديت ملاحظاتي على النحو التالي:

أولًا ومن حيث المبدأ، لا يجب أن يكون المدير العام من الدولة المضيفة، وهو عرف وتقليد تتّبعه المنظمات الدولية. وقد ثبت أنّ وجود مدير عام من دولة المقرّ مضرّ بالمنظمة وبالدولة في الوقت نفسه لأنه يحوّلها إلى جهاز من أجهزة دولة المقرّ، وتُحسب أخطاء المدير العام على دولة المقرّ، وهذا ما يجدر بدولة كبيرة مثل فرنسا أن تتجنّبه.

والأمر الثاني أنّ فرنسا لديها ما يناهز 25٪ أو أكثر من موظفي اليونسكو ولديها المقر، وليس من العدل أن تكون لها كذلك الإدارة العامة. ولا شكّ أننا نعلم ثراء الثقافة الفرنسية والشخصيات العظيمة في مجال الفكر والأدب والفن التي يمكن أن تشغل المنصب، لكننا نتحدث من حيث المبدأ.

ومن جانب آخر سبق لفرنسا أن ترأست اليونسكو ويجدر بها أن تترك الدور للمجموعة الإقليمية التي لم تنل هذه الفرصة.

ورابعًا، ولعل هذا الأهم، يوجد شبه إقرار من المجتمع الدولي أن يكون المدير العام من المجموعة العربية، وفرنسا بوصفها دولة المقر ولها مكانتها في الساحة العالمية لا يليق بها أن تترشح للمنصب وتسير على عكس الاتجاه العالمي.

وخامسًا أنّ الثقافة العربية ثقافة عريقة أسهمت في الحضارة الكونية في كل مجالات العلوم والثقافة ومن حقها أن تتبوّأ المنصب لتمثّل الحضارة العربية، بل على فرنسا أن تحترم مبدأ التناوب والتمثيل وأن تدعم هذا الطرح.

وسادسًا يمكن تخطّي كل هذه العوائق لو توفّر أمران أحدهما وجود خطّة لدى فرنسا لإصلاح اليونسكو وإنقاذها وهو ما لم يكن متوافرًا، والآخر أن فرنسا بلد المفكّرين والمثقفين والفنانين البارزين في مجالات اليونسكو لو رشّحت أحدهم ممّن يمتلك الخبرة والمعرفة لكان الأمر منطقيًّا أكثر.

وقد رحّب مستشار الرئيس بهذه الملاحظات دون أن يعلّق عليها. ومع كل ذلك حافظنا على الصداقة والاحترام المتبادل، وما زلنا على اتصال دائم إلى يومنا هذا.

هولاند في الإمارات ومرشحة آخر لحظة

والمفارقة أنّني إذ وجدت نفسي منافسًا لمرشّحة فرنسا في حين أنّني اعتبرت دائمًا فرنسا وثقافتها من مكوّنات ثقافتي الشخصيّة ومكانًا

أجد فيه راحتي. فقد أسهمت إسهامًا كبيرًا في نشر اللغة الفرنسيّة في الخليج العربيّ وتولّيت ملفّ الفرنكوفونيّة في قطر باعتباري ناطقًا بالفرنسيّة محبًّا لتنوّع الثقافة الفرنسيّة بمصادرها المختلفة وانفتاحها على الآخر.

ومن المواقف التي تظلّ عالقة في ذهني وأصنفها في خانة التلاعب والنفاق السياسي ما حصل لي مع الرئيس الفرنسي فرنسوا هولاند قبل انتهاء ولايته بفترة وجيزة. ففي شهر مايو 2015 استقبلتُ الرئيس ورافقته خلال زيارته الرسمية لبلدنا، ودارت بيننا عدة أحاديث كان من بينها تأكيده الصريح على دعم فرنسا اللامشروط لترشحي مديرًا عامًّا لليونسكو. وبعد مرور بضعة أشهر زار الرئيس هولاند الإمارات التي وصلها يوم 2 ديسمبر لتدشين متحف اللوفر أبو ظبي، وكان ضمن الوفد المرافق له كل من جاك لانغ وأودراي أزولاي وزيرة الثقافة التي رشّحها بعد فترة وجيزة لمنصب المدير العام لليونسكو ضاربًا عرض الحائط بالتزاماته المعلنة تجاهي.

حصل ذلك بينما سبق لفرنسا أن اعترفت بجهدي وإضافتي عبر ثلاثة رؤساء مختلفين يمثّلون مشارب سياسيّة متباينة هم فاليري جيسكار ديستان الذي قلّدني وسام الاستحقاق وفرنسوا ميتران الذي منحني ميداليّة جوقة الشرف وفرنسوا هولاند الذي منحني وسام الفنون والآداب.

الفصل التاسع

الطريق إلى اليونسكو
مسالك ومنعرجات

مليئة هي الطريق إلى اليونسكو بالمحطّات والطقوس والمفاجآت. لذلك هي تحتاج ممّن يرغب في السير فيها إلى استعداد وطول نفس وإلمام بالوسائل والمسارات والتهيّؤ لكلّ ما قد يبرز خلال السير من مباغتات غير متوقّعة.

وليس من العسير، تقريبًا للصورة من القارئ، أن نبرز مرحلتين أساسيّتين يقطعهما المترشّح لمنصب المدير العام لليونسكو. وعماد المرحلة الأولى عرض البرنامج الانتخابي أمام أعضاء المكتب التنفيذيّ لليونسكو والاستعداد لمناقشة ما يقترحه مع نخبة من المتمرّسين بملفّات هذه المنظّمة العريقة والصعوبات التي تعيشها والآفاق التي يعد بفتحها. وليس في هذا هامش كبير للتردّد أو التلعثم أو المراوغة. فأنت بين أهل الاختصاص معرفة وممارسة وخبرة. فليكن شعارك قائمًا على مبدأ «الحيلة في ترك الحيل» ومبدأ «كن أنت كما أنت». فحين تصل إلى ذلك المقام يكون جزء

كبير من اللعبة قد انتهى وليس أمامك إلّا أن تُخرج ما في زادك من تصوّرات تؤمن بها عميق الإيمان وما لديك من خبرة في مجال الدبلوماسيّة ومهارات في الخطابة والإقناع. فهذا اللقاء مرآة كاشفة متعدّدة الأوجه تبني خلالها عيون الأعضاء وبصائرهم صورتك التي ستستقرّ في أذهانهم عنك.

يومها ستعرف ما تبقّى لك من طريق شاقّة مرهقة لاستكمال المرحلة الثانية. وهي المرحلة الحاسمة التي تتداخل فيها قوى الضغط والمصالح المختلفة والتحالفات الممكنة. حينها تجد نفسك أمام فخاخ عديدة ومفاجآت متنوّعة تكون داخلها مشاركًا في شريط طويل شيّق يحبس الأنفاس أحيانًا مليء بالألغاز والأحاجي والانتظار والتشويق. فلا يتّخذ ضعاف القلوب لأنفسهم مقاعد بين المشاهدين ليروا أداءهم. فالحلّ هو فكّ الشفرات واقتفاء الآثار في صبر وأناة بروح التنافس النزيه والثقة في النفس مهما كانت النتائج.

هكذا أرى اليوم وأنا أخطّ هذه الصفحات المرحلة الثانية لانتخاب المدير العامّ لليونسكو والإعلان عن النتائج.

تقديم البرنامج

ما زلت أذكر يوم السابع والعشرين من أبريل 2017 كما لو حدث أمس. إنّه يوم الجلسة التي عقدها المكتب التنفيذي لليونسكو مكتملًا بأعضائه الثمانية والخمسين للاستماع إلى المترشّحين وطرح الأسئلة عليهم في شأن ما عرضوه من برامج انتخابيّة. وكانت هذه الجلسة تنقل مباشرة في قناة اليونسكو على الشبكة العنكبوتيّة

ليتابعها العالم كلّه خصوصًا المهتمّين منهم بالشأن الثقافي والقائمين على المنظّمات الدوليّة.

وقبل هذه الجلسة بأسبوع دعا رئيس المجلس التنفيذي جميع المترشّحين فالتقطت لهم صورة جماعيّة معه. ثمّ أجريت القرعة لترتيب المتدخّلين وكلماتهم. وشاءت الأقدار أن أكون آخر من يعرض برنامجه الانتخابيّ.

كان نتيجة الاقتراع تتضمّن مفارقة بالنسبة إليّ تقبّلتها طبعا برحابة صدر لكنّني فكّرت فيها على نحو يوازن بين إيجابيّاتها وسلبيّاتها. فمن جهة كنت أتوقّع أنّ حديث من سيسبقني في عرض البرامج الانتخابيّة كان يعني أنّهم سيتطرّقون إلى المواضيع جميعًا بما أنّها عمليًّا محصورة عددًا بحسب المجالات ولا مجال للارتجال في مثل هذه المناسبات. فهي لعرض ما تمّ التفكير فيه من قبل لمدّة طويلة مبدئيًّا. والخشية كل الخشية من أن يبدو برنامجي، رغم اجتهادي في أن يكون مميّزًا طريفًا، مجرّد تكرار واجترار لأقوال من سيسبقني. لكنّني، من جهة أخرى، ركّزت تفكيري بطبعي المتفائل على النصف المملوء من الكأس. فكنت سأحظى بالإنصات إلى المتدخّلين قبلي والإصغاء إلى ما سيُلقى عليهم من أسئلة لا أحد يمكنه التنبّؤ بها. وهذا ما سيمكّنني من فكرة ضافية شافية عن تدخّلاتهم وإجاباتهم. ورغم أنّني لم أكن أتوقّع الاستفادة من مضمون هذه التدخّلات والمناقشات استفادة كبيرة بحكم وضوح رؤيتي نحو المسائل قبل هذا اللقاء، فإنّ متابعة المرشّحين الآخرين سيخفّف عنّي الضغط النفسيّ المحتمل ويدخلني شيئًا فشيئًا في أجواء النقاش.

كنت قد أعددت كلمتي بالفرنسيّة واستعددت للردّ بالإنكليزية. فأنا في باريس وفي رحاب منظّمة دوليّة في آن واحد وكان عليّ أن أراعي المقام كما فكّرت عند الاستعداد للقاء.

ولمّا كنت آخذ الأمور حتّى البسيطة منها مأخذ الجدّ فقد تدرّبت على مراجعة كلمتي التي أعددتها لألقيها أمام المكتب التنفيذي بالحذف والتكثيف والإيجاز والتركيز كي لا أتجاوز الدقائق العشر المخصّصة لكلمات المترشّحين. فقد كنت أعلم بحسب الأصداء التي وصلتني أنّ الجميع كان ينتظر كلمتي إذ أطلقوا على حملتي الانتخابيّة تسمية «حملة الجرّافة» (البلدوزر) لما تضمنته من مناشط متعدّدة وتنقّلات كثيرة واتصالات مباشرة بجميع المعنيّين دون تمييز.

ومن الأمور ذات المغزى التي حصلت لي في تلك الفترة أنني تلقيت قبل المناقشة بأسبوع رسالة نصية من سيدة سعودية مثقفة ومحترمة ومتجاوبة معي ولم يعقها الحصار عن هذا التجاوب، وقد أرسلت لي آية قرآنية رجتني أن أكرّرها يوميًّا وأن أفتتح بها الحديث، وهي الآية الكريمة من سورة طه: ﴿قَالَ رَبِّ ٱشْرَحْ لِي صَدْرِي ۞ وَيَسِّرْ لِيٓ أَمْرِي ۞ وَٱحْلُلْ عُقْدَةً مِّن لِّسَانِي ۞ يَفْقَهُوا۟ قَوْلِي﴾ (الآيات 25-28)، وهو ما أشعرني بصدق النصيحة وعمق الرغبة في التوفيق من هذه السيدة الفاضلة. وقد استفتحتُ بها كلمتي وما زلت أردّدها حتى اليوم كلما أتيحت لي الفرصة.

ثم دارت كلمتي على محاور كبرى. فانطلقت من قولة للفيلسوف العربي المسلم ابن رشد يربط فيها ربطًا سببيًّا بين الجهل والخوف والكراهية والعنف على سبيل التتابع والتلازم بينها.

وفي تقديم مسيرتي أبرزت ما في حياتي المهنيّة من اتصال وثيق بالثقافات والأمم الأخرى بحكم عملي سفيرًا لمدّة عشرين عامًا ووزيرًا للثقافة لمدّة أربع عشرة سنة اتصالًا أطلعني على التعدّد الثقافيّ ورسّخه في عقلي وضميري. فكان الرّشح بين أصولي العربيّة وانتمائي إلى الحضارة الكونيّة رشحًا متوازنًا مثريًا.

ولم أفوّت الفرصة لأثمّن ما أتاحته لي حملتي الانتخابيّة من زيارات إلى بلدان كثيرة وربط علاقات صداقة مع الرؤساء والوزراء والمثقّفين والاستفادة من مقترحاتهم تمهيدًا لصياغة برنامج انتخابيّ تشاركيّ.

وبناء على ذلك كان تقديم برنامجي الانتخابي للمجلس التنفيذي لليونسكو على النحو التالي:

«من أجل السّلام قامت اليونسكو ومن أجل السّلام يجب أن تستمر بانطلاقة جديدة. ويقول الفيلسوف الأندلسي ابن رشد: «الجهل يقود إلى الخوف، والخوف يقود إلى الكراهية، والكراهية تقود إلى العنف. هذه هي المعادلة».

لقد قضيت حياتي في اتصال وثيق بالثقافات والأمم إلى حد أنّني أصبحت أستنشق التنوع الثقافي. سمحت لي خلفيّتي الأكاديمية والمهنية بالانتقال من بلد إلى آخر ومن قارة إلى أخرى. كنت سفيرًا لما يربو على عشرين عامًا، ووزيرًا خلال أربع عشرة سنة، وشكّل ذلك امتيازًا استثنائيًّا رسّخ انتمائي إلى الحضارة الإنسانية إلى جانب أصولي العربية.

لقد زودتني الحملة الانتخابية بفرصة قيّمة لزيارة بلدان في أفريقيا وآسيا وأمريكا اللاتينية ومنطقة البحر الكاريبي وغيرها. وسمحت

لي هذه الزيارات بإقامة صداقات مع رؤساء الدول والحكومات والوزراء والمثقفين، فاستمعت إلى مقترحاتهم وأفكارهم حول مستقبل اليونسكو.

وانطلاقًا من إيماني بالتعددية الثقافية، عملت على نشر قيم الفرنكوفونية في قطر، وبلدي الآن عضو منتسب للمنظمة الدولية.

أما بالنسبة إلى علاقاتي مع الأمم المتحدة ووكالاتها، فقد كنت مندوبًا لبلدي لمدة 5 سنوات لدى اليونسكو ثم ممثلًا لقطر مدة 6 سنوات لدى الأمم المتحدة. بالإضافة إلى ذلك، كنت نائب رئيس لجنة مكافحة الفصل العنصري، ثم لمدة 4 سنوات رئيسًا للأونكتاد.

إن روح اليونسكو تشير إلى حق كل ثقافة في أن تكون ممثلة في لليونسكو. ومثل غيرها من الحضارات تستحق الحضارة العربية قيادة هذه المنظمة.

الحوكمة الرشيدة والتفاعل الميداني

أود أن أشيد بالدور المحوري وبإنجازات موظفي اليونسكو السابقين والحاليين - نساء ورجالًا - في جميع مجالاتهم المختلفة، وسأحاول جاهدًا أن أعمل معهم جنبًا إلى جنب مع عزمي الراسخ لدعمهم في مساعيهم النبيلة.

يمثّل موظفو اليونسكو دون استثناء قيمة مضافة للمنظمة، فهم في الواقع حجر الزاوية في تأسيسها، ومنهم يأتي «الزخم الجديد» الذي يجب أن تتبناه اليونسكو حقًّا.

ولتهيئة ظروف العمل اللائق، علينا أن ننتبه إلى أنّ مبنى اليونسكو نفسه في باريس يواجه مشكلات فنية في البنية التحتية تعوق الأداء الجيد، وينبغي على المدير العام لليونسكو أن يدرس هذه الحال عن كثب وأن يجد الحلول المناسبة العاجلة التي توفر الوسائل المالية لحلها وخلق بيئة عمل صحية.

وقد حان الوقت أيضًا لتعزيز أوراق اعتماد اليونسكو الخضراء وصديقة البيئة من خلال التخلّي عن الاستخدام المسرف للورق ورقمنة جميع نظم المعلومات التابعة لليونسكو.

أمّا الأزمة التي تشهدها اليونسكو حاليًا فهي أزمة سياسية ومالية على حد سواء، وينبغي معالجتها بشكل مباشر من خلال إستراتيجية شاملة تأخذ جميع مكوناتها الحيوية في الاعتبار.

فيما مضى كان صنع القرار في المنظمة يعتمد على الإجماع، وهي ممارسة إيجابية كانت واسعة الانتشار قبل أن تتراجع. أنا أؤمن إيمانًا راسخًا أنه من الأفضل إعادة إحياء هذا النهج مع المدير العام الذي يلعب دورًا رئيسيًّا بطريقة محايدة تمامًا.

كما أناشد الجميع بأن نطلق حملة علاقات عامة لتقديم نهج جديد للمنظمة. وطالما أن الناس يفهمون ويقدرون تمامًا دور المنظمة في مختلف مجالاتها، فإن الطريق مُعبّد وما علينا إلّا أن نسلكه. وما من شكّ لديّ في أن الحكومات والمؤسسات الخاصة والمنتمية للمجتمع المدني سوف تستجيب على نحو إيجابي.

لا يمكن لمنظمة بحجم اليونسكو أن تبلغ أهدافها العالمية الأساسية دون الحوكمة الرشيدة والشفافية المطلقة والمساءلة الكاملة.

وباعتباري رجل أعمال سابق، فإنني أدرك بشكل خاص أهمية الحوكمة التي تشمل رسم السياسات الرسمية وغير الرسمية، وتخصيص الموارد، وتقييم النتائج على أسس موضوعية محايدة.

أؤكد لكم أنّ اليونسكو بحاجة إلى مشاركة جميع دول العالم دون استثناء، صغيرة كانت أو كبيرة، ولن ندخر جهدًا في توسيع حوارنا مع الولايات المتحدة الأمريكية.

أخطط لإطلاق مبادرة جديدة سمّيناها «الصندوق الخاص للمشاريع الصغرى» لمساعدة البلدان الأقل حظًّا بشكل مباشر. وقوام هذه المبادرة تمويل مشاريع تعليمية وتربوية صغيرة الحجم وعميقة الدلالة لأنّها تلبّي مباشرة حاجة العديد من البلدان في شتى أصقاع العالم. وستتم إدارة هذا الصندوق وفقًا لأفضل الممارسات في مجال المساءلة والشفافية والحوكمة من أجل الحصول على ثقة دائمة مستمرة من الذين يمولونها، وكذلك أولئك الذين يستفيدون منها مباشرة.

التعليم أولًا وقبل كل شيء

إنّني من مناصري التفكير النقدي وتطوير التعليم للأطفال من الجنسين وإخضاع المناهج لبثّ القيم الإنسانية المشتركة على غرار التسامح والتفاهم والحوار بين الثقافات. وهذه أدوات ووسائل لا مثيل لها لتجفيف منابع الفكر المتطرّف وموارد تمويله.

العلم واليونسكو في خدمة الإنسان أينما كان

تعتمد رؤيتي لليونسكو على ضرورة جمع كبار العلماء والخبراء من جميع أنحاء العالم لخدمة الإنسان دون أي تمييز. ولنتذكّر أنه

لدى تأسيس اليونسكو، قدم المفكرون والمثقفون ذلك العمق الإنساني الحاسم لمبادرات اليونسكو، ومنه انبثقت رؤية عالمية منفتحة العقل ترحب بجميع الحضارات والأديان والثقافات.

يجب أن يعمل العلم على الحدّ من الآثار الكارثية للكوارث الطبيعية المختلفة، مثل الفيضانات والزلازل وأمواج تسونامي وتغير المناخ وأن ييسر تأمين مياه الشرب السليمة في كل بقاع العالم.

ينبغي أن يسعى العلماء للتفاعل بشكل أكثر فعالية من خلال تطوير أنظمة الإنذار المبكر ضد الكوارث الطبيعية، وتقييم النتائج باستمرار، والحد من المخاطر الطارئة وحماية التنوع الطبيعي والمواقع الأثرية والتراث المادي منه وغير المادي والمغمور.

التراث كنز ومسؤولية

أدعو من هذا المنبر إلى صياغة تشريعات قوية تحمي قيمنا المشتركة وتعزز مكانة التراث الإنساني لأن اليونسكو هي الحاضنة المناسبة والمشروعة لإصدار قوانين تحمي التراث المادي وغير المادي للبشرية، وتجرّم من يسيء إليه ويدمره. ويكفي أن تعزز اليونسكو تشريعاتها من خلال تنفيذ قرار مجلس الأمن رقم 2347 الأخير.

حرية التعبير والتدفق الحر للمعلومات

ينتقل العالم حاليًا من ثقافة «المعلومات السرية» إلى ثقافة «المعلومات الشفافة». وهذا يتطلب بذل جهود كبيرة في تطوير المعايير واللوائح الدولية التي من شأنها زيادة المشاركة المدنية في

الحياة العامة وفي عملية اتخاذ القرار وفي الوقت نفسه تعزيز مبادئ الشفافية والمساءلة ومكافحة الفساد.

هذه هي المبادئ التوجيهية وملخص رؤيتي نحو انطلاقة جديدة لليونسكو».

والمرجّح من خلال الأصداء التي وصلتني أنّ الكلمة لاقت استحسانًا لدى كل من استمع إليها. من ذلك أنّ صحف اليوم الموالي التي كتبت عن جلسات الاستماع إلى المرشّحين حتّى في إسرائيل أبرزت تميّز البرنامج الانتخابيّ الذي قدّمته وتحدّثت عن أنني كنت مقنعًا فيما قلته وفي ردودي على أسئلة أعضاء المجلس بما يعني أن أعضاءه قد اقتنعوا ببرنامجي وشخصي وسيصوّتون لي.

والواقع أنّ أسئلة المندوبين في المجلس التنفيذي قد تهاطلت عليّ بما يدلّ على اهتمام بما قدّمته وسعي إلى الاستزادة بسبب محدوديّة الوقت المخصّص للمداخلات.

ولئن جاءت الأسئلة دقيقة متنوّعة فإنّني أكتفي بذكر تدخّل مندوب الولايات المتّحدة الأمريكيّة لما تضمّنه من إحراج مقصود علاوة على ما في أسلوب ردّي عليه من صراحة ووضوح في التعامل مع الأسئلة. وقد علمتُ أنّ المندوب الأمريكي طلب من حكومته أن يكون محاور حمد الكوّاري يوم المناقشة.

وبالفعل طلب مندوب الولايات المتحدة الأمريكيّة الكلمة وسألني: «كيف ستضمن أن اليونسكو لن تكون حلبة للصراعات السياسية؟»

ودون تردّد أجبته أنّ اليونسكو تهتم بالثقافة والعلوم والتعليم والتراث لكنها تسطر كذلك السياسات فالسياسة بطبعها موجودة في كل شيء. «فإذا أردنا أن نخاتل سنقول لا وجود للسياسة وإذا كنا صريحين فالسياسة قائمة في كل ما نقوم به. فأنتم على سبيل المثال أكبر وأغنى بلد في العالم، لكن الولايات المتحدة لم تدفع منذ سنوات مستحقات اليونسكو مما خلق صعوبات مالية تواجهها المنظمة منذ سنوات. واسمح لي أن أقول لك إنّ ثمن صاروخ واحد من صواريخكم يحلّ كل المشاكل المالية لليونسكو، والأرجح أنّ عدم استخلاص ديونكم نحو اليونسكو هو اختيار سياسيّ».

ثم أضفت قائلًا: «أمّا إن كنت تفكر في إسرائيل وفلسطين وإذا كان المدير العام عربيًّا فمن يضمن الحياد؟ فأذكّرك أنني ترأست في الأمم المتحدة اللجنة الرابعة المكلفة بالسياسات وكنت حكمًا بين إسرائيل وفلسطين وعاملت الطرفين بحيادية وموضوعية سعيًا لإرساء حوار بينهما وفقا لبرنامج الأمم المتحدة وقتئذ، كما ترأست مؤتمر الأمم المتحدة للتجارة والتنمية (الأونكتاد) لمدة أربع سنوات وكنت ألتزم بمتطلبات الحياد لهذه المسؤولية».

الانتخابات: حصار جائر ومساعٍ إماراتية حثيثة لإفشال المرشح العربي

لا شكّ أنّ الخامس من يونيو 2017 كان يومًا حاسمًا في مسيرة الانتخابات وفي ممارسة الضغوط وتغيير اللعبة بشكل جذريّ.

استيقظت مبكّرًا وكنت صائمًا، ولم أقرّر إيقاف الحملة خلال الشهر المبارك لضيق الوقت. وكنت آنذاك أواصل وضع الخطة للسفر لعدة دول خلال رمضان، فإذا بي أستيقظ لأجد أنّ ذوي القربى والجيران من دول الخليج ومصر قررت حصار دولة قطر...

وأعترف أنه ربما من باب التفاؤل الذي يلازمني دومًا اعتقدتُ أنّها أزمة عابرة من ناحية وأنه قد تغلب عليها السياسة، بينما موضوع اليونسكو موضوع إستراتيجيّ ثقافيّ سيكون في منأى عن الخلاف وأنّ أشقائي لن يتخلّوا عن دعمي ودعم بلدي في هذا الخيار الإستراتيجي. ثم تبيّن لي بعد فترة أنّ تحليلي اتّسم بحسن النية الذي لم يكن من أخلاقيات الحصار. ويومًا بعد آخر وتصريحًا تلو الآخر من هنا وهناك أدركت أنهم قد قرروا محاربتي والوقت ضدي.

بدأت أستعيد النظر في بعض المواقف ولاسيما من دولة الإمارات العربية المتحدة حتى وصلت إلى قناعة مفادها أنّ أمر محاربتهم لي ومحاولة عرقلة مسيرتي لم تبدأ مع حصار دولة قطر. ورغم ذلك لم يقلل هذا الاستنتاج من إرادتي وإصراري على مواصلة المسيرة رغم إدراكي بالأعباء الجديدة، وحصل ما كان مكتوبًا سلفًا.

قريب من مقرّ اليونسكو

خلال زيارتي إلى الصين، وبعد أن سمع منّي المسؤولون هناك مواقفي وتبيّنوا نظرتي إلى المسائل اختلى بي أحد الخبراء الصينيين في مجال اليونسكو والمنظمات الدولية، حتّى أنّ من يعرفونه كانوا يطلقون عليه لقب «مستر يونسكو» وقال لي: «استمعت بانتباه

لمداخلاتك ودفاعك عن برنامجك وقد أبهرتني طريقتك في النقاش وتقنيات الإقناع التي تتمتع بها لكونك دبلوماسيًّا سابقًا».

وأضاف على وجه النصح: «أنت تجوب العالم وتقدم برنامجك وتعرّف بنفسك وهذا جيد، لكن إليك نصيحتي: قبل بضعة أشهر من عملية الانتخابات يجب أن تقيم في باريس وتقابل يوميًّا مندوبي الدول المخولين بالتصويت. عليك أن تقابلهم واحدًا تلو الآخر وترتبط بهم بعلاقات جيدة، فهم الذين يصوتون وبأيديهم الحل والعقد ومن يستمع إليك سيقتنع ويصوت لك لأنّ لديك رجاحة ومصداقية».

كنت قد لاحظت لهجة الصدق والحماس لترشّحي لدى هذا الخبير الصينيّ وكنت قبل ذلك أعرف الطابع العمليّ للصينيّين وما يبذلونه من جهد في فهم أدقّ الأسرار وأنجع السبل لتحقيق أهدافهم. فليست عظمة الصين باعتبارها رقمًا دوليًّا صعبًا في مختلف المجالات مجرّد صدفة.

كنت حتّى قبل هذا اللقاء مع «مستر يونسكو» قرّرت أن أستقرّ في شقّتي بباريس مدّة الأشهر الثلاثة التي تسبق الانتخابات. وكان ما سطّرته فجهّزت مكتبًا مصغرًا للطاقم العامل معي لمقابلة المندوبين ونشر برنامجي والمقابلات مع الإعلام والتواصل مع المثقفين والمفكرين وأصحاب المصالح في اليونسكو.

وكان برنامجي اليوميّ خلالها متنوّعًا. ففي جانب منه كنت أشتغل على تعميق معرفتي بالملفّات وتدقيق النظر في برنامجي وفي جانب آخر أجالس المثقّفين وأصحاب الرأي لتبادل وجهات

النظر فيما عزمت عليه من صياغة تشاركيّة لتفاصيل تطبيق البرنامج الانتخابيّ وتتبّع التوجّهات الثقافيّة الجديدة. فميزة باريس أنّها تظلّ رغم كل شيء عاصمة كوسموبوليتيّة، وفي جانب ثالث شرعت في مقابلة المندوبين والفاعلين المختلفين والحديث معهم والتعريف بنفسي وبرنامجي.

لقد كانت الفترة الفاصلة بين الاستقرار في باريس وموعد الانتخابات كافية جدًّا للعمل دون ضغط أو توتّر بسبب ضيق الوقت. فعملت مع الفريق المصغّر الذي كان يرافقني في أجواء إنسانيّة منعشة وإطار مناسب جدًّا للمهمّة التي ترشّحت لها. كانت أيّامًا عامرة بروح الإخاء ونكران الذات والتفكير الجماعي في الصالح العامّ والتحدّي ومواجهة تقلّبات سوق الترشّحات وضغوط الأطراف المنافسة. كانت هذه الأيّام عندي، وأنا أستحضر الآن الكثير من تفاصيلها، أيامًا ممتعة شيّقة رغم الإرهاق بسبب العمل الدؤوب المتواصل والتفكير المركّز على قضيّة واحدة.

بيد أنّه من الضروريّ التذكير بأمر أساسيّ في هذه الانتخابات كانت له انعكاسات كبيرة على ما جرى. فقد كان جميع الفاعلين في اليونسكو، علاوة على المجموعات والدول والمجتمع الدوليّ كلّه، على اقتناع تامّ بأنّ هذه الدورة هي دورة العرب الذين لم يتشرّفوا من قبل عكس المجموعات الأخرى بأن يكونوا على رأس اليونسكو. لذلك فإنّ المنافسة مبدئيًّا ستكون بين مرشّحين من العرب وفي هذا فليتنافس المتنافسون والبقاء للأفضل ولمن يبرهن منهم على قدرة أكبر على خدمة المجموعة الدوليّة من خلال اليونسكو.

لكنّ هذا الأمر الذي يبدو بديهيًّا ما كان ليمرّ بالسهولة التي يفرضها تاريخ اليونسكو ومنطق الأشياء وتوازن المجموعات في المنظّمة.

فقد أعلن الرئيس ترامب عشيّة الجولة الخامسة والأخيرة من انتخاب المدير العام لليونسكو (13 أكتوبر 2017) عن انسحاب بلاده من اليونسكو وتبعها بعد ذلك تصريح نتنياهو في السياق نفسه.

وقد اعتبر كثير من الملاحظين أنّ موقف ترامب كان على سبيل الضغط لإضعاف موقف المرشّح القطريّ ودعم المرشّحة الفرنسيّة التي لم تتوان بعد الإعلان عن النتيجة النهائيّة عن التصريح بأنّها واثقة من نجاح مساعيها لإعادة أمريكا وإسرائيل إلى حظيرة اليونسكو، وهو ما لم يحصل حتى الساعة.

ولمثل هذه التصريحات والمواقف دلالة لمن يستقرئ تاريخ علاقة البلدين باليونسكو من ناحية والمناداة بحقّ العرب في أن يكونوا على رأس هذه المنظّمة الدوليّة.

ولمّا كان الإعلام مقياسًا، في كثير من الحالات، يكشف مواقف هذه الدولة أو تلك فإنّه من السذاجة ألّا نحسن قراءة ما أبدته بعض وسائل الإعلام الإسرائيليّة والأمريكيّة من مواقف. فقد تجندت بعضها أيام الانتخابات ضد ترشحي ولا سيما منها وسائل الإعلام اليمينية المتطرفة والصهيونية من قبيل موقع (برايتبارت) اليميني الذي يشرف عليه (بانون) مدير حملة الرئيس ترامب فنشروا الأكاذيب ولفّقوا الأخبار تلفيقًا.

ورغم كلّ هذا كنت شخصيًّا مقتنعًا بحظوظي الوافرة في الفوز لأسباب كثيرة مبثوثة في هذا الفصل وفي فصول الكتاب الأخرى ولا فائدة من العودة إليها. غير أنّ حادثين وقعا كشفا لي أنّ الأمور في مثل هذه المقامات محكومة بعوامل لا تمثّل الكفاءة والجدارة والإقناع إلّا مظهرًا منها ليس هو الحاسم بالضرورة.

أمّا الحادث الأوّل فهو دخول مرشّحة فرنسا على الخطّ ممّا أحدث لخبطة في الأوراق استنكرتها استنكارًا شديدًا عديد الدول ولاسيما الإفريقية. وسبب ردّ الفعل هذا أنّه بدا لهم ولي أيضًا من غير المعقول أن تستحوذ فرنسا على كل شيء: دولة المقر وعدد كبير من الموظفين وتضيف إلى ذلك الإدارة العامة. فلئن كان من حقّ كلّ الدول أن ترشّح لهذا المنصب من ترغب في أن يكون على رأس اليونسكو فإنّ للمسألة بعدًا أخلاقيًّا مبدئيًّا لا صلة له بالشكليّات القانونيّة. غير أن ملابسات فرنسية داخلية أضرّت بما تقتضيه أعراف وأخلاقيات مهمّة الدولة المضيفة لمقرّ مؤسّسة دوليّة مثل اليونسكو.

ومن المفيد للقارئ أن نبرز جانبًا ممّا ولّده مثل هذا الترشيح الفرنسيّ من ظواهر غريبة في بلد كان من الحاضنين للإعلان العالمي لحقوق الإنسان ويضرب به المثل في باب حريّة التعبير. غير أنّ الوقائع في أحيان كثيرة تبين حقائق غير المعتقدات التي نحملها في أذهاننا. وأكتفي في هذا الصدد بمثال واحد لا يخلو من دلالة.

ولم يكن موقف الصحافة الفرنسية ووسائل الإعلام بعد ترشيح السيدة أزولاي إيجابيًّا، بل كان ناقدًا لمكانة المرشّحة ومؤكّدًا عدم أحقية فرنسا في الترشيح. وفي هذه الأجواء تقدمت إلينا

أربع صحف مرموقة (لوجورنال دو ديمانش، لوباريزيان، باريس نورماندي، وليبيراسيون) بطلب مقابلات، وأجريناها مع وعد قاطع بنشرها قبل الانتخابات بأيام، ولكنّها لم تر النور حتى الآن.

وفي التفاصيل أننا التقينا يوم 8 سبتمبر مدير تحرير صحيفة «لوفيغارو» ويوم 12 سبتمبر أنطوان مالو محرر صحيفة «لوجورنال دو ديمانش» ونيكولا شاربونو مدير تحرير «لوباريزيان» ويرافقه محرر صحيفة «باريس نورماندي»، ثم يوم 22 من الشهر نفسه لوران جوفرين مدير صحيفة «ليبيراسيون». وعلى الرغم من تنوّع مشاربهم ومرجعياتهم السياسية والفكرية فقد اختاروا كلهم الصمت المطبق ولم ينشروا كلمة واحدة عن لقاءاتهم معي. وما من شكّ أن للإعلام الحرية المطلقة في الخيارات التحريرية بيد أنّ المريب أنّنا في بلد حرية التعبير واختلاف وجهات النظر.

لقد كنّا نعرف مثل هذه التصرفات في البلدان المتخلفة التي لم تأخذ ولو بحظّ ضئيل من الديمقراطيّة فتجند وسائل الإعلام لخدمة ديكتاتور لكن أن يتصرّف الإعلام الفرنسي في بلد حرية التعبير على هذه الشاكلة فهو ما لا يدعو إلى التعجّب فحسب بل يدعو بالخصوص إلى الاستغراب حقًّا.

وأمّا الحادثة الثانية فتتّصل بمواقف بعض العرب من ترشيح قطر. وهذه الدول هي بوضوح الدول التي حاصرت بلدي بتعلّات واهية تخرج عن الأعراف الدوليّة والإنسانيّة ومقتضيات الجوار والانتماء إلى الفضاء العربيّ والإسلامي، ممّا ولد ضغوطات وصلت إلى درجة مؤسفة من البذاءة وضعف الرأي.

وأكتفي من هذه الضغوطات بالحديث عن موقف المصريّين من ترشّحي وما قاموا به لعرقلة وصولي إلى إدارة اليونسكو.

فقد استقرّ وزير خارجية مصر في باريس أسبوعين قبل موعد الانتخابات. وكان يكثّف خلالها من الضغط على مختلف البلدان الأعضاء في المجلس التنفيذيّ. ونحن لا نماري في حقّ كلّ دولة لها مرشّح في أن تقوم بحملتها الانتخابيّة لصالحه فهذا من بديهيّات الأشياء. لكنّ ما وقع فعليًا أنّ اهتمام الوزير والفريق الضخم من الدبلوماسيين وأعضاء المخابرات المرافقين له انصبّ على محاصرة مرشّح قطر كما لو أنّ حصار البلد لم يكن كافيًا وهم يرونه يتفكّك يومًا بعد يوم بفضل مناصرة عديد البلدان لبلدي ووقوفهم مع الحقّ ورفضهم للجور والظلم.

كان الدبلوماسيّون ورجال المخابرات المصريّة يتابعون كل حركاتي وسكناتي ممّا أزعج الطاقم العامل معي. فقد كانوا يرونهم يقتفون خطانا حيثما ذهبنا حتى في شوارع باريس.

لقد كنا نتفهم أن يدعم المصريّون مرشحتهم لكن المتابعة اللصيقة لمرشح قطر بدت غريبة مزعجة خارجة عن الأعراف الدبلوماسيّة والمنافسة الشريفة. ولا تفسير عندي لهذا السلوك الأخرق إلّا اقتناعهم الداخليّ بأنّ نسبة نجاح المرشّح القطريّ عالية جدًّا. فإذا عجزوا عن انتزاع الفوز منه فعلى الأقلّ يقلّلون من حظوظه.

لقد كانت نقمتهم على قطر وكل ما له صلة بقطر دافعًا قويًّا جعلهم يدخلون في حالة من التوتّر وانحدار المستوى.

وليس أدلّ على ما نقوله من تلك الحادثة التي تناقلتها الصحف ومواقع التواصل الاجتماعيّ. فقبل يوم من الدورة الختامية من الانتخابات، وبعد أن تبيّن أنّ مرشّح قطر هو المنافس العربيّ الجدّي الوحيد، طفق أحد المصريين من الوفد يصرخ كالمجنون في أروقة اليونسكو: «قطر لا، قطر لا...» ممّا ألجأ أعوان الأمن إلى أن يطلبوا منه الهدوء مذكّرين إيّاه بأنّ هذا التصرف لا يليق بدبلوماسي.

وحين نعود على المعطيات التي انطلق منها السباق إلى منصب المدير العامّ لليونسكو نجد تسعة مرشّحين فإضافة إلى ترشّحي ضمّت القائمة بولاد بلبل أوغلو (أذربيجان)، فام سان شاو (فيتنام)، مشيرة خطّاب (مصر)، كيان تانغ (الصين)، جوان ألفونسو فونتسوريا (غواتيمالا)، صالح الحسناوي (العراق)، فيرا خوري لاكويه (لبنان)، أودريه أزولاي (فرنسا).

ومن الواضح أنّ وجود أربعة مرشّحين عرب من قطر ومصر ولبنان والعراق بقدر ما يمثّل فرصة للعرب فهو كذلك دليل عجز على الاتفاق على مرشّح واحد رغم الفرصة المواتية.

فانتخابات 2017 هي الفرصة الثالثة التي أتيحت للعرب كي يكونوا على رأس اليونسكو بناء على ما ذكرناه من تناوب عرفيّ على منصب المدير العامّ إذ سبق أن شغل هذا المنصب مديرون عامون من أميركا اللاتينية وأميركا الشمالية وأوروبا الغربية وإفريقيا وآسيا وأوروبا الشرقية مع إيرينا بوكوفا.

ففي سنة 1998 عند اختيار خلف لفيديريكو مايور الإسباني ترشّح السعودي غازي القصيبي بعد أن اتفقت عليه الدول العربيّة

في إطار الجامعة العربيّة ورشّحت بوركينا فاسو المصريّ إسماعيل سراج الدين المدير العامّ السابق لمكتبة الإسكندريّة. وقد اعتبر الملاحظون آنذاك أنّ مصر كانت تدعمه من وراء الكواليس رغم أنّها لم ترشّحه بما أنّها لم تضغط عليه لسحب ترشّحه والقبول بالمرشّح العربيّ المتفق عليه. ففاز الياباني كويشيرو ماتسورا.

وفي سنة 2008 كانت كاتبة الدولة السابقة في وزارة الثقافة المغربية، ورئيسة المجلس التنفيذي لليونسكو، عزيزة بناني مرشّحة قويّة للوصول إلى منصب المدير العامّ لكنّ مصر أفسدت هذه الإمكانيّة بترشيح وزير الثقافة الأسبق فاروق حسني. وبعد اتصالات بين المغرب ومصر سحبت المغرب مرشّحتها ولم ينجح فاروق حسني.

وها هم المصريّون يعيدون السيناريو نفسه للمرّة الثالثة بمناسبة انتخاب المدير العام الحادي عشر لليونسكو. فإذا اعتبرنا في المرّة الأولى سنة 1998 المصريّين غير مسؤولين مباشرة عليها رغم الإجماع العربيّ على مرشّح ورغم القرائن الدالّة على عكس ذلك ورأينا في المرّة الثانية سنة 2008 اتفاقًا بين بلدين عربيّين مكّنهم من ترشيح فاروق حسني وحده فإنّ هذه المرّة الثالثة واضحة في معاداتهم لكلّ ترشيح عربي من غير المصريّين لم يزده الموقف من قطر المحاصرة إلّا تبريرًا لأمر أخطر.

وينبغي أن نشير في هذا الصدد كذلك إلى أنّ فرنسا استندت في ترشيح وزيرة الثقافة الفرنسيّة السابقة أودري أزولاي على أنّ العرب لم يتفقوا على مرشّح واحد رغم تبنّيها لفكرة أن التناوب يفرض أن يكون الدور للعرب. وفي اختيار أزولاي إشارة إلى

أصلها المغربيّ خصوصًا أنّ أباها أندريه أزولاي مستشار لملك المغرب.

ورغم كل هذا كانت مشاركتي في الانتخابات مشرّفة جدًّا. ففي الجولة الأولى يوم الإثنين 9 أكتوبر 2017 حصلت على 19 صوتًا. ولم تحصل أزولاي إلّا على 13 صوتا تليها المصريّة مشيرة خطّاب بـ 11 صوتًا. لكنّ الصينيّ كيان تانغ اكتفى بخمسة أصوات واللبنانية فيرا خوري بستّة أصوات، وحصل كل من الفيتنامي فام سان شاو والأذربيجانيّ وفولاد بلبل أوغلو على صوتين من 58 صوتًا.

لكن المطلوب هو الحصول على ثلاثين صوتًا.

وقد كانت هذه النتيجة بالنسبة إليّ متوقّعة بسبب عملي المتواصل والمنتظم ولكنها فاجأت المصريّين ودول الحصار بالخصوص التي لم تتوان في القيام بحملات مضادّة لي حتّى غدت مقتنعة بأنّ حظوظي ذهبت أدراج الرياح. ولكنّ السبب القوى للمفاجأة أنّ مرشّحة مصر جاءت في المرتبة الثالثة رغم كل المناورات التي قامت بها الخارجيّة المصريّة لقطع الطريق عليّ. وهذه الضغوط لم تفلّ من عزيمتي ولم تنقص من حظوظي لأنّ برنامجي كان فعلًا مميّزًا لا مقارنة بينه وبين بقيّة البرامج.

لكنني لا أخفي مفاجأتي من خروج المرشّح الصيني منذ الدورة الأولى. فأنا أعلم دقّة الصينيّين وعملهم العقلانيّ لكنّني أعتقد أنّهم لم يختاروا المرشّح الأفضل لهم. فلئن عمل كيان تيانغ لعقود ثلاثة بالمنظّمة إلى أن وصل إلى وظيفة مدير عام مساعد للتربية ورغم أنّ الصين قد تبرّعت سنة 2017 بخمسة ملايين دولار لليونسكو فإنّ

علاقته باليونسكو انحصرت أو كادت في ملفّ التربية دون رؤية شاملة. أضف إلى ذلك أنّ المرشّح الصيني واصل عمله بعد ترشيحه ولم يستقل من منصبه تأكيدًا لاستقلاليّة المنظّمة وحياد إدارتها. ولا نظنّ أنّ هذا الجانب الأخلاقيّ غير مؤثّر في الموقف منه.

ولئن أكّدت الجولة الثانية تقدّمي على بقيّة المرشّحين وأدت الجولة الثالثة إلى تعادلي مع المرشّحة الفرنسيّة بثمانية عشر صوتًا فقد حصلت المصريّة على ثلاثة عشر صوتًا في حين اكتفت المرشّحة اللبنانيّة بأربعة أصوات فانسحبت بعد يوم. كشف هذا التصويت عن أنّني المرشّح العربي الوحيد الجدّيّ القادر على الفوز. إذ تقدّمتُ على أزولاي وخطّاب باثنين وعشرين صوتًا في حين تعادلتا بثمانية عشر صوتًا.

لذلك ترشّحتُ مباشرة إلى الجولة الختاميّة بعد أن تصدّرتُ جميع الجولات وجمعت الجولة قبل النهائية بينهما لتحديد منافستي في الختام. فحصلت المرشحة الفرنسية على 31 صوتًا مقابل 25 صوتًا من أصوات المجلس التنفيذي وعددها 58، بينما قُدّمت ورقتان فارغتان.

ولمّا تقدمتُ على بقيّة المنافسين في عدد الأصوات في الدورات الأربع الأولى كتبت الصحافة العالميّة أنّ الكواري يسير نحو النجاح بخطى حثيثة.

ويجدر التذكير أنّ الولايات المتحدة وإسرائيل كانتا قد أعلنتا أنهما لن تنسحبا من اليونسكو إلّا في نهاية العام حرصًا حسب الزعم على عدم التأثير على الانتخابات. وما إن أدركتا بشكل قاطع

قبيل الجولة الأخيرة احتمال فوز المرشّح القطري أعلنتا أنهما ستنسحبان من عضوية المنظمة إذا انتُخب الكواري مديرًا عامًّا لها. وكانت الحركة تهدف للتأثير على خيارات الأعضاء في الجولة الأخيرة. وقد سايرتها للأسف دول الحصار وأشاعت بدورها أنها ستنسحب أيضًا في حال فوز الكواري محدثة بذلك ضغوطًا إضافية على الدول الأخرى كي تصوّت ضد حمد الكواري.

وفي اليوم الأخير، وصل إلى باريس معالي الشيخ محمد بن عبدالرحمن آل ثاني، نائب رئيس الوزراء ووزير الخارجية لدعم ترشّحي فكان محل ترحاب وحفاوة من كلّ الوفود باستثناء وفود دول الحصار.

ومثلما هو معلوم فازت المرشحة الفرنسية أودري أزولاي، يوم الجمعة 13 أكتوبر 2017 بعد حصولها على ثلاثين صوتًا مقابل ثمانية وعشرين لصالحي. لكنّني أحبّ أن أشير إلى تفصيل مهمّ سرعان ما نسيه المتابعون ولم يتفطّن له الرأي العام.

فقد صرّح رئيس المجلس التنفيذي لليونسكو ساعة الإعلان عن نتائج الجولة الختاميّة التعادل بيني وبين المرشحة الفرنسية بحصول كل واحد منّا أنا وأزولاي على تسعة وعشرين صوتًا. وبعد لحظات، تراجع ليصرّح بفوزها بثلاثين صوتًا مقابل ثمانية وعشرين. وظلّ هذا الأمر لغزًا لا تفسير له حتى اليوم.

فأسدل الستار على معركة خضتها بشرف من أجل منصب المدير الحادي عشر لليونسكو وضاعت فرصة ثالثة كي يكون هذا المنصب من نصيب عربيّ. وكتبت الصحف الفرنسية أن الكواري عرف هزيمة

بطعم النصر بينما حصلت أزولاي على نصر بطعم الهزيمة.

كان من الواضح أنّني لا أحتاج إلّا إلى ثمانية أصوات للفوز أمام أزولاي في الجولة الأخيرة. فحتّى ما تحصّلت عليه المرشّحة الفرنسيّة أمام المرشّحة المصريّة في الجولة الخامسة لم يكن فوزًا ساحقًا (31 صوتًا) لذلك دخلت إلى الجولة الختاميّة بأوفر الحظوظ فعلًا لا تخيّلًا.

لكنّني كنت على علم بالعمل الجبّار الذي يقوم به المصريّون ضدّي ورغم ذلك لم أفقد الثقة ولم أتردّد للحظة. بيد أنّ دراسة التصويت الذي وقع يؤكّد لديّ فكرة تشتّت الأصوات العربيّة حتّى بعد أن بانت المسألة. وأستحضر الآن تصريح فاروق حسني بعد أن فشل في الوصول إلى منصب المدير العام فاعتبر أنّهم (ولم يحدّد بوضوح المقصود بالضمير هم) لا يريدون أن يكون عربيّ على رأس اليونسكو. ومن فضائل هذه الدورة الأخيرة لسنة 2017 أنّها كشفت عن مرجع الضمير الغائب هم إذ صرّح الوزير المصري أنّ مصر ستصوّت إلى جانب صديقتنا فرنسا. وهو ما سجّله التاريخ العربيّ...

فدون أيّ تجنّ على أحد صار معلومًا لدى الجميع كيف ساند بعض العرب المرشّحة الفرنسيّة. وقد كتب ذلك المعلّقون ويعرفه حقّ المعرفة المتابعون. فقد ذهبت ثلاثة أصوات عربية إلى أزولاي دون سبب وجيه ولا مبرّر مقنع وخارج كلّ التوقّعات خصوصًا أنّ مرشّحة لبنان قد خرجت من المنافسة في مرحلة مبكّرة نسبيًّا.

وإذا كان من الطبيعيّ أن تصوّت قطر والجزائر وعمان لصالحي وكنت أتفهّم إلى حدّ ما أن يذهب صوت المغرب إلى أزولاي بسبب

أصولها المغربيّة وعلاقة والدها بالقصر كما أتفهّم الموقف المصريّ بعد حربها ضدّي، فإنّ الموقف اللبناني يظلّ عندي غامضًا.

والواقع أنّ هذا كلّه كان إلى حدّ كبير جزءًا من لعبة الدول التي تحدّد مصالحها واتجاهات تصويتها بحسب الظروف لكنّ الحقد على وطني قطر بلغ مبلغًا لم يخطر لي على بال ويدلّ أكثر ما يدلّ على ضيق أفق وقلّة اعتبار بالماضي وتقدير للمستقبل.

فقد وقف مندوب مصر في اليونسكو بعد أن انتهت الانتخابات صارخًا بحنق شديد «لا قطر... تحيا فرنسا» إلى أن تدخّل الأمن لإسكاته. فتناول الحادثة المغرّدون في تويتر مندّدين بهذا الانحطاط الذي وصلت إليه للأسف الدبلوماسيّة المصريّة والحقد الأعمى الذي كان يقود من يفترض فيهم الدفاع عن مصالح بلادهم والتضامن العربي.

ومقابل ذلك انتشر على المواقع الاجتماعيّة فيديو لسفير قطر في اليونسكو علي زينل يردّ على صراخ المندوب المصري البذيء «لا قطر... تحيا فرنسا» بقوله «تحيا مصر... تحيا قطر... تحيا كل الدول العربية» فبان الفرق بين الموقفين.

والواقع أنّ متابعة المواقع الاجتماعيّة المختلفة وردود الفعل العربيّة كشف لنا عن انقسام خطير هو السبب الحقيقيّ في عدم وصول أيّ مرشّح عربيّ عمومًا وعدم وصولي شخصيًّا رغم النتيجة المشرّفة إلى رئاسة اليونسكو.

لكن ما يثلج الصدر أنّ الكثيرين غرّدوا في تويتر تغريدة مؤثّرة تنمّ عن حسّ عروبيّ ووطني عارم. من ذلك الوسم الذي ظهر تحت

عنوان «#بيّض_الله_وجهك_ياحمد_الكواري»، عبّر فيه قطريون وخليجيون وعرب عن اعتزازهم بمرشح قطر في انتخابات المدير العام لمنظمة اليونسكو بعد أن تقدّمتُ في الجولات الأربع ورغم النتيجة النهائيّة المخيّبة للآمال أمام مرشّحة فرنسا.

وأذكر قبل الإعلان عن النتيجة أنّ الجميع كانوا على قناعة بفوز الكواري... وجاءني قبل عشر دقائق من الإعلام مدير المراسم في اليونسكو ليتأكد من جاهزيّتي لإلقاء خطاب الفوز وطلب مني أن أكون مستعدًّا، ولكن حدث ما يعلمه الجميع.

لذلك فإنني في الختام أتوجّه بالشكر العميق لكل الذين ساندوني في السر وفي العلن وكل الذين آمنوا وما زالوا بأحقية الثقافة العربية بتصدّر المشهد الثقافي الدولي، وإليهم أهدي هذا الخطاب الذي كنت قد جهّزته ليوم الفوز:

يسعدني أن أتحدث إليكم في هذه اللحظة التاريخية من حياة المنظمة العالمية للتعليم والثقافة والعلوم (اليونسكو):

تاريخية لأنها تمر بمرحلة تواجه فيها تحديات كبيرة...

ومرحلة تاريخية في حياتي لأن المجلس التنفيذي في المنظمة انتخبني، وبانتخاب المؤتمر العام الشهر القادم، أصبح مسؤولا أمام المجتمع الدولي لتحمل هذه التحديات الكبيرة التي تواجهها هذه المنظمة العظيمة.

ودعوني قبل أن أدخل في الجوهر أشكركم جميعًا، من صوت لي ومن لم يصوت، على ثقتكم الغالية، وإني وكما قلت من البداية: لا أنظر اليها كوظيفة بل مسؤولية وأمانة.

كما أشكر قيادة بلدي وبلدي على ترشيحي ودعمي حتى تحقق نجاحي.

ولا شك لدي من استمرار هذا الدعم بعد النجاح.

وأتوجه بالشكر كذلك لكل المرشحين الكرام الذين يتمتعون بالكفاءة والقدرات التي كان يمكن أن تجعل أي واحدة أو واحد منهم من أنجح المدراء القادرين على أداء المهمة بكفاءة. كما أننا جميعًا قمنا بحملاتنا بكل نزاهة وأخلاق واحترام لبعضنا بعضًا، وقد قال المجتمع الدولي كلمته واختار من يحمله الأمانة.

وأوجه تحية للمجتمع الدولي لاختياره واحدًا من المرشحين العرب ممثلًا للحضارة العربية الإسلامية، وهذا يعني الإقرار بحق هذه الثقافة العريقة كشأن الثقافات العريقة الأخرى في العالم أن تقوم بدورها الحضاري المتنور المنتظر في خدمة أهداف اليونسكو العظيمة في التعليم والثقافة والعلوم، وهي مجالات أبدعت فيها الثقافة العربية في مسيرتها التاريخية.

منذ عامين أعلنت رؤيتي وقمت بجولات للدول الأعضاء في المجلس التنفيذي ودول أخرى أيضًا... وازددت معرفة واطلاعًا على متطلبات المجتمع الدولي من المدير العام الجديد وأستطيع أن أقول:

- إنّ هناك إجماعًا على أن اليونسكو ضمير الأمم المتحدة. وأهدافها من أهم الأهداف وأنبلها.

- إن اليونسكو في عقودها الأولى كانت قصة نجاح كبرى وإن على العالم أن يسعى لإعادتها قصة نجاح.

- إن اليونسكو تمر بأزمة سياسية ومالية وكلا الأمرين يجب أن يوضعا في الاعتبار لدى معالجة أزمة المنظمة لكي تتم الانطلاقة الجديدة لليونسكو.

- على المدير العام الجديد أن يتسم بالجرأة والشجاعة المطلوبة لمعالجة الأزمة وبمنهج جديد يتسم بالشفافية والمحكومية وسياسة الباب المفتوح.

- إن أفريقيا وآسيا ودول أمريكا اللاتينية والكاريبي هي أكثر الدول حاجة لليونسكو، وسأعمل على دعم هذه الدول في مجالات اليونسكو الحيوية وكلي ثقة في دعم الدول القادرة على العطاء وفي مساندتها لي في هذا التوجه.

- إدارة اليونسكو يجب أن تتحقق بنائب للمدير ومدراء عامين مساعدين تتسم فيهم الكفاءة والتوزيع الجغرافي العادل والمساواة بين الرجل والمرأة حتى يكون ذلك نقطة بناء الثقة في الإدارة الجديدة كي تقوم بدورها المطلوب نحو انطلاقة جديدة.

إنها مسؤولية جسيمة ولكنها مهمة إنسانية عظيمة لن أتوانى عن القيام بها بكل ثقة متكلا على الله وعلى تعاون الأعضاء الكرام والمؤتمر العام ورئيسه والمجلس التنفيذي ورئيسه يدًا واحدة حتى يتحقق الهدف المنشود من إعادة اليونسكو كما كانت فاعلة ومضطلعة بدرورها في زرع السلام في العقول ومحاربة الإرهاب من خلال تصفية جذوره بواسطة التعليم والثقافة والعلوم.

معا سننجح نحو انطلاقة جديدة لهذه المنظمة العظيمة، وشكرًا مجددًا للجميع.

الخاتمة

نهاية الرحلة أم بداية جديدة؟

ها قد وصلت إلى نهاية رحلتي مع الكلمات التي رويت بها ما شاهدته وعايشته وأنا أضرب في طريق منصب الإدارة العامّة لليونسكو بمنعرجاته المختلفة. ويتجاذبني في هذه اللحظة شعوران قد يبدوان متناقضين.

أحدهما شعور بالرضا وراحة الضمير إذ أدّيت الواجب فاحتطتُ وخطّطتُ بعقلانيّة وواجهتُ صعوبات الرحلة برباطة جأش بصرف النظر عن النتيجة الختاميّة. إنّه شعور مأتاه تحدّي النفس والبحث عن العمل الذي ينشد الكمال والإتقان على ما تعلّمنا في مدرسة السياسة في بلدي قطر. وهي مدرسة لا ترضى بغير النجاح والتوفيق والتألّق، فإذا رسمت في هدوء وعن رويّة هدفًا سارت إليه مدفوعة بشوق وإخلاص وعملت لبلوغه بتأنّ وثقة في النفس.

أمّا الشعور الثاني فهو إلى مرارة في الحلق والنفس أقرب. فقد أضاع العرب بشقاقهم وانقسامهم وأنانيّتهم وضعف الرأي والعقل والتخطيط وشيء غير قليل من الشحناء والبغضاء والضغائن فرصة

أخرى من الفرص النادرة كي يقدّموا صورة مشرقة عن اضطلاعهم بمسؤوليّتهم إزاء الإنسانيّة الحديثة. فليس التنافس في الطريق إلى اليونسكو، عندي وعند قيادة بلدي حين اختارتني لهذه المهمّة ورشّحتني لها، من باب البحث عن الوجاهة الزائفة والرفعة الكاذبة ولا هو من باب المجد الشخصيّ السهل والحظوة الخادعة. إنّما كان الدافع الأقوى والحافز الأكبر هو إبراز الوجه الحقيقيّ لهذه الأمّة العظيمة بتاريخها وحضارتها وتنوّعها ورفعة منظومة قيمها؛ أمّة العرب. فكان لا بدّ من إظهار جدارتها بأن تسهم في الحركة الإنسانيّة الجديدة في مجالات التربية والثقافة والعلوم بالإشراف على أعلى جهاز دوليّ يعنى بشؤونها.

بيد أنّ هذا النمط من التفكير الذي يتجاوز النرجسيّات ليتمسّك بالعروة الوثقى الأصيلة الحقيقيّة النافعة سرعان ما تفكّك بطرقات عنيفة كان مصدرها الدول التي خالفت قواعد الجوار وحقوق الانتماء الثقافيّ للأمّة العربيّة وأقصد دول الحصار الجائر الغاشم على وطني قطر.

ورغم كلّ ذلك فإنّني لا أشعر عميقًا إلّا بشيء غير قليل من الفخر والاعتزاز لأنّني أبنت عن سلوك رصين وتصرّف سليم لم يأبه للمناورات الحقيرة والمطامح الصغيرة. فوصولي إلى مرحلة منافسة قويّة مع مرشّحة البلد الذي يحتضن مقرّ اليونسكو والانتصار في مختلف مراحل التصويت خلال التصفيات وتحقيق نتيجة نهائيّة بفارق صوت واحد يمثّل كلّه سابقة في انتخابات اليونسكو تدعو إلى مزيد الثقة بالنفس وبحكمة القيادة في بلدي وبضرورة السير على المنهج نفسه وهو منهج مثمر واعد.

وليس من باب الصدفة، وأنا أخطّ هذه الكلمات، أن تبلغني الأخبار السارّة، وبلدي يستعدّ لاحتضان كأس العالم لكرة القدم، عن فوز منتخب قطر لكرة القدم بكأس آسيا في هذه اللعبة الشعبيّة. فإذا تأمّلنا المسألة لوجدنا أنّ بين هذين الحدثين، انتخابات اليونسكو والحصول على الكأس الآسيويّة لأول مرة، من الصلات والوشائج ما يتجاوز الصدف. إنّهما عندي نتاج كريم لرؤية سياسيّة ونهضويّة واحدة تؤمن بأنّ العمل الجادّ الدؤوب والاستثمار الصادق في البشر والتخطيط الناجع والاستعداد الدائم مفاتيح الفلاح والنجاح.

وعلى الرغم من بغضي للحديث عن النفس فإنّني أجد نفسي مجبرًا على توضيح بعض المسائل. فأنا لا أعتبر تجربتي في الدبلوماسيّة بمختلف أنواعها وأصنافها ومجالاتها ولا اهتماماتي الثقافيّة والإعلاميّة المبكّرة منذ بداية دخولي إلى عالم السياسة وخدمة الآخرين، كما تشهد على ذلك سيرتي الذاتيّة المنشورة على الناس، من الأسباب الوحيدة لمراهنة قيادة بلادي على شخصي المتواضع.

ولا أعتبر حرصي الشخصيّ على أن أكون ناطقًا بأكثر من لسان، وهو حرص نقلته إلى أفراد أسرتي جميعًا، أطلع بها على الثقافات الحيّة اليوم فأتفاعل مع منتجات الفكر البشريّ تفاعلًا يستند إلى مصادره الثرية مباشرة من العوامل الحاسمة، على أهميّتها، في أن أكون مرشّح قطر لليونسكو.

فإن أنا إلّا فرع من دوحة وطني الوارفة الشامخة فحيثما تكون أكون وما يغذي نسغها يغذّيني وما يعليها يعليني. فأنا أشعر أنّ هذه الدوحة تمدّ جذورها عميقًا في تربة الثقافة العربيّة الأصيلة

وتاريخها المضيء مفكّرين ومؤلّفات وعلمًا ومعرفة وقيمًا راقية ومبادئ سامية. لكنّها دوحة سمقت وسمت وشمخت بتلاقحها مع الثقافات الأخرى في مجتمع حديث متعدّد الأعراق والأجناس والأديان متآلف متوازن يحكمه الحرص على العدل والإنصاف وإحقاق الحقوق. فتشكّلت من ذلك نزعة إنسانيّة هي إلى التأليف بين الأصول والفروع والاغتناء بالتجارب والتوجّهات الفكريّة والمبادئ الكونيّة والقيم الجديدة أقرب.

فما ترشيحي إلى اليونسكو في حقيقة أمره إلّا تأكيد على أنّ قطر دخلت عالم اليوم بفضائله ومميّزاته ومشكلاته وصعوبات الحوار فيه لتدلو بدلوها في الشأن الإنسانيّ وتقترح الحلول من أجل أن تزكو شجرة الخير والمعرفة والحكمة لا من أجل مصالح ضيّقة هي في غنى عنها بما وهبها الله من إمكانيّات وما تنكبّ عليه من جهد يوميّ لأن تكون أنموذجًا في التنمية المستديمة والتحديث الرصين والتجديد الدائم.

وستظلّ قطر تسير في الاتجاه الذي رسمته عن وعي واختيار وثقة تسعى إلى الخير وتعميم النفع على البشريّة قاطبة. إنّها ستظلّ تستثمر في المعاني الكبرى التربويّة والثقافيّة والعلميّة كما كانت لأنّ ذلك من صلب اهتمامها بالإنسان وليس رهين مواقع زائلة محكومة بالتناوب والتبدّل ولا هو رهين ردّ فعل آنيّ يقوده الانفعال والامتعاض أو التشنّج واضطراب الرؤية.

فعلًا لقد انتهت رحلتي إلى اليونسكو على النحو الذي قدّمته في هذا الكتاب الشهادة. وقد توخّيت الصدق فيما قلت وطويت

بعض التفاصيل الثانويّة من باب احترام المنافسين وعدم المساس بأشخاصهم أو ما قد يبدو إساءة لدول أو أطراف. فالمسائل التي تحدّثت عنها والرهانات التي طرحتها أنبل وأرقى من بعض الصغائر والسلوكات الشاذة.

وأنا اليوم إذ أستعيد ذكرياتي عن رحلتي إلى اليونسكو فإنّني أطوي تفاصيل كانت ثاوية في الذاكرة لكنّني ما أزال متمسّكًا بالدوافع التي كانت وراء ترشيحي وبالعمل الممتاز الذي قمت به صادقًا مخلصًا وبالهدف الأسمى الذي رسمته وبالقيم الكبرى التي دافعت عنها وبالممارسات النبيلة التي آليت على نفسي ألّا أحيد عندها. فكلّ ذلك من صميم رؤيتي التي كشفت عنها بوضوح في سيرتي الذاتيّة الفكريّة «على قدر أهل العزم» وأعدت التذكير بها في أحد فصول كتابي هذا.

وإذا كان لي أن أعيد الرحلة مدفوعًا بأداء واجبي نحو ثقافتي العربيّة ونحو الثقافة الإنسانيّة فلن أتردّد في أن أسلك الطريق نفسها. إذ لم تقُدني إليها الصُّدف دون وعي بل هي الطريق التي رمتني فيها الأقدار فاخترتُ واعيًا ووطّنت النفس على أن أسير فيها من أيّ موقع أجد نفسي فيه راضيًا مقتنعًا متفانيًا.